刚性泡沫

（增订版）

中国经济的
增长和风险

朱宁◎著

中信出版集团｜北京

图书在版编目（CIP）数据

刚性泡沫 / 朱宁著 . -- 3 版（增订版）. -- 北京：
中信出版社，2024.1
ISBN 978-7-5217-5950-1

Ⅰ . ①刚… Ⅱ . ①朱… Ⅲ . ①泡沫经济－研究－中国
Ⅳ . ① F124.8

中国国家版本馆 CIP 数据核字（2023）第 158666 号

刚性泡沫·增订版
著者： 朱宁
出版发行：中信出版集团股份有限公司
（北京市朝阳区东三环北路 27 号嘉铭中心　邮编　100020）
承印者： 嘉业印刷（天津）有限公司

开本：787mm×1092mm 1/16　　印张：22　　　字数：350 千字
版次：2024 年 1 月第 3 版　　　　印次：2024 年 1 月第 1 次印刷
书号：ISBN 978-7-5217-5950-1
定价：69.00 元

目录

引言 "无可指摘" 的违约事件　　　　—— 001

中国投资者在面对违约事件时，之所以表现得如此沉着和冷静，很大程度上是因为中国经济和金融体系存在 "隐性担保"。也就是说，因为有人会为违约买单，所以投资者大可不必担心自己的投资和资金安全。

第一章 "不可能违约" 的贷款　　　　—— 033

如果投资者总是期待第三方为投资损失兜底，因 "不可能违约" 而盲目投机，激进加杠杆，将会诱发系统性金融风险。资管新规落地后，"违约" 变成必须由自己承担的后果。长远来看，这对中国经济和金融改革有益。

第二章 不能亏损的购房者　　　　　—— 059

政府对于房地产行业提供的刚性兑付，一度加强了中国居民对房地产市场上涨的信心。但过去十年的疯涨已经严重透支其作为投资标的的吸引力，中国居民对房地产投资今后的走势和真实的风险，终于开始有了比较现实和清晰的判断。

朱宁写了一本以中国金融市场、中国经济为主题的新书，内容翔实，极具洞察力。书中记述了中国经济的真实情况，考虑到了所有容易为大众所忽视的现实，尤其是它清晰地阐述了经济中的错误承诺和错误评估，以及这些错误所导致的长期后果。这本书点到了中国经济的敏感之处，它会引发全世界的兴趣。为何金融市场在对中国惊人的经济增长提供支撑的同时，又会引发严重的金融问题？对此，这本书提供了一个绝佳的研究案例。

与那些大型国际银行的国别研究或背景研究论文相比，这本书要好读得多，因为作者是从更广和更深的视角对中国经济的情况做了整体分析。这是学者研究的视角，其中还包含了行为金融学的内容。作者论述率直，毫无保留。

当今中国从"文化大革命"的贫困时期进入了伟大与创新复兴的时期。但是，并非"文化大革命"时期中国就在沉睡。实际上，那个时期的中国出现了很多杰出的楷模。屠呦呦在"文化大革命"时开始研究、寻求治愈疟疾的方法。她找到了真正有效的药物，进行鉴定，进而提取出生物有效成分，并因此获得2015年诺贝尔生理学或医学奖。但那时中国的创新在广度和深度上都没有得到金融的支持，也没有聚焦于国际市场。为何中国在金融市场不完善的情形下，能发生如此显著的转变？这是一个很有趣的研究课题。

"文化大革命"之后的中国发现了现代金融制度的力量，释放出了巨大的创造力，但同时也产生了新的问题——与这些金融制度（尤其是尚不完善的金融制度）伴生的特有问题。这些问题对于西方经济体来说都不陌生，甚至在几个世纪之前就已出现。朱宁认为中国的创新也带来了错误，包括在乐观投资情绪刺激下产生的房地产的过度建设以及产业的产能过剩。

这本新书在某种程度上跟我与乔治·阿克洛夫合著的《钓愚：操纵与欺骗的经济学》类似。我们的书主要关注美国，详细讲述了美国日益加剧的欺骗、贿赂与负面影响。在美国，我们的书招致了一些人的愤怒，也许部分是因为有人对号入座，认为我们的批评是针对他们的。

每个国家的人基本上都是一样的。腐败、管制、欺骗问题是人类的基本问题，从来没有被完全解决，但是最后的结果可以变得越来越好。所有的人也都有好的一面，如果环境良好，好的一面就会变得更强大。

中国人似乎特别容易彼此信任，这一点在"世界价值观调查"的调查结果中表现得尤其明显。该调查中设计了一个问题："一般而言，你认为大部分人是可信的，还是认为在与人打交道时要非常小心？"调查者根据受试者的答案，编制了每个国家的信任指数，该指数与回答"人们是可信的"的受试者数量正相关，与回答"你要非常小心"的受试者数量负相关。中国在这个指数上得分很高，在2010—2014年的调查中，60%的中国人认为大部分人是可信的，该比例高于美国，也高于其他任何国家。

研究表明，高信任度是有助于经济成功的。但正如朱宁的警告，应该确保这种信任被珍视，并且确保那些手操权柄的人不会滥用这种信任，这一点非常重要。如今在中国，我们看到某种程度上许多人相信政府会阻止资产价格下跌，会弥补所有的财务损失——至少从长期来看是如此。为了让政府在将来不至于发现自己无可避免地要辜负这种信任，政府应该更加清晰地表示，它允许市场在未来下跌，允许投机者与市场对赌以阻止泡沫，它会加强社会保障体系以保护个人免于陷入贫困，而非努力去保证高投资收益率。

为此，就需要政府对市场有信心，对未来经济发展的方向有信心，需要政府保持独立，对市场不过多干预。然而如果政府不干预，允许市场崩溃的发生，又可能会导致人们削减支出，企业取消招聘计划和投资计划。政策制定者面临的这种两难困境，就像总统面对一个干得不好的将军，虽然他表现不佳，但依然需要对他委以重任，因为将军的部下都信任他，撤掉他可能会有损士气。无论是何种情况下遇到这种问题，都会面临困境，政策制定者会发现，要想确定政府举措对保持信心的影响是非常困难的。任何经济理论都无法轻松解决这种两难处境，因为它在很大程度上是一个心理学或者说是社会心理学范畴的东西，与提高经济效率的自由市场力量是相左的。

朱宁的书从这个视角审视了中国产能过剩和经济增长放缓的两难境地，他认为，中国政府是时候撤回它对金融资产的隐性担保，更多地让市场发挥作用了。他以鲜明的证据指出，在今天的中国，市场应该被给予更多的自由，进而在资源配置中发挥决定性作用。

罗伯特·J. 席勒

诺贝尔经济学奖得主、耶鲁大学经济学教授

2023 年版序言

自 2016 年出版以来,《刚性泡沫》被翻译成多种语言,在全球发行,并获得了国内广大读者高度的关注和支持,在各大图书网站多次居于畅销书榜单前列。2018 年,《刚性泡沫》更是唯一一部荣获了中国经济金融研究大奖孙冶方金融创新奖的双年度著作奖的图书,得到了国内学界和政策界的高度认可和肯定。

《刚性泡沫》一书集中讨论的中国经济金融领域根深蒂固且广泛存在的刚性兑付问题,由此问题所导致的产能过剩、资产泡沫和宏观债务高企现象,以及由这些现象所诱发的潜在系统性金融风险问题,都在 2016 年以来的中央经济工作会议和中央经济工作思路中得到了高度关注和应对。无论是 2015 年底中央经济工作会议提出的供给侧结构性改革和"三去一降一补",2016 年底中央经济工作会议提出的"房住不炒",2017 年中央经济工作会议提出的"防范化解重大风险",2018 年着重推出的"资管新规",还是 2018 年中央经济工作会议提出的"打好防范化解重大风险攻坚战,要坚持结构性去杠杆的基本思路",都和《刚性泡沫》所提出和预见的资产泡沫与债务高企的问题,以及提出的通过打破刚性兑付来逐步稳健地化解经济中的重大风险隐患并帮助中国经济完成高质量发展模式转型的思路不谋而合。在这一段时间里，宏观层面的杠杆率和负债率得到了相应的控制，债务快速增长的现象也经历了从企业部门债务向居民部门债务转移的变迁，一定程度上缓解了债务总量快速上升对中国现阶段经济增长速度和系统性金融稳定的压力。

但值得关注的是，在国内经济金融思路发生调整的同时，国内国际经济形势也发生了深刻变化。一方面，《刚性泡沫》指出房地产行业的挤出效应和债务压力下企业投资和居民消费的增速放缓，将会导致我国经济增长速度出现结构性持续下滑的趋势。GDP（国内生产总值）增速从 2015 年的 6.9% 到 2019 年的 6.1%，在 2020 年新冠肺炎疫情暴发之前呈现增速逐步下台阶的趋势，在 2020—2022 年疫情期间经历了明显的波动，并在疫情结束后继续了疫情前增速放缓的趋势。与此同时，为了缓解当时的经济增速下滑，房地产库存过高所推动的棚户区改造货币化安置的政策，虽然在短期稳定甚至刺激了房地产（特别是三、四线城市的房地产市场），但却同时强化了房价永远上涨的预期并刺激和最终透支了房地产市场的有效需求。

另一方面，在国际领域，随着 2017 年美国时任总统特朗普发起的针对中国的加征关税措施和之后几年的中美贸易摩擦，以及 2020 年暴发的新冠肺炎疫情对于全球总需求和供应链带来的严重扰动，中国经济所面临的外部环境日益复杂，生产生活成本逐步上升，中国企业和居民家庭财务腾挪空间逐步缩小。而这种减弱的投资意愿和消费能力所对应的，是消费和投资两个重大领域的增速继续放缓，加上之前透支的房价，在很多区域出现了房价"腰斩"乃至"膝斩"的深度调整，对于地方经济、房地产行业、金融机构资产质量和经营稳定，形成新一轮冲击。

面对错综复杂的经济形势和变幻莫测的国际动态，笔者希望对

《刚性泡沫》问世以来重大国内外经济现象进行梳理，对目前中国经济状况进行剖析，并对下一步经济政策提供相应的建议。

记得2016年《刚性泡沫》问世之后，有些读者认为既然叫作泡沫，而非崩盘，就意味着资产泡沫不一定会破灭，甚至有些读者认为《刚性泡沫》一书的主要论点就是无论什么形式的泡沫，在中国都是"刚性"的，都是不会破灭的。

用学术语言来说，这些读者对《刚性泡沫》的解读是，资产价格虽然在当时确实处在高位，但是可以在目前的高位稳定，而不一定会出现调整。

其实，既然"刚性泡沫"叫作泡沫，就意味着资产价格难以长期在高位稳定，而是迟早会出现或者短期断崖式或者长期持续式的下跌，直到资产价格调整到和基本面价值所支持的相匹配的水平。正如2013年诺贝尔经济学奖获得者罗伯特·席勒教授在其著名畅销书《非理性繁荣》出版之后的解释那样，人们往往直到泡沫破灭之后，才能确认发生的是泡沫，而在泡沫破灭崩盘之前，我们姑且称其为"非理性繁荣"。所以，既然题为《刚性泡沫》，就反映了笔者对于当时资产价格难以在高位企稳的预测和担忧。

在2016年前后，以"涨价去库存"为代表的棚户区改造货币化安置政策所引发的全国范围的房价再一次大幅上涨，似乎证伪了《刚性泡沫》中对于泡沫的论断，而为政府对房地产行业所提供的"刚性兑付"提供了又一次强力的支持。然而，全国楼市在经历了2020年疫情暴发后意想不到的火热行情之后，在2021—2022年面临了严峻的考验。不仅是包括恒大地产在内的众多头部房地产企业出现了严重的流动性危机和交付违约，很多地区房地产市场的成交量和成交价格都比疫情之前出现明显下降。"买涨不买跌"的泡沫时期的投机心理，辅以远超基本面价值的房地产价格，以及收紧的流动性和购房者对于今后房价的预期，都导致在过去20年对中国经济增长贡献"厥功至伟"的房地产行业在过去一段时间承受了巨大的压力。

其实，正如《刚性泡沫》所指出的，中国房地产行业最不同于全球房地产行业发展规律的一点，可能就是国家土地所有制，以及在过去20多年里，各级不同政府出于各种不同的考虑，对房地产行业提供的各式各样、或明或暗的刚性兑付或者担保。自从《刚性泡沫》问世之后，有不少读者认为，既然刚性泡沫源于政府的刚性兑付，那就意味着泡沫（特别是房地产泡沫）和政府担保一样是刚性的，不可打破。

然而，这很可能是对于《刚性泡沫》最严重的误读。至于所谓因为刚性兑付会一直存在，所以资产泡沫也可以一直"刚性"存在的逻辑，既没有理论和实证基础，也严重违背了笔者创作《刚性泡沫》的初衷。

《刚性泡沫》一书最早以英文撰写和出版，英文书名为 *China's Guaranteed Bubble*，直译成中文，是"中国被担保的泡沫"。所谓"被担保的泡沫"，主要有两层含义。

一是政府通过财政货币政策等各种不同方式提供的政府担保，会诱发市场经济参与者的道德风险（Moral Hazard）和策略行为，并导致参与者为了获取高额投资收益，而通过增加杠杆等方式进行激进的投资和投机，希望把本来自己应该面对的潜在投资风险转嫁给政府，从而保证自己不受损失和获得更高的投资收益。正如《刚性泡沫》一书反复强调和预见的，政府不同形式的隐性担保有可能引发严重的道德风险和投机行为，并最终直接导致资产泡沫和债务高企，这是两个直接威胁中国金融稳定的最重要的挑战。因此，为了控制债务和防范风险，政府政策迟早会在某个时点退出其一直为第三方投资融资所提供的刚性兑付，并最终导致泡沫资产的价格调整。

二是，如果这种"愿赌而不服输"的心理不能得到有效纠正和调整，过度投机行为将会不可避免地导致泡沫的形成和最终的崩盘。因此，泡沫的发生和破灭从概念上来说，是被担保的，是注定会发生的。

即使政府出于保证短期经济增长速度和吸引投资等目的而不愿主动退出刚性兑付，泡沫所引发的严重和持续的资源错配与巨大的浪费，很有可能会导致政府的财政实力下降，从而导致政府所提供的担保的可信度和信用增进价值下降，并最终导致政府提供担保的意愿和能力都明显下降。由此可见，即使政府希望持续提供担保，从长期来看，其自身的实力和财力很可能也难以支撑。远的不说，2009年欧洲主权债务危机其实就是一个很好的例子。虽然一些欧洲主权国家政府有意愿支撑泡沫，但却未必能有足够的财力和公信力来实现其人为支撑泡沫的目标。更有甚者，欧债危机中的"死猪"几国，更是在救市和托市的过程中，把原本稳定的国家信用丢了个干净。

正如2008年百年一遇的全球金融海啸，恰恰是在危机前的资产泡沫和歌舞升平中悄然而至所揭示的——市场规律可能会迟到，但是从不缺席。越是强大的政府担保和刚性兑付，越是事先被认为是"刚性"的泡沫，到泡沫破灭时越有可能造成始料不及的严重后果。是音乐终会停止，是泡沫终会破灭。古往今来，概莫能外。

正如《刚性泡沫》一书所预见的，为了应对可能由此引发的系统性金融风险，我国在过去几年中，聚焦在风险集中的房地产、银行理财产品、影子银行、信托计划、金融科技和互联网金融等领域，推动积极的政策，逐步减弱或者退出了不同领域里的政府担保。无论是房地产领域的"房住不炒"和房地产长效机制，理财产品和信托计划领域的资管新规，还是互联网金融领域的专项整治，各项政策的共同之处恰恰都在于合理地引导和管理不同领域里投资者的预期，逐步树立"买者自负，卖者有责"的契约文化精神，有序退出投资者心目中普遍存在的政府刚性兑付预期。

在《刚性泡沫》出版时被认为牢不可破的政府背书和刚性兑付，很多都在过去一段防范化解系统性金融风险政策执行的过程中，或者悄无声息地消失了，或者大张旗鼓地被禁止了。在这种深刻的变化面前，确实有很多投资者没有做好充分的准备，并且承受了一定程度的损失。但是，与其说这是因为政府防范系统性金融风险的决心超出了市场预期，不如说是在经济金融领域里的广大参与者和投资者低估了自己行为对于宏观经济的影响，以及刚性兑付对于中国系统性金融风险的重大冲击。

毫无疑问，过去一段时间里，以资管新规为代表的防范系统性金融风险的宏观经济政策和金融监管手段，在正确的方向上开了个好头，在防范和化解系统性金融风险方面，做出了重大和及时的改变。但是，要真正达到改变投资者的预期和行为，根治大而不倒的道德风险，并彻底预防或者化解刚性泡沫和系统性风险的目标，其实还有很长的路要走。

首先，中国经济金融领域的参与者和投资者，在很多领域中，在过去二三十年的时间里，形成了对于政府刚性兑付长期、普遍、根深蒂固的预期和心理。因此，即使是在监管者提倡"房住不炒"和"买者自负，卖者有责"这类正确的理念很长时间之后，在整个社会深层次的法制和社会改革之前，经济参与者和投资者很可能仍然很难在信念与行为层面发生根本性改变。地方政府对于中央政府财政支持和救助的依赖，居民家庭对于房地产行业的迷信，乃至全社会对于经济增长速度目标的执着，都导致了整个经济对于政府刚性兑付仍然抱有强烈的信心和信念。

其次，正如过去几年内所显现的，社会各界乃至政策层和监管层对于是否应该打破刚性兑付，以及打破刚性兑付可能带来的对宏观经济和资产价格的影响，仍然持有不同的看法。有人认为，防范系统性金融风险的政策，应该以敲山震虎的预期引导为目的，因此具体实施应该"雷声大，雨点小"地灵活处理。也有人认为，加强监管导致资本市场的大幅波动，因此具体执行应该从宽甚至推迟推出。更有一些人认为，在2020年新冠肺炎疫情暴发之前的几年里，宏观杠杆率已经得到一定控制，防范风险政策的目的大体达成，因此可以逐步退出了。

但是，过去30多年行为金融领域的一个重要成果，就是指出了人类心理和经济参与者的行为在经济活动与金融稳定中所扮演的特别重要的角色。投资者对于政府行为以及资产价格投资和收益的心理预期与投资信念，虽然看似虚无缥缈、变幻莫测，但其实对经济运行会产生举足轻重的影响。

虽然宏观经济调控和金融监管政策的执行必须遵守稳步、有序与灵活的原则，在有效达到监管目的的同时，尽可能减少对经济增长的扰动，并避免在化解风险的过程中引发新的风险，但必须同时指出的是，打破刚性兑付心理的核心恰恰在于，政府在逐步引导和改变预期的过程之中，在防范风险和加强监管的过程之中，在市场出现波动时，要维持相应的政策定力，利用市场机制而非行政手段来应对和消化市场波动。否则，对打破刚性兑付政策的动摇，不但有可能让之前的政策前功尽弃，更有可能成为日后市场参与者笃信刚性兑付心理的新的也可能是最重要的来源。

刚性兑付，作为一种严重影响甚至扭曲预期和行为的重要手段，是中国进一步市场化改革过程中的一个重要挑战。能否成功、顺利地化解中国经济中长期、普遍、根深蒂固存在的刚性兑付现象，很可能成为决定中国经济金融改革能否顺利实施的核心问题。在这个问题顺利解决之前，在中国金融领域里此消彼长、层出不穷的泡沫现象，将一直是悬在中国经济头上的那把"达摩克利斯之剑"。

自2020年新冠肺炎疫情以来，全球总需求受到疫情冲击，增长明显放缓，而供给侧又受到疫情引发的全球产业链中断和重塑的影响，导致全球经济一度处于衰退的边缘。受此影响，同时叠加国内经济转型的结构性挑战，国内经济增长速度明显放缓。如恒大地产等头部房地产企业，以及一些省份的省级地方政府融资平台债务的爆雷，导致因为刚性兑付所引发的债务风险逐步释放。与此同时，受房价估值水平、房地产调控政策和疫情冲击，全国很多地方的房价出现了大幅度下调，导致房地产行业、居民家庭资产负债表和银行资产质量都受到明显冲击。而且，受到外部形势影响，如生育意愿、消费意愿和人力资本投资意愿等重大长周期因素，也在过去几年发生了重大乃至颠覆性变化。这对于中国下一阶段高质量可持续发展转型，提出了新的问题和挑战。

本书希望能在《刚性泡沫》上一版的基础上，对于化解由刚性兑付所引发的中国经济金融体系中潜在的系统性风险提出进一步的建议，对后疫情时代中国经济转型升级过程中，如何平衡好当下与未来、增量与存量、稳定与增长、风险与收益之间的关系，提出更新的思考。

和《刚性泡沫》上一版相比，本版增加了大量对中国经济金融领域围绕打破刚性兑付和化解系统性金融风险的重大事件的回顾与思考。

第一章对刚性泡沫在过去几年的发展进行了综述；第二章增加了棚户区改造货币化安置，以及 2021 年以来房地产企业债务违约爆雷的相关内容；第三章增加了 2015—2016 年股灾和 2018 年 A 股市场股权质押相关的内容；第四章增加了关于互联网金融和金融科技整治的内容；第五章增加了 2020 年新冠肺炎疫情对于经济增长速度和相对应的经济应对措施的讨论；第六章增加了 2016 年以来关于"三去一降一补"和宏观去杠杆金融防风险政策的讨论；第七章增加了包括河南永煤控股，北京大学和清华大学校办企业，东北、西北、西南多省地方政府融资平台债务在内的国有企业和地方政府融资平台债务爆雷及处置的相关内容；第八章增加了对部分省市国有企业债务违约和地方政府财务困境的讨论；第九章增加了社会对于 2020 年第七次人口普查和过去几年 GDP 增长速度的质疑和讨论；第十章讨论了 2020 年新冠肺炎疫情以来世界各国采取的更为激进的货币财政刺激政策，以及对于全球经济的直接和间接影响；第十一章增加了疫情影响下，经济增速逐步放缓新环境中平衡经济增长和化解风险的政策建议。本书也相应删除了一些相关章节的内容。

同时，增订版也对原先的数据进行了大量更新，使其符合自本书英文版出版以来的实际变化。但有些数据做了保留：一方面，这些数据反映的情况并没有发生较大改变，依然具备一定的有效说明、解释作用；另一方面，这些数据可以更好地反映时代背景，便于读者对比过去和现在的实际情况，更好地了解我国经济的发展与变迁，知往鉴今，以启未来。

最后，我想借此机会，感谢热心读者、广大媒体在《刚性泡沫》出版后对它的喜爱、宣传和认可，也感谢孙冶方奖评奖委员会的垂青。我也在此感谢我在清华大学五道口金融学院、清华大学国家金融研究院、上海交通大学上海高级金融学院、北京大学光华管理学院、国际金融论坛（IFF）的多位同事和学生，为本书提供了大量的建议和帮助。感谢布鲁金斯学会、哈佛商学院、世界经济论坛在我访问期间提供的支持和反馈。此外，我要感谢中信出版社，以及朱虹女士、张飚先生对于新版出版的构想和鼓励。谢谢大家！

泡沫有可能是经济学中被研究时间最长，但经济学家仍难以取得共识的一个领域。中国是过去 40 多年全球增长最快的经济体，也是经济学家意见看法分歧最大的经济体。中国经济在过去 40 多年利用大量廉价的劳动力，通过增加投入（特别是资本投入）、调动全社会劳动力积极性和创造性的方式，实现了震惊全球的中国奇迹，不但极大地提升了中国人民的物质生活水平，同时也极大地提升了中国的经济、政治、军事实力和国际影响力。

随着全球经济金融体系在 2008 年金融危机之后发生深层次变化，也随着中国劳动力成本上升、投资回报下降、资源逐渐稀缺等一系列由发展带来的新问题的出现，中国经济开始面临着前所未有的复杂挑战。

笔者在 2014 年初动笔创作本书英文版，希望从政府担保的角度，对中国在过去 40 多年经济增长中取得的重大成绩进行回顾，对目前增长过程中所面临的问题和挑战加以梳理，并对中国今后长期、高质量、可持续的经济增长模式进行探讨并提出建议。

在经济增长放缓、企业盈利能力下降、中小企业融资难融资贵的大环境下，中国的政府、企业乃至家庭负债水平和债务增长速度在过去一段时间吸引了国内外政府、专家、学者、企业和普通投资者的关注。从短期来看，债务融资具有融资成本低、融资过程简单、税收优惠的种种优势，因此不失为一种企业可以经常使用以实现跳跃式发展和弯道超车的金融手段。

但与此同时，债务之于债务人，永远是一把高悬于头顶的达摩克利斯之剑。还债义务的刚性，对企业现金流和资本结构的冲击，违约声誉风险和破产成本，都可能给一个国家的经济和金融稳定带来巨大的风险。日本20多年前戛然而止的经济发展奇迹，很大程度上就是债务问题在日本房地产泡沫和股市泡沫双重破灭后逐步显现的结果。

虽然中国目前的债券市场发展相对有限，但在中国金融体系里出现了大量"类债券"的融资和投资方式。过去一段时间里高速发展的信托计划、理财产品，还有各类互联网金融的"宝宝"，都有浓重的债券特质。非但如此，与西方传统的固定收益市场不同，中国的众多债务产品都带有强烈的刚性兑付的特征：投资者相信，政府、监管者、金融机构和投资产品的发售者会为自己投资所面临的风险负责，而自己只需关注投资的收益就可以了。这种"正面我赢，反面你输"的刚性兑付心理，无疑在很大程度上推动了中国投资者在房地产市场、股市、影子银行、互联网金融产品上的踊跃投资，因此不可避免地导致很多领域的资产价值脱离基本面，价格高速上涨，直至形成泡沫。

让人特别担心的是，在过去很长一段时间里，地方政府的资金主要来自土地出让和房地产开发相关的融资平台。而融资平台的主要资金来源，恰恰是信托产品和理财计划，以及类似具有刚性兑付特征的影子银行产品。很多自身投资收益率很低或者投资风险较高的投资项目，由于影子银行所提供的隐性担保，摇身一变成为收益较高、相对比较安全的信托产品。

由于中国的投资者相信，政府会对自己所投资的产品提供隐性担保，并且保证自己投资本金和投资收益的安全，所以才会把资金投入到这些风险相对较高的信托产品和理财计划里。而一旦失去了政府的隐性担保，或者政府丧失了提供隐性担保的资源，那么中国的影子银行、投资者的丰厚收益和过去很长一段时间里企业的廉价融资渠道，都将受到严重的冲击。这无疑将会对中国经济增长速度和经济增长模式的转型带来巨大的压力。

由此可见，中国经济增长速度放缓、某些行业产能严重过剩、地方政府和企业债务水平攀升乃至金融市场波动的现状，一定程度上是过去政府担保和刚性兑付不保引发的局部刚性泡沫破灭导致的。

政府推动短期经济增长用心良苦，虽然在短期达到了政策目标，但却在不经意间扭曲了全社会对于风险的判断和投资者的风险偏好，扭曲了投资收益和风险之间的平衡关系，以及资本这一重要生产要素的合理配置。中国目前所面临的中小企业融资难融资贵，新增货币供应难以流入并服务于实体经济，以及诸多投资领域里的投机和泡沫频现，其实都是这种刚性泡沫在经济金融不同领域的不同反映。

一方面，经济增长速度对于中国进一步深化改革、改善民生、提升国际地位具有重要的意义，因此政府对于如何能够稳定经济增长仍然给予高度关注。但另一方面，"让市场在资源配置中发挥决定性作用"的政策方针意味着市场上的投资者和投机者必须对其所选择承担的风险负责，而政府应该逐渐退出自己为经济金融等领域所提供的各种隐性和显性担保。只有投资者对于经济增长速度和投资收益率形成不受刚性担保的正确预期以后，市场才能行之有效地发挥其甄选、调整和淘汰的功能，才能帮助经济可持续地、有效地配置资源。反之，一旦市场形成刚性泡沫的预期，经济中的投机行为和资源配置中的扭曲问题只会变得更加严重。

为了能够让市场在资源配置中发挥决定性作用，化解刚性泡沫，政府需要逐渐退出对众多经济、金融、投资领域里的显性和隐性担保，让投资者和企业在享受投资收益的同时，也对自己投资决策所面临的风险负责。化解刚性泡沫的过程，也是中国经济增长模式转型的过程。随着中国经济金融领域里，国家与市场、当下与未来、风险与收益之间的关系更加清晰，投资者和融资者之间的权利和责任更加明确，中国经济面对的产能过剩、债务攀升、国有企业绩效下滑、民营企业融资困难和同时存在的金融风险累积等问题，都将逐渐得到缓解和化解。

本书英文版自2014年底完稿以来，得到包括麦格劳-希尔出版社在内的多家海外出版社的垂青，中文版得到包括中信出版社在内的多家国内出版社的关注，特此对各家出版社表示感谢。

在创作本书的过程中，笔者得到了美国耶鲁大学的导师、同事和好友罗伯特·席勒教授的大力鼓励。美国纽约大学的托马斯·萨金特教授，耶鲁大学的威廉·戈茨曼教授，哥伦比亚大学的亚当·图兹教授，康奈尔大学的埃斯瓦·普拉萨德教授，日本一桥大学的伍晓鹰教授，北京大学的黄益平教授，复旦大学的韦森教授，国际货币基金组织的阿德里安·琪蒂博士，美国联邦储备委员会的戴维·威尔柯克斯博士，彼得森国际经济研究所的亚当·珀森博士，世界经济论坛欧洲主权债务、财政可持续性、公共与私人投资专家委员会的多位成员，都激发了笔者的创作灵感和思路。

笔者在国际货币基金组织、美国联邦储备委员会、耶鲁大学、加州大学、早稻田大学、香港中文大学的访问，对于本书的完成提供了宝贵的帮助。

上海交通大学上海高级金融学院的多位同事、员工和同学，在本书的创作过程中给予了笔者大力的支持。庄敏、春渔、王学梅、刘国兴、罗斯羽在本书的创作过程中给予了笔者大量的行政支持。方辰君对于数据搜集和整理做出了重要贡献，特此感谢。

感谢出版人陶鹏、编辑许若茜的帮助，以及中信出版社编辑石北燕在出版过程中的大力帮助。

最后，感谢我的家人在本书创作中和多年以来的无私奉献与持续关爱！

引　言

"无可指摘"的违约事件

事实无可辩驳，恶意可以攻击它，无知可以诋毁它，但归根结底，事实就是事实。

——温斯顿·丘吉尔

　　2014年1月，市场普遍意识到，由中诚信托发行的一款信托产品面临即将违约的风险。这款产品在发行之初是为了支持山西一家一度非常成功的煤矿企业——山西振富能源公司。在之前的两年中，山西振富能源公司曾经通过中诚信托公司和中国工商银行分三次发行了总计30亿元人民币的信托产品。资金的主要用途，是在逐渐上涨的煤炭价格的牛市中，进一步扩大公司在煤炭领域的产能。

　　但是，随着美联储量化宽松政策的退出和全球能源价格的下跌，该公司的经营状况和财务状况随之受到极大影响。有趣的是，在该产品即将面临违约风险的时候，中诚信托公司却宣称，自己在整个产品的发行和销售过程中，只是担任销售渠道的角色，而中国工商银行山西省分行才是这个产品的真正设计者和担保人。而与此同时，中国工商银行山西省分行宣称它不会对这款产品的本金和利息支付承担任何责任。

这一事件在全国范围引起了广泛关注，不但因为这是中国信托产品发行史上第一例产品濒临违约险境的事件，而且因为大家更想知道，在当时中国整个信托行业处于经济下行的大环境下，究竟会发生什么情况。[1]

有趣的是，和西方的债务违约事件会立刻吸引广大投资者关注的情况不同，这一违约事件在中国投资者心中却并没有激起太多的涟漪——中国的投资者看上去比海外的投资者要镇静得多。中国的投资者并不是因为信奉儒家或者道家的精神而显得气定神闲，或是具有国际投资者所不具备的风险承受能力，恰恰相反，这只是因为中国投资者对于中国的债权人和债务人在债务违约过程中所享有的权利和承担的义务，拥有更清楚的了解和认识。中国投资者在面对违约事件时，之所以表现得如此沉着和冷静，很大程度上是因为中国经济和金融体系广泛存在着"隐性担保"。也就是说，因为有人会为违约买单，所以投资者大可不必担心自己的投资和资金安全。

果然，随着时间的推移，中诚信托和中国工商银行最终达成协议，联合山西省政府一起来解决这一信托产品所面临的困境。

在之后的一两年当中，"中诚信托事件"逐渐成为信托行业一个普遍的现象，然而这一事件之所以在社会上引起广泛关注，是因为这是新中国成立以来整个信托行业第一次出现产品面临违约的情况。而中诚信托和中国工商银行如何解决这一次债务违约，影响着中国的影子银行行业今后的发展和稳定，也为大家如何看待中国信托行业今后的发展，提供了一个重要的先例。

在此之前的几年里，中国的影子银行，特别是信托产品和银行的理财计划，向投资者发行了大量高息的投资产品（年化收益率往往在10%以上）。值得指出的是，在创作本书英文版的时候，由于监管机构对于银行贷款的要求，很多通过影子银行借款的企业，都来自煤炭、钢铁、水泥等产能严重过剩的行业，或者是地方政府的融资平台这类难以通过传统银行进行融资的企业。那些许诺高回报的信托产品计划，曾经成为中国金融体系最重要的增长点，不但承担了很大比例的中小企业的融资需求，同时也承担了大量传统行业、国有企业和地方政府融资平台的融资需求。

这些信托产品和银行发行的理财计划之所以有吸引力，不仅因其在一个低利率的市场环境下提供了高额的投资回报，同时也因为投资者认为这些产品非常安全。很多投资者甚至认为，这些产品的安全性和银行存款本身的安全性没有什么太大的差别。虽然这些产品的说明书里明确表示银行不会对这些产品的投资安全负责，但是很多投资者依然认为，中国的监管体系和银行出于对自身声誉的关注，最终是会对这些产品的投资安全负责的。

以中诚信托的这款产品为例，中诚信托和中国工商银行通过承诺9.5%~11.5%的年化收益率向其高端客户发售和能源企业有关的信托产品。很多投资者在获得比银行存款高2~3倍的投资收益的同时，其实在认购产品的过程中，通过产品的说明书也清楚地意识到这一产品背后所隐含的风险。但是，聪明的投资者们同时意识到，一旦这类产品真的出现违约而他们对这种违约行为进行投诉和抗议，那么信托公司和银行这样的金融机构出于监管的约束与对自身声誉的考虑，一定会尽其所能地用自己的资金来保证客户的资金安全和投资回报。

这种隐性担保的现象看起来只是出现在中国的信托行业，但其实在信托行业之外的中国经济和金融体系里非常普遍。

比如中国的房地产行业。中国的房地产行业也存在类似的"隐性担保"现象或者说相信"隐性担保"的现象。购房者相信中国政府一定会保证他们的投资可以获得丰厚的收益，如果因为房价下跌而导致他们蒙受损失，他们一定不会善罢甘休。国内曾经多次发生购房者高价买房之后，因为开发商降价，而在售楼处进行示威，甚至劫持售楼人员、破坏售楼处的现象。因为这些房地产投资者清醒地知道政府不会对他们的抗议坐视不管，而一旦政府出面，开发商一定会给政府面子，给自己一个说法。

再比如中国的 A 股市场。A 股市场的很多投资者都相信中国政府和证监会会保证中国股票市场的上涨，或者至少保证市场不会出现下跌。由于证监会拥有批准公司上市的权力，而且获批的都应该是从公司的发展潜力和财务指标来讲非常优秀的公司，因此，一旦出现市场大跌，或者因财务造假等原因而令投资者蒙受损失的情况，投资者便聚集在证券公司、证券交易所或者证监会门前游行示威，这种情况过去 30 多年在中国屡屡发生。

随着中国债务问题的严重性不断加剧，中央政府和监管部门开始越来越清楚地意识到隐性担保问题对财政和经济发展影响的严重性与紧迫性。根据 2013 年审计署对于地方政府债务的审计，2010—2013 年下半年的三年多时间里，中国地方政府的债务增加了 70%，达到 18 万亿元人民币左右，相当于中国 GDP 规模的 40%。即使经过了随后数年的债务压降和地方政府债务置换，地方政府债务仍然持续增加。截至 2022 年底，全国政府债务总量合计超过了 60 万亿元（包含一般债务 14.4 万亿元、专项债务 20.7 万亿元以及 25.6 万亿元中央政府国债），再创历史新高。此外，自 2007 年以来，地方政府的债务余额以年均超过 16% 的增速保持高增长，增速远远高于同期的名义 GDP 增速，反映出债务风险不断累积，及时遏制债务和落实化债方案，是当前全国迫切需要解决的问题。[2] 尽管早在 2015 年左右地方政府债务规模本身已然是一个非常令人头疼的问题，但更让人担心的是它的增长速度。随着地方政府财政收入增长速度的放缓，融资方式的变化，以及土地储备的逐渐缩减和新冠肺炎疫情对于经济的扰动，越来越多的人开始担心中国地方政府的财政状况和为今后经济增长提供更多隐性担保的能力与实力。

所以，从某种程度上来讲，中国地方政府融资平台债务与2007—2008 年全球金融危机时各国金融机构所广泛兜售的担保债务凭证（CDO）产品，有类似之处。时任花旗集团 CEO（首席执行官）查克·普林斯在金融危机爆发后说："我们知道（这些产品）有很多风险，也会带来复杂的后果。但是，只要音乐还在播放，我们就必须不停地起舞。"或许正如他所说的，中国地方政府债务和地方政府债务背后隐藏的巨大的政府隐性担保问题，可能在音乐停止之前，是会一直继续下去的。

不会亏钱的购房者

在 2018 年房地产调控周期中，开发商为求提高周转率，降价促销，但却引发部分老业主"维权"。从 2018 年初至当年秋季，北京 K2 十里春风由均价 37 500 元 / 平方米降至 26 800 元 / 平方米，文一·泰禾·合肥院子从备案价 22 000 元 / 平方米降至销售均价 16 000 元 / 平方米，杭州未来海岸部分房源降价 40 万元左右。以上项目均引起了部分业主拉横幅维权抗议，业主们的主要诉求为补差价、送车位或全款退房。在平顶山一家房地产开发商降价 20% 后，抗议者举着一面横幅，上面写着："业主泣血声讨，跪求政府为民做主。"

与此类似，2014年中国的房地产调控，使全国爆发了多起开发商售楼处或者办公室被破坏的案件，而实施这些案件的犯罪嫌疑人不是别人，正是刚刚在这些楼盘购买了房屋的购房者。这些购房者在光天化日之下打砸售楼办公室，甚至把销售人员挟持为人质，似乎完全视法律为无物。他们认为自己也是受害者，说破坏售楼处的主要原因，是房地产商在降价促销的过程中，把他们之前买的房屋的价格下调了15%~30%，给他们带来了巨大的浮亏[3]，对他们造成了严重的损害。例如，杭州的一个楼盘在2014年初的售价是18 000元/平方米左右，几个月后，因为市场低迷，开发商将房屋的售价下调到15 000元/平方米，直接导致在2014年初购房者的损失高达16.7%。对于一个普通的中国家庭来讲，这确实是一笔不小的数目。[4]

很多购房者在抗议过程中表示，他们在买房的时候，开发商曾经明确地表示今后不会再有其他促销活动和降价了。甚至有的购房者认为，开发商这种售楼之后降价的行为，简直和提供虚假信息、欺诈没有什么不同。有些示威者向记者愤怒地表示："假如你今天刚买了一台新电视，明天商家就降价15%，你会是一种什么感觉？"

在过去十多年里，中国房地产市场经历了数轮力度不同的调控周期。几乎在每次调控过程中，全国各地都会出现很多类似的抗议甚至破坏事件。虽然不是每一次抗议活动都发展到如此暴力的局面，但这些事件确实反映出购房者对于开发商售楼之后降价的强烈不满。而这也并不是中国的购房者在历史上第一次对开发商降价表示抗议，而且很可能也不会是最后一次。类似的情况，在2008年、2011年、2014年、2016年和2022年中国房地产市场出现调整的时候，都曾重复上演。[5、6]

为了加快销售，保证资金流的稳定和安全，很多房地产开发商都选择在房地产调控的时候采取积极的降价手段来吸引购房者。对于那些手握资金、即将购买房产的家庭来讲，这无疑是一个抄底的好机会。但是对于那些刚刚买房的家庭来讲，他们的投资在他们入住之前，就已经开始蒙受损失了。而在过去十多年里，中国房地产市场的大趋势一直是上升的。众多因房价上涨而获利的家庭和购房者，没有一个愿意把自己因房价上涨而获得的投资收益，拿出来和房地产开发商分享。因此很多房地产开发商对此表示非常无奈，感觉也很无辜，并且不愿理会购房者的要求。[7]

开发商承认，虽然当销售不得力的时候，是会在销售活动中提供一些保证回购或者保证待租的条款，即保证在几年之后以更高的价格回购购房者所购买的公寓，或者保证以比较高的租金将房产出租一段时间，但是随着房价走势的不确定性加大，目前房地产开发商提出的这种回购协议也很难吸引购房者了。因此房地产开发商慢慢不再出台这样的条款，销售人员在和购房者沟通今后的房产价格走势时，也明确指出房价可能会随当时市场环境的变化而变化。[8]

从某种程度上讲，房地产市场里的投资者和全球其他领域的投资者一样，其实都没有充分意识到自己所进行的投资背后所蕴含的风险，对自己的投资前景持有天真的、过分乐观的预期。

但是，和国际投资市场不同的是，中国房地产开发商和地方政府对购房者这种讨说法和要求赔偿损失的行为往往是有所回应的。在购房者的集体抗议和要求下，地方政府往往会介入购房者和房地产开发商之间的争执。在绝大多数情况下，政府都会通过建议开发商为购房者以某些方式提供一定程度的补偿，例如免物业费、提供免费车位等来息事宁人。毕竟，没有任何一个地方的政府官员希望在自己的辖区内出现社会不稳定的因素和苗头，这对社会和谐没有好处。

由于房地产开发商在土地招标和项目审批的时候都必须要和地方政府搞好关系，因此，很多时候房地产开发商都会屈从于地方政府的指令和压力，为抗议示威的购房者提供一定的好处，以使抗议者停止"维权"。此时房地产开发商必须用自己的资金来给购房者提供这些好处，但是开发商的这种"慷慨"行为往往并不能得到购房者的任何感激。很多购房者认为，开发商在过去20年史无前例的房地产牛市中，已经赚得盆满钵满，让他们拿出一点点利润来照顾一下广大老百姓的感受，简直天经地义。

从宏观层面来讲，这种抗议行为很可能会令市场预期产生不健康的扭曲。购房者，也就是房地产市场的投资者，将会越来越坚定地相信，只要通过抗议和示威，就可以保证自己的投资不至于亏损。在某种意义上，这种维权行为等于把消费者自身的购房风险转移到了房地产开发商和政府身上。购房者因此可以不负责任、肆无忌惮地购买房产，进行房地产投资，而不必为这种投资可能带来的风险和损失负责。

恰恰是这种由政府和开发商所提供的刚性兑付，以及过去很长一段时间在中国极度宽松的货币供应，以及缺乏其他投资渠道的金融压制，直接导致了中国房价在过去20多年里的高速上涨，造成了房地产市场最终可能出现的泡沫和崩盘。[9]

在中国的投资圈里曾经流行这么一个笑话：一些商业伙伴在一起吃饭，讨论今后中国最好的投资项目在哪些领域。席间很多人都认为，中国的房产价格比美国还高，租金又太低，因此导致中国的房地产是一个最没有投资价值的领域。但是，在得出这一结论之后，这群人又相互问对方这样一个问题：在过去很长一段时间里中，有没有任何一个人因为投资房地产而亏损？结果大家发现，在截至2016年的过去十几年里，房地产确实是一个只赚不赔的投资领域。中国的房地产市场是如此火热，以至于几乎所有 2008 年以前在中国购买房地产的投资者，都享受了数倍的投资收益。而这种赚钱效应和亲身经历，让很多购房者认为，在今后很长一段时间里，房地产仍然是中国最好的投资领域。

但这并不意味着，中国的房地产市场从来没有出现过调整或者中国的房价从来没有下跌过。恰恰相反，自从 2000 年以来，伴随着 2002 年的 SARS 事件、2005 年的禽流感事件、2008 年的全球金融危机和 2022 年的新冠肺炎疫情，中国的房地产价格都曾有过明显的下降。

但中国房地产市场的不同之处在于，中国的投资者对于房地产的热情，并没有因为市场的下跌而减弱。恰恰相反，房地产投资者对政府和政府推动房地产行业发展的决心与能力都拥有极强的信心。他们坚定地认为，只要中国政府高度重视中国经济增长速度，就不会允许房地产价格下跌或者让房地产市场经历长期的调整。

当中国政府开始宣称要调控房价的时候，许多投资者还是非常担心的。但是随着几轮不成功的楼市调控和相应的楼市"躲猫猫"行为大获全胜之后，房地产投资者变得越来越有信心，越发相信中国政府没有决心或者没有手段控制房价上涨，至少不会放任房价下跌。

然而，2016 年可能会成为中国整个房地产市场的分水岭。2016 年的中央经济工作会议提出：促进房地产市场平稳健康发展。要坚持"房子是用来住的、不是用来炒的"的定位，综合运用金融、土地、财税、投资、立法等手段，加快研究建立符合国情、适应市场规律的基础性制度和长效机制……要在宏观上管住货币……要落实人地挂钩政策……要加快住房租赁市场立法……加强住房市场监管和整顿。[10]虽然有少数，特别是一些一线城市的房价在"房住不炒"提出后仍然出现了大幅上涨，但是全国绝大多数地区的房价，在此之后逐渐进入了平稳甚至调整的阶段。

这一定程度上反映了随着政府政策导向的变化，所谓刚性需求中的很大一部分的投机需求对于今后的市场预期和购房行为终于发生改变。这也反映出，由政府担保所引发的投资和投机需求，也一定会随着政府政策导向变化和担保的退出，而发生重大变化。

证监会门前的抗议

与之类似的还有中国的 A 股股票市场。中国的 A 股股票市场里有超过两亿中国股民。在经历了 2014—2015 年的牛市之后，中国股市无论是规模、交易量，还是上市公司新股的发行规模，都成为全球规模最大的资本市场之一。然而很不幸地，中国的 A 股市场同样也存在着根深蒂固、影响深远的隐性担保。

浑水公司的卡尔森·布洛克在 2011 年揭发了一个骗局，他指出在多伦多股票交易所上市的嘉汉林业公司是一个涉案数十亿美元的庞氏骗局，并且在这个庞氏骗局背后，还有大量的财富盗取行为。卡尔森·布洛克因此声名鹊起。[11] 在报道发布之后，嘉汉林业的股价在数月内下跌超过 80%，就连国际著名的投资者约翰·保尔森都在该公司损失了数亿美元。[12] 一时间，在美国纳斯达克上市的很多中国企业都遭到美国独立研究公司和基金经理的大规模卖空，导致很多受到关注的中国概念股股价腰斩，甚至不得不退市。

在之后的一两年时间里，浑水公司和其他几家调查公司，通过揭发中国在纳斯达克上市公司的财务内幕交易和基本面薄弱等状况，大规模卖空在纳斯达克上市的中国公司的股票。由于很多中国公司难以提供反驳证据，一时间股价出现大规模下跌，还有一些公司更是受到美国证券监管机构的调查和起诉。

有评论员指出，浑水公司所提供的一些证据并不完全可靠。例如，浑水公司指责中国教育服务提供商新东方财务造假，但这种指责不但没有能够对该公司的股价产生负面冲击，新东方的股价反而在一年之后大幅上涨，涨幅达 60%。这种针对中国概念股的卖空行为，在中国国内激起了大规模讨论。一些财经评论员说，浑水公司利用这种肮脏的卖空交易，对中国公司展开进攻，是美国政府针对中国企业和中国经济的又一种经济恐怖主义行为。也有一些人认为，卖空机制为像浑水公司这样的企业提供了可乘之机，因此在中国不应该推动融资融券和股指期货业务的发展。[13]

从这些评论可以看出，中国投资者对于卖空机制和卖空并不是很熟悉。要知道，中国 A 股市场在 2010 年之前是没有任何卖空机制的，即使是在卖空机制推出之后，A 股市场的卖空交易在整个市场交易量中也只占微不足道的比例。而即使是在西方发达资本市场，卖空交易的比例也不超过整个市场的 10%。

虽然卖空交易已经存在了三四百年，但在中国，仍然有不少观察者认为，针对中国概念股和中国公司的卖空交易，是针对中国的一种阴谋。即使是在股指期货和融券业务推出多年之后，中国市场的监管者和投资者仍然因融券机制可能对市场带来冲击而对其持严重保留态度。而与此同时，很多中国 A 股市场的投资者都普遍认为股价上涨是一件好事，而股价下跌无疑是坏事一桩。同时中国投资者还认为中国证监会有决心也有能力保证中国 A 股市场的持续上涨。

从这个意义上来讲，中国证监会和包括美国证监会在内的很多其他国家的证券市场监管机构的使命不尽相同。以美国证监会为例，其主要目的在于保证资本市场的秩序、公平和稳定。而除了这一全球各国证券监管部门的普遍职能，中国证监会还有一个重大的使命，那就是要促进中国资本市场的发展。

在这种政策使命的驱使下，很多中国投资者不相信中国政府，特别是中国证监会会容忍市场出现大规模下跌。因为股票下跌可能会造成投资者的重大损失，而这又有可能危害到社会的和谐稳定。由于中国政府对社会和谐稳定的高度重视，所以很多投资者认为，中国政府一定会保证股市上涨，而不会容忍股市下跌。这也解释了为什么在2005—2008年和2014—2015年，中国A股市场出现泡沫和崩盘的时候有那么多对投资完全没有了解的投资者，急切地涌进中国A股市场。

随着2007—2008年全球金融危机的爆发，中国A股市场在2005—2007年的牛市之后，成为全球表现最差的股市之一。此后数年，中国的沪深300指数从最高点的6 100点左右，一路下跌到不到2 000点。在这一下跌过程中，很多中国投资者通过各种方式表达了对中国证监会及各监管层的强烈不满，并且要求中国政府和证监会采取行之有效的措施，保护投资者的利益，保证股市上涨。[14、15]读者们可以很容易猜测到，大多数提此要求的投资者，一定是那些随着市场下跌蒙受了巨大损失的人。2008年和2015年的那些投资者抗议并非孤例，每当中国A股市场出现大跌的时候，几乎就会在各种场合看到中国投资者因自己投资股市失败，而表达出对中国证监会和中国政府的强烈不满。

和中国房地产市场的投资者一样，中国A股市场的投资者在市场上涨并获取投资收益时，却不会对证监会和政府表达什么。所有的投资者都因为短期发了大财而欢欣鼓舞，并相信这一趋势会持续下去。

遗憾的是，投资者们总是不能认识到，在市场暴涨的背后存在市场暴跌的风险。

而中国A股市场的特殊情况在于，中国证监会从政策层面上确实负有保持资本市场稳定和促进资本市场发展的责任。从这一意义上讲，很多中国投资者认为，保证稳定就是保证上涨。

有些观察家认为，中国证监会之所以酝酿了很久才推出允许市场平衡的卖空机制和股指期货等产品，很大程度上就是因为证监会不希望看到这些金融交易机制和金融衍生品对市场带来负面影响。而中国证监会一直不愿意推出这些金融产品和金融交易机制，很大程度上也是为了保护投资者的利益和保证A股市场的稳定。

一方面，中国监管者认为，中国市场非常严格的首次公开募股（IPO）要求，可以保证投资者不会受到那些资质不良的上市公司的欺诈和伤害；但另一方面，我们也必须意识到，如果中国证监会总是这样保护投资者，那么投资者很可能会丧失判断力，认为所有被允许上市的公司都是好公司。投资者可能因此在对企业进行识别和评价的过程中产生不负责任的态度。而当股价下跌使他们蒙受损失时，他们又会归咎于证监会，认为证监会对自己的投资行为产生了误导。

其实，国际上的证券市场监管机构的职责只有一条，那就是保证市场上的信息披露公正、公平、公开。市场上所有的投资者都同样受到证券法的保护。任何额外保护投资者的意愿或者做法，都有可能扭曲整个资本市场对于风险的评判和定价。糟糕的是，中国的投资者只要感觉到政府和监管层会有意识地救市，监管机构在为市场提供隐性担保，他们就会有恃无恐地进行大量不负责任的高风险投资。由于中国没有合法的赌博方式，因此有些人认为，中国的资本市场就成了中国投资者发挥赌性的唯一，也是最好的一个途径。

这在一定程度上解释了为什么中国的 A 股市场一直处在一种高波动、低回报的尴尬局面。

然而实际上，恰恰由于广大散户认为政策对于 A 股市场提供的这种隐性担保，才使得中国的广大散户投资者对于股市投资产生盲目自信，而这种盲目自信直接导致投资者在投资过程中蒙受了大量的损失。无论是 2008 年股灾，还是 2015 年股灾，投资者在股市泡沫中对于政府的支持有多信任、多憧憬，就在市场大跌中有多失望、多失落。

由此可见，中国证监会这种保护投资者的良好初衷和用心，反而令投资者认为投资是一项不需要学习、没有技术含量的活动。在政府和监管层的担保之下，许多没有相应投资能力和金融素养的投资者，义无反顾地投身 A 股市场，积极地进行投机。[16]

永不破产的公司

在 2014 年初中诚信托违约案发生之后，另外一个广受中国资本市场关注的事件，是上海超日太阳能科技股份有限公司（以下简称"超日太阳能"）债务违约案。超日太阳能发行的"11 超日债"，成为新中国资本市场历史上第一只违约的公司债券。

由于在过去 3 年中连续亏损，超日太阳能 2013 财年的收入比前一个财年下降了 66.23%。与此同时，由于财务状况恶化，超日太阳能的股票面临被深圳证券交易所停牌的危险。如果是西方的投资者面临这样的问题，肯定会对这家公司的前景大为忧虑，认为这家公司离破产不远了。

有趣的是，中国的投资者好像对这只违约的债券一点儿都不担心。其中一个重要的原因是，破产和违约在中国不是一个被广泛了解的概念，而违约、破产和财务困境也是大家尽可能避而不谈的话题。许多人都认为破产是一件没面子和有损于个人和公司形象的事件。由于中国社会对于公司和个人破产的这种漠视或者回避态度，每年在中国申请破产和成功完成破产保护的企业数目还不如荷兰和比利时这样的欧洲小国每年处理的企业破产案例多。[17、18]

这种态度导致的直接结果就是，中国投资者对自己进行的风险甚至高风险投资，不但不担心，反而志得意满。无论是在 A 股市场、房地产市场，还是在影子银行市场，广大中国投资者都坚信，中国企业肯定会受到各级政府的救助，肯定不会面临破产和倒闭的风险。这也直接导致他们认为自己的所有投资都是安全无风险的。

但是，这种看似安全的金融形势并不意味着中国的企业拥有健康的现金流。恰恰相反，超日太阳能所反映的，是中国经济反复出现而且矛盾日益尖锐的债务问题。中国企业的债务问题已经变得如此严重，以至于时任中国人民银行行长周小川在 2014 年的博鳌亚洲论坛中发言，认为中国企业的负债水平已经达到高得惊人的地步。

2013 年德国的企业负债水平是 49%，美国是 72%，日本是 99%。据央行统计，中国非金融企业的杠杆率从 2012 年的 106% 上升到了 2013 年的 110%，远远高于很多发达国家的水平，甚至远远高于亚洲其他新兴市场国家的企业负债水平。[19、20]

按照财政部的统计，2013 年中国国有企业的总资产共计 91.1 万亿元，总负债共计 59.3 万亿元，杠杆率达到 65%。2021 年，中央企业资产总额 102.1 万亿元、负债总额 68.3 万亿元、国有资本权益 20.7 万亿元，平均资产负债率 67.0%。同年，地方国有企业资产总额 206.2 万亿元、负债总额 129.6 万亿元、国有资本权益 66.2 万亿元，平均资产负债率 62.8%。汇总中央和地方情况，2021 年，全国国有企业资产总额 308.3 万亿元、负债总额 197.9 万亿元，平均资产负债率 64.2%。

那么既然国有企业的债务高过很多同行业民营企业的负债水平 [21]，为什么中国的投资者不担心这些看起来债务问题非常严重的企业？为什么他们不担心自己的投资所面临的风险呢？答案恰恰又回到了本书讨论的隐性担保问题。因为中国投资者深信，这些企业是由中国政府通过中国的金融机构提供了隐性担保的，因此不可能面临违约甚至破产的风险。

和那些需要担心自己债务的民营企业相比，国有企业具有政府和企业的双重身份。国有企业和企业领导的绩效考评体系导致国有企业所追求的目标，和民营企业最大化利润的目标大相径庭。很多国有企业之所以敢于不断增加自己的负债，是因为它们明白，给它们贷款的国有银行不会对自己采取严厉的惩戒，自己的债务最终将化为国有银行的不良贷款，而由于国有银行的独特身份和在中国经济中的重要地位，这些不良贷款最终会由中央和地方政府显性或者隐性地承担。也就是说，很多投资者相信，一旦这些企业的经营出现问题，无法偿还债务，国有银行出现严重不良贷款，这些问题最终都将会由中国政府来买单。

产能过剩

企业高负债却不能通过破产实现退出，直接结果就是产能过剩。根据 2016 年国家统计局不完全的官方统计，钢铁、水泥、电解铝、平板玻璃、造船等行业的产能利用率分别只有 72%、73.7%、71.9%、73.1% 和 75%，也就是说，这些行业的产能过剩率至少有 25%。

中国产能过剩的数据严重高于其他各主要经济体。

在如此高产能环境下，仍然有更多的投资和更多的项目正在进行，也就是说，等到这些项目完成的时候，中国的产能过剩问题将变得更加严重。[22] 严重的产能过剩问题迫使中国政府开始限制在化工、钢铁、水泥、多晶硅、风能发电机、平板玻璃、造船、电解铝和油粕压榨等行业的新投资与贷款。

电解铝行业在 2015 年之前曾经是一个暴利行业，其产能利用率几乎达到 100%。正因为这个行业的高利润率和国家战略性重要产业的身份，使得大量的社会资金和国有资金都投入该行业，导致在 2015 年之后的 3 年里，电解铝行业的产能利用率已经不到 50%。

即便在如此严重的产能过剩问题面前，很多习惯了过去十几年迅速资产增值和市场扩张的中国企业，仍然进行着大规模的举债和高速扩张。企业家们仍相信，随着企业规模的扩大，企业不但能够获得政府更多的关注和支持，还能够在和国有银行或者金融机构讨价还价的时候，获得更大的竞价能力。很多企业家认为一旦自己的企业做大，那么地方政府一定会对自己的发展给予大力支持，并且当自己面临困境和挑战的时候，地方政府一定不会坐视不管。因为如果放任地方大企业破产，地方政府将会不得不面临地方经济滑坡和就业率下降的严重后果。正是基于这样的逻辑，很多企业在做投资决定时完全忽略了基本的金融原理和企业管理原则，而一味地扩大自己的资产和负债规模，希冀政府为自己不负责任的投资和决定买单。一旦这些产业的盈利能力迅速下滑，很快就会反映在投资者的收益和贷款给这些企业的银行的资产质量上面。

目前，很多产能过剩的行业开始面临严重亏损，越来越多的银行开始担心不能够按期收回它们贷给这些企业的本金或者利息。糟糕的投资业绩会让银行和投资者在今后对这个行业进行投资的时候三思而后行，让这些行业失去产业升级和技术更新所需要的投资和资本，从而限制了这些行业今后的可持续和健康发展。因此，虽然短期的疯狂投资和高速增长看起来非常有吸引力，但是它们也会带来那些始料不及的、非常难处理的长期问题和后果。

当然，国有企业的债务问题，可能和它们的政府属性有密不可分的关系。国有企业的债务之所以上升得这么快，一定程度是由地方政府的 GDP 考核体系和中央政府推动经济增长的决心和目标决定的。所属辖区的经济发展速度一向是中国地方官员眼中的头等大事，因此通过借款投资推动当地经济短期内快速发展，成为很多地方官员相互之间传授的"锦囊妙计"。而只要地方政府能够给企业提供足够的激励和隐性担保，地方企业和很多有背景的国有企业自然非常乐意举债投资。这样一来，既完成了企业自身的高速扩张，又帮助地方官员实现了推动地方经济发展的任务，一举两得。

值得一提的是，这种对经济增长速度的追求，并不只是来自地方政府，有的时候甚至可能直接来自中央政府本身。当中央政府面临全国经济增速下滑的挑战时，往往会推行逆周期的财政和货币刺激政策。包括国有银行在内的国有企业，往往会在这种刺激过程中成为政府政策最有力的推手和执行者。为了推动短期经济增长，国有企业往往会选择通过短期借债来达到增加收入和扩大产能的目的。

在 2007—2009 年的全球金融危机之后，世界各国几乎都经历了一轮政府增加杠杆的过程。这是因为很多国家的金融机构在此次金融危机中受到冲击，政府不得不通过增加自身杠杆承担民营企业和金融机构负债的方式，来保证全国金融体系的稳定和经济的平稳运行。虽然中国在此期间推出了史无前例的 4 万亿救市政策，但有趣的是，中国政府自身的杠杆率似乎并没有像其他国家那样在同期出现明显增加。其中的玄机，很可能就在于中国的国有企业（尤其是中央企业）和地方政府（主要是地方政府的融资平台和地方国有企业）在这一过程中增加了自身的负债和杠杆率。而这些杠杆率是难以通过中央政府的债务水平反映出来的，甚至难以通过地方政府的债务水平反映出来。

国有企业迷局

中国国有企业目前所面临的问题主要表现在，企业不断增长的债务和因为产能过剩所引发的不断恶化的企业盈利能力问题，这也是全球许多国家推动计划经济增长模式所面临的一个通病。比如长久以来，预算软约束问题和由此引发的公司治理和企业运营效率低下问题，就一直困扰着以中央计划经济为主导的苏联和东欧国家的经济与人民生活。

中国的国有企业一方面有盈利压力，另一方面还要承担很多政府职能和社会责任，如帮助进行基础设施建设，提供教育、退休养老服务等社会福利，有些国有企业甚至帮助政府借出和偿还债务。

但与此同时，这些国有企业也通过和政府的紧密关系，以不同的方式获得了大量在资源分配、市场竞争、管理经营和融资渠道等方面明显优于民营企业的优势。国有企业，特别是隶属于国资委的中央国有企业，往往可以非常轻松地获得大量的低息贷款。换个角度来看，这也等于中国的银行和政府通过向国有企业提供低息贷款的方式，消化和解决了国有企业的部分融资成本和债务问题。更重要的是，国有企业一旦真的陷入经营困难和财务困境，中国各级政府总是会出面挽救这些陷入麻烦的国有企业，帮助它们解决所面临的运营和债务问题。

这方面的一个经典创举，就是中国普遍存在的各种地方政府融资平台。由于中国法律在很长一段时间里禁止地方政府直接向社会发行债券，地方政府往往通过设立融资平台的方式举债。这些融资平台之所以可以存在，是因为它们获得了各级政府直接或者间接的担保和资助。在信息披露较为透明的中国企业债券市场，国有企业的发债规模占中国企业债发债总额的 90% 以上，地方政府融资平台则占据了公开发行和交易的企业债务的 20% 以上。几乎所有的地方政府融资平台的债务，都被直接用于帮助地方政府实现各种行政目的和进行基础设施建设。

那么一个自然而然的问题就是，如果国有企业和地方政府融资平台都背负如此沉重的债务，它们能够在一个公平公开的市场环境中存活和发展吗？这个问题的答案核心就在于政府的支持和保证。各级政府在获得国有企业和地方政府融资平台所提供的资金和帮助的同时，也会动用政府可支配的资源来帮助这些国有企业和地方政府融资平台。这种支持既包括垄断性行业的准入权、重点核心项目的参与权，也包括政府采购、退税及其他直接财政支持。结果就是，在政府的支持和担保之下，国企的经营只许成功，不许失败。

对国有企业而言，政府所提供的各种帮助中最有利的一个，就是国有企业可以在一个金融压制的社会和经济体中获得大量低成本的资金。在历史上，各级政府可以通过行政命令的方式，要求国有银行为国有企业提供贷款。由于信贷规模的控制和中国资本市场的局限，中国的资金市场一直是一个卖方市场。因此可以获得管制内的资金和廉价贷款成本的企业，特别是国有企业在市场化的经济和高昂的融资成本之间进行套利，获得丰厚的利差和收益。

因为只有国有企业才能够从银行手里轻松地获得大量的低息贷

款，所以很多国有企业可以通过向民营企业提供融资服务来获得丰厚的回报。这种给民营企业提供的贷款，有的时候可以带来年化利差高达10%左右的收益，远远超过了很多国有企业主营业务的盈利能力和利润水平。这样一来，国有企业只要学会放贷就可以了，几乎可以不必再费力开展它们的主营业务。

由于国有企业非常确信，无论它们的经营业绩和财务状况如何，自己都可以一直轻松地获得这种廉价的资本，所以它们会大举借债，并利用其债务帮助地方政府提供各种公共设施和服务。而恰恰是由于政府的刚性兑付和隐性担保，商业银行也愿意给国有企业提供巨额贷款。这些贷款的一部分，就是用来覆盖国有企业之前向银行所借的款项。这种国有企业、政府和银行之间的共生行为，一定程度上可以解释为什么国有企业的运营和融资决策往往会明显背离市场经济追求效率、公平、利润最大化的基本规律。当然，政府所提供的刚性兑付和隐性担保，只有在企业陷入困境的时候，才会凸显其价值。在某些情况下，政府会不得不将其提供的隐性担保转为显性担保。当国有企业或一些地方企业的存活面临困难的时候，一些地方政府甚至可能会用当地的财政收入来为受困企业提供财政担保和重组所需的资金，或是通过政府采购、退税或者直接采用财政补贴的方式提振地方企业的短期经营绩效和财务状况。

正因为政府的刚性兑付和隐性担保，国有企业几乎完全不需要担心今后的融资问题，而国有银行也不担心它们给国有企业发放贷款的安全性和稳定性。国有企业甚至可以友好地和商业银行合作，帮助商业银行规避监管机构的监管。一些国有企业甚至还反过来为商业银行提供商业贷款中介服务，并且和商业银行分享所获利差，达到国有企业和国有银行双赢的结果。

国有企业的这些做法，表面上好像是使各方都获了利：国有企业在这个过程中获得了收益，银行有效地规避了监管机构的监管要求，而民营企业则通过国有企业获得了虽然昂贵，但仍然比民间资本市场融资成本更低的另外一种融资渠道。2008年全球金融危机之后，全球极度宽松的货币和财政政策的推出，造成了全球长期负的真实利率和通货膨胀的隐患。在国内，这种不可持续的宽松政策给国有企业新一轮的投资和资产购置提供了更加丰富的资金，也解释了为什么这些拥有资金优势的国有企业，会在新一轮资产泡沫中获得丰厚的投资收益。

　　上述如刚性兑付、隐性担保和预算软约束等问题，可能都对中国目前居高不下的企业负债水平负有责任。同时，中国居民家庭的高储蓄率和中国金融行业的监管和准入限制，也都是造成国有企业享有刚性兑付和廉价资金的重要因素。随着中国经济增长速度的放缓和中国外贸出口面临的挑战不断增加，中国国有企业和银行必须共同努力，一起来化解困扰中国的企业和公共部门不断攀升的债务问题。

　　政府通过预算软约束提供刚性兑付和隐性担保，这一做法的好处和风险都在于风险会在私人部门和公共部门之间发生转移。公共部门和私人部门之间的有效合作，确实在全球很多基础设施项目里有过大量成功的案例。但与此同时必须意识到，由于资本市场和政府机关之间在信息披露方面的不对称性，这种公共部门和私人部门的合作很多时候也会带来意想不到的风险甚至危机。在2008—2009年的金融危机中，全球资本市场冻结后各国政府对于金融机构的救助就是一个深刻的教训。由于面临信息缺失和披露不完备的风险，很多欧洲发达国家在金融危机之后的欧洲主权债务危机中陷入非常被动的境地。

　　经济学和金融学理论认为，无论一个国家还是一个企业，都存在

"债务天花板"，也就是举债的最高限度。一旦私人部门和公共部门的界限变得模糊，融资和债务主体也会相应变得模糊，结果就是无论是一个企业还是一个政府，都不能够清晰地意识到整个经济里的债务的总规模究竟有多大，债务今后的规模还可以扩张到多大。

一切信用的根源：永远不会违约的政府

无论是中国的信托产品、房地产市场、A 股市场，还是国有企业，都有一个共通之处，那就是它们在过去 20 年中经历了一次又一次的国际质疑，但是一次又一次地获得新生并且创出新高。

其中的一个重要原因，是中国政府在这些投资背后提供的刚性兑付和隐性担保。但这些或有负债还只是中国政府债务问题的冰山一角。自从 2009 年中国政府为了稳定和推动经济发展所推出的 4 万亿刺激政策以来，中国的地方政府积累了大量的显性债务，对此国际组织和各国政府都给予了高度的关注。

为了回应国内和国际对中国债务增长的高度关注，审计署在 2013 年下半年进行了一次地方政府债务审计工作。这次审计发现，中国政府的债务达到 30.23 万亿人民币（大约 5 万亿美元），负债率接近 60%。这一债务水平达到了国际通用的政府债务红线。其中地方政府债务达到 17.9 万亿元，比 2010 年审计时的 10.7 万亿元增长了 67%。即使很多专家认为，地方政府债务的总规模仍然处在可控范围内，但几乎所有人都同意，中国地方政府的债务在 2010—2013 年的增长速度仍然达到了让人震惊的程度。[23]

而这次审计 10 年之后的现实是，即使经过了随后数年的债务压降和地方政府债务置换，地方政府债务仍然持续明显增加。截

至 2022 年底，全国地方债务总量合计超过了 60 万亿元，再创历史新高。[24、25]

抛开地方政府债务的规模和增长速度不说，中国地方政府在过去几年中确实成功地探索了多元的融资渠道和融资方式。而恰恰是由于地方政府开创的这些新型融资方式和融资渠道，导致现在越来越难以估计中国地方政府的债务规模究竟有多大。在整体债务规模中，有很大一部分是地方政府对各种企业提供的直接或间接、显性或隐性的刚性兑付和担保。一旦出现大规模的经济增长速度放缓或者信用危机，这些或有债务就有可能由地方政府承担。

更令人担忧的是，持续开展的房地产调控政策，已经使地方政府的土地出让收入出现了明显下降。众所周知，这是中国地方政府最重要的财政收入来源。由于房地产行业调控和疫情冲击，地方政府土地出让收入大幅下降，有些地方政府的财政状况甚至已经技术性破产。这些地方政府之所以还能正常运转，甚至能继续从资本市场融资，归根结底，是中央政府向地方政府提供的大量刚性兑付和隐性担保的信用。恰恰是因为这种隐性担保的信用，避免了地方政府的财政出现大规模的违约或者面临财政危机。

中国政府目前的资产状况确实足以涵盖其债务。而且，随着中国经济的增长，中国政府的财政收入也在逐年增加，这更提升了中国政府的融资能力。与此同时，中国政府拥有全世界最大的 3.1 万亿美元的外汇储备规模，这也足以支撑一定时期内中国政府偿还债务的资金需求。

而且，经过几十年的发展，中国的储蓄率和居民自有住房保有率也都达到较高的水平，因此私人部门也有比较强的能力来应对债务。与此同时，随着中国资本市场的进一步改革和发展，资本市场将会为中国中央和地方政府的融资提供更多与更可持续的渠道，也可以进一步缓解地方政府的债务问题。[26]

但是，随着目前中国经济增长速度的逐步下滑，中国政府的财政可持续性也出现了变化。2012 年，中国政府财政收入和财政支出的增长速度明显较前些年放缓。同期，中国政府财政支出增长速度超过财政收入，导致中国财政赤字从 2007 年的 0.7% 上升到 2012 年的 1.5%、2016 年的 3%、2020 年的 3.6%、2022 年的 3% 和 2023 年的 3.8%。虽然这一比例比起美国 2022 年 5.5% 的赤字率仍然低很多，但是中国财政赤字持续上升的趋势，仍然引起了相关人士的关注。[27]

鉴于中国政府对于改善医疗、社保、保障性住房和环境保护等重要民生领域的改革决心，财政支出的增长速度势必在今后会持续增长。因此短期内中国政府不得不进一步扩大财政支出规模。随着财政收入增速的放缓，政府将不得不在放缓财政支出的增速和扩大财政赤字之间进行艰难的选择，且不要说政府今后在很多关键领域进一步推动改革也是需要很多财政资源支持的。

风险之间的高度相关

中国和全球其他所有主要经济体一样，已经越来越多地融入全球经济之中。随着全球一体化进程的进一步深入，任何一个国家的经济和全球其他国家经济之间的联系，都变得更加紧密了。

中国的隐性担保和刚性兑付问题其实也不例外。

在中国政府刚性兑付和隐性担保的支持下，全球的投资者都暂时忘却了他们对风险的厌恶，而将大量的资金投入到不仅有风险，甚至风险很高的资产中去。例如中国的信托产品、房地产市场和 A 股市场。在进行这些投资决策的时候，很多投资者都有一个印象，那就是中国政府的这种隐性担保和刚性兑付足够强大，中国政府将会为他们所做出的投资决策买单，中国政府可以保证他们的投资不会蒙受损失。

这种强大的信心和对风险的忽略，导致大量的中国企业和家庭承担了远远超过其愿意或者能够承担的风险。而正是因为中国的家庭和企业的支持，将大量资金投入到这些产品中去，才推动了中国的银行业、影子银行业、房地产行业、A股市场的繁荣发展，甚至有时达到了非理性繁荣的地步。在中国房地产市场创出了一个又一个新高，中国的股票市场规模日益扩大、估值日益提升的大环境下，很多投资者并没有清醒地意识到他们所投资的产品的风险。

由于投资者对于风险的忽略，导致在中国金融体系里融得的大量资金被传输到那些具有强烈融资需求，同时也愿意支付高成本进行融资的企业手里。这些企业和融资方往往就是中国的房地产开发商、地方政府和很多处于严重产能过剩行业的企业。不用说，这些愿意支付最高融资成本的借债者，自身的风险也是整个经济体里最高的。

地方政府由于有推动地方经济增长的动力，所以有非常强烈的融资需求，为新一轮的基础设施建设和新城改造筹措资金；房地产开发商则需要融得大量资金为下一轮的经济扩张和房价上涨做好充足的土地储备；而那些产能严重过剩的行业，不但需要新资金的注入以帮助企业渡过财务难关，更需要有充足的资金在严酷的价格战中保住资源，抵御竞争对手的攻击或者将竞争对手赶出竞争市场。当然，其中也不排除另外一个可能，那就是有些企业必须完全通过新的融资来偿还它们之前的债务。

无论地方政府、房地产开发商，还是产能过剩的企业，它们具体的融资需求是什么？政府提供的刚性兑付和隐性担保，为投资者做出投资决定提供了信心保障，也给融资方铺平了道路。而这些投资也确实对中国经济在过去 20 多年所获得的高速发展功不可没。

然而遗憾的是，就像生活中很多其他美好的事物一样，凡事都要适可而止。中国政府提供的越来越多的刚性兑付和隐性担保的影响力正在逐渐减弱。经过过去近 20 年高歌猛进的发展，越来越多的中国居民和投资者开始意识到，中国的房地产市场不可能再像过去那样野蛮生长下去，而是可能面临大幅调整甚至下跌。越来越多的研究表明，房地产行业这一过去近 20 年中国经济高速增长背后最重要的推手和驱动力，恰恰很可能是中国产能过剩最严重的行业。面对这些产能过剩率达到 50% 甚至 100% 的行业，越来越多的人开始怀疑，这种通过政府隐性担保大举借债以推动经济短期高速发展的经济增长模式，是否还可以继续维持下去。

就像我们刚才讨论过的，中国经济增长的速度直接决定了中国政府的财政可持续性和中国政府的信用评级。而中国政府的财政可持续性，又进一步决定了中国政府提供的刚性兑付和隐性担保的价值与公信力。随着中国经济增长速度的放缓，政府的财政收入增长也将相应放缓。而与此同时，中国政府提升教育、医疗、养老等民生项目的决心，决定了财政收入放缓的时候，又恰恰是中国政府财政支出面临大幅上涨的时候。由此可见，中央政府的财政状况，在很长一段时间内，都将面临非常不同的新情况和新常态。

其次，中国地方政府财政收入的主要来源是地方的土地出让收入。随着中国房地产市场的滑坡，地方政府的财政压力甚至比中央政府更大。一方面，房价的下滑导致地方政府土地出让收入的持续下降；另一方面，随着金融改革和利率市场化改革的深入，地方政府和地方政府融资平台的融资成本也将随着财政收入来源的枯竭而日益上升。这种由房价下跌所引发的地方政府财政状况的急剧恶化，不但会导致地方政府债务急剧增加，也会限制地方政府进一步刺激经济增长的能力。

一旦中央政府和地方政府不能够再像过去几十年那样提供大量的推动经济增长的隐性担保和刚性兑付，很难想象中国的经济还能像过去 30 余年那样保持高速增长。而随着经济增长速度的下滑，政府提供隐性担保和刚性兑付的能力也会随之下滑，从而减弱政府推动下一轮经济增长的能力和实力。这将不可避免地引发恶性循环，影响中国经济在今后中长期的改革和发展。中国的经济增长速度、财政稳定性和深化经济改革的力度，都将因此面临严重的挑战。

随着中国经济增长模式的转型和中国经济增长速度的放缓，刚性兑付和隐性担保这种在过去推动中国经济高速增长的主要推动力，必须得到妥善的调整和积极的改革，以达到中国经济稳定有序、可持续健康发展的长期目标。

本书内容

本书引言部分介绍了既让人激动又让人担忧的中国经济，并且解释了隐性担保和刚性兑付是如何在过去对中国经济发展起到重要推动作用的，而这种推动作用恰恰在未来可能会对中国的经济和金融稳定产生巨大的威胁，以及为什么逐渐退出刚性兑付和隐性担保对于中国的金融改革和中国经济新常态将起到举足轻重的作用。

第一章讨论了中国的影子银行，中国的影子银行只是中国经济隐性担保和刚性兑付诸多问题的冰山一角。

第二章和第三章分别从中国的房地产市场和 A 股市场的角度来

探讨刚性兑付与隐性担保是如何扭转各自市场中投资者对于风险及收益的判断的。同时，这两章还讨论了这种对于风险判断的扭曲是如何导致在各自市场里出现狂热的投机行为的。

在前三章的基础上，第四章讨论了在中国出现的以 P2P（网络借贷）和互联网金融为代表的金融创新与金融体系改革，还探讨了金融监管和金融创新可能会对今后的中国经济发展与金融稳定带来哪些意想不到的后果及冲击。

第五章讨论了隐性担保对于中国经济增长速度的重要性，以及中国经济增长模式如何能在政府逐渐退出隐性担保的过程中实现逐步转型。

第六章讨论了中国所面临的产能过剩问题。第七章讨论了中国国有企业的迷局。这两章共同指出，隐性担保不只存在于中国的金融体系，更是中国的经济体系和转型所面临的严峻挑战。

第八章着重讨论了中国政府债务问题的根源，以及中央和地方政府的财政可持续性问题，深入分析了政府为了促进经济发展和政府官员为了政绩而向各种投资机会、投资者和企业提供隐性担保的意愿和能力，以及随着中国地方政府债务问题的恶化，政府在今后继续提供类似刚性兑付和隐性担保的能力。本章特别讨论了中国政府逐渐退出刚性兑付的必要性和可能性，以及这一转变有可能对中国经济各个方面所产生的影响。

由于刚性兑付大多是以隐性方式提供的，所以目前很难对刚性兑付问题的严重性给予一个准确的定量分析。而这种不可知恰恰是整个隐性担保问题的风险和核心所在。未来中国经济和金融体系面临的另一个重大风险在于，中国经济体系里很多统计数据都不可靠，因此很难帮助政策制定者做出可靠的判断，更不要说科学的决定了。

第九章着重讨论了中国统计数据的不可靠性和可能存在的偏差。统计数据的缺失、偏差和人为调整可能会对政府制定正确的政策产生严重的影响和干扰。如果中国政府希望今后能够对经济发展做出更准确的判断和更正确的政策，就必须尽早改善统计数据的收集方法，提升统计数据的质量。

第十章着重讨论了在国际经济金融历史里隐性担保和刚性兑付曾经扮演的角色。本章通过对由政府主导的经济增长模式和危机回避模式的讨论，着重研究了政府推动经济发展的隐性担保模式是如何在全球主要经济体里变得越来越普遍的，揭示了刚性兑付和隐性担保给各国在各个发展时期所带来的政治、经济和社会影响。刚性兑付这一由国家支撑的推动经济增长的模式，可能在短期带来丰富的机会，但也可能在长期带来巨大的风险。因此本章特别讨论了2009—2022年世界各国政府通过量化宽松政策应对金融危机的短期效果和长期风险，以及对今后全球经济和金融秩序重塑所带来的挑战。

第十一章着重讨论了今后经济金融领域的改革，对政府如何逐渐退出刚性兑付和隐性担保、如何让市场在资源配置中发挥决定性作用、如何化解各个经济部门和金融行业所面临的不断积累的风险，提供了具体的改革思路和措施建议。

第一章

"不可能违约"的贷款

投资中最可怕的说法是"这一次不同了"。

——约翰·坦普尔顿

2014年1月的中诚信托违约案，在相对中性的货币政策和游资所导致的房地产市场冷却的大环境下，吸引了社会各界的关注。这桩案件掀开了中国信托行业隐性担保的冰山一角，很多人都认为将有更多信托产品面临违约风险，监管者和相关企业该如何面对这种情况，成为全国甚至全球投资者都高度关注的问题。这也涉及中国金融的稳定和金融改革的进一步深化。

中国银监会2013年执行的国务院第107号文曾经试图控制影子银行的规模和发展。文件规定所有国有信托公司均不得参与所谓的资金池业务，也就是将客户产品资金汇聚在一起，然后再投资类似中诚信托发行的这种非标准化的资产和产品的做法。而这种非标准化的产品，恰恰构成了高速发展的中国信托业产品中最主要的部分。如果信托业的资金池不能够投资在那些能给投资者带来更高收益的高风险投资上，那么信托业和信托产品将很快在投资者人群中失去吸引力，无法和传统银行竞争。

另外，这一规定的颁行还会导致信托公司发行的即将到期的产品缺乏新的资金认购和支撑。因为对于之前发行的信托产品，如果遭遇违约，信托公司可能还可以得到资金池的支撑，而在这一新规施行之后，每个产品自身的现金流将变得非常清晰，这意味着信托公司将无法利用其他产品相对宽松的现金流，来挽救那些面临违约的产品。

把新产品募集到的资金用于给老产品还债，这就是所谓的资金池业务。信托公司通过大力发展这种业务，找到了一种既能够迅速扩张规模又不至于引发违约风险的终南捷径。从某种意义上来讲，资金池业务的做法和所谓的庞氏骗局有类似之处。只要新的资金能够源源不断地通过银行间市场的企业债进入影子银行体系，那么中国影子银行业的规模就可以无限制地扩大下去。

2013 年 6 月和 12 月发生的短期流动性紧缩，即通俗意义上所说的"钱荒"，改变了这一基本假设和市场预期。在"钱荒"发展到最极端的情况下，中国银行间市场短期利率曾一度飙升到年化收益率30% 的惊人高度。有专家指出，这两次"钱荒"的发生，很可能都和当时信托产品和理财计划的集中到期，以及当时市场上资金的强烈需求，有密不可分的关系。随着 2014 年中国房地产市场调控的持续和投资者对信托产品风险的持续担忧，新的资金很可能不会像过去几年那样迅速地涌入信托行业，这将进一步加剧中国信托行业所面临的资金短缺困境。[i]

中国影子银行的根源：三个限制

中国影子银行的规模可能是目前全世界最大的。和一些主要依赖于资本市场（股票和债券市场）的发达国家的金融体系不同，银行体系在中国的金融体系中占主导地位。2022 年末，我国金融业机构总资产为 419.64 万亿元，其中，银行业机构总资产为 379.39 万亿元，证券业机构总资产为 13.11 万亿元，保险业机构总资产为 27.15 万亿元，中国银行业资产占整个中国金融体系总资产规模的 90% 以上。金融体系的其他业态，包括保险、证券、信托、基金等行业的资产规模，加在一起还不到中国金融体系资产总规模的 10%。这就难怪中国的四大国有银行都居于全球最大银行之列，中国银行资产规模大大超过美国、欧洲、日本银行资产规模的总和。

既然中国传统银行业的规模如此巨大，很多人会觉得奇怪，为什么中国还需要这么大规模的影子银行呢？更有趣的是，2008—2017年，不但中国传统银行的规模取得了巨大发展，中国影子银行的规模也发展得很快。根据中国人民银行统计，非银行融资规模从 2008 年的大约 2.3 万亿元，上升到 2013 年的 20 万亿元、2017 年的 65.6 万亿元，影子银行在中国银行贷款总规模的比例也从 2008 年的 10% 左右上升到 2013 年的 15%、2017 年的 26%。

中国影子银行发展速度之快，也受到了全球投资者的关注。在全球金融危机之后一段时间里，中国影子银行以每年超过 20% 的速度增长。2016 年前后，中国影子银行对中国 GDP 规模的比例，已经接近金融危机之前美国影子银行对美国 GDP 规模的比例（1.2 倍左右）！由此可见，中国影子银行的规模和发展速度，都是非常惊人的。[2]

之后，在认识到影子银行和债务可能成为影响中国金融稳定与可持续经济发展过程中的"灰犀牛"风险之后，从 2016 年开始，政策有针对性地压降影子银行的规模和国家层面的债务水平。影子银行的规模也从 2017 年最高时的 65.6 万亿元，逐步压降到 2022 年的 40 万亿元左右，下降幅度达到 30% 左右，有效地防止了影子银行和债务野蛮增长可能对中国经济高质量发展带来的冲击和风险。

为什么中国的影子银行会发展得如此迅猛？总体来说，可能有以下三个原因。

第一，金融压抑，即实体经济对于资金的饥渴（特别是在 2009 年 4 万亿刺激政策之后）。

在任何一个高速发展的经济体中，资本都是一项非常稀缺的资源。这一点在包括中国在内的新兴市场国家身上体现得尤其明显。由于社会融资渠道相对有限，对于金融体系有非常强掌控力的银行业，往往在整个国民经济中占据了非常重要的地位。为了推动业务发展，银行希望尽可能扩大自己的资产规模。但是为了防止通货膨胀和保证金融稳定，国家的央行和银行监管机构往往会对信贷增长规模和存贷款比率设定严格的要求。

因此，传统商业银行一直希望能够找到政策上的漏洞来突破这些限制自身业务发展的要求，直到 2009 年中国 4 万亿刺激政策的出台，给中国银行业带来了迫切需要的扩张机会。但就像中国老话所说的，由俭入奢易，由奢入俭难。在 4 万亿政策推出之后，中国的银行和借款企业都已经对信贷扩张的规模与高速发展上了瘾。2009 年第一季度中国新增信贷规模达到 4.58 万亿元，几乎相当于 2008 年全年的新增信贷规模；而 2009 年全年的新增信贷规模则超过了 1990—2000 年全国新增信贷规模的总和。越来越多的投资者希望通过大量从银行获得低价资本的方式，投资于高投机性的房地产和影子银行产品。虽然投资者意识到很多产品的风险非常高，但他们同样意识到，在通货膨胀的环境下，只要能够借到资金，几乎任何资产的升值速度都会超过银行存款利率。就像庞氏骗局一样，很多借款者所投资的项目的现金流都不可持续，一旦没有新的外来资金补充，很多产品都有可能因此崩盘或违约。[3] 就像金融理论和货币理论所预测的那样，如此大量和快速的信贷扩张与货币供给，直接导致了中国国内出现明显的通货膨胀和资产价格泡沫。经历了 2010—2011 年市场的波动之后，为了防止事态进一步恶化，人民银行不得不在当时采取更加严厉的限制信贷增长的手段。

既然我国过去一段时间里的投资或者过度投资的规模已经变得如此之大，影子银行的产品安全和银行，以及中国金融体系的稳定，都迫切需要找到一个银行之外的融资途径来支持这些项目的存活和中国经济的增长。

幸好，中国的银行业和信托业在中国 2006—2008 年的股市牛市中，就已经开始紧密合作了。很多银行通过银行表外业务和信托公司发行产品来融得更多的资金，用于投资当时非常火热的中国股市。但是这种合作的规模和发展速度，直到 2009 年 4 万亿刺激政策出台之后才达到空前，很可能也是绝后的地步。一方面，很多银行在放款过程中面临信贷规模增速的要求和限制；另一方面，很多中国企业，特别是房地产开发企业认为，资产价格会在宽松的刺激政策下继续飙升，因此都要实施激进的投资决策。正是因为对资金供给和需求双方面的限制，导致中国影子银行与传统银行以表外业务的方式紧密合作和高速发展。[4]

第二，资本充足率的要求。

除了高速发展的经济和信贷规模之外，信托公司的高速发展，很大程度上还得益于银行和信托公司所面临的不同监管要求所产生的监管套利机会。

按照全球银行监管的惯例，中国的银行也面临资本充足率的要求。国际清算银行和巴塞尔银行监管委员会在 2010 年提出的《巴塞尔协议 III》要求银行自有资本金必须达到其总资产规模的 8%。这一要求主要是为了能够让银行更好地协调自己和利益相关方（股东、债权人和金融体系的其他参与者）之间的关系，不要过分地进行激进的交易。

由于全球的银行和金融机构在经济扩张期明显增加杠杆风险，因此有可能会对经济里的其他部门造成额外的系统性风险。而又由于银行和金融机构对于经济举足轻重的作用，所以它们一旦面临问题，政府将不得不出手援助。这种大而不倒的风险又进一步绑架了政府及其他相关部门，因此才引发了社会对于金融行业的不满和之前的占领华尔街运动。

所以，全球的监管者从上一次金融危机所获得的一个经验，就是要求银行和金融机构必须用自有资本来持有其资产规模的一部分。这样，一旦真的出现风险和危机，银行的自有资本将被首先用来抵偿银行所面临的风险和损失。

4 万亿刺激政策导致中国信贷规模的增长速度如此之快，利率水平如此之低，面临此种政策利好局面，中国几乎所有的银行和企业都希望尽可能快地扩张自己的资产负债表。但是，由于资本充足率的要求，以及中国股市的表现不尽如人意，中国各大银行无法通过股市融资和扩展资本金，加之中国的债券市场不够发达，所以银行必须要找到新的办法，把自己的表内业务转到表外，削减自己的资产规模，以达到减少所需资本充足率要求的目的。

第三，存贷款比率和存款准备金要求。

除了以上两个方面，银行还面临另外一个技术操作层面的瓶颈，那就是存贷款比率。中国监管层要求银行在每100元钱的存款规模基础上，最多可以放贷75元钱。也就是说，中国银行面临着贷款对存款比例75%的要求。

因此，为了能够扩展自己的贷款业务，银行必须不断扩展自己的存款规模。这就是为什么每个季度末、年末，都会出现银行用高息揽存以扩展存款规模的现象。

由于中国金融市场里丰厚的存贷款利差，银行有非常强的动机借此扩张自己的资产规模和信贷规模，而存款规模很快就成为这种高速扩张过程中的瓶颈。为了绕开这一监管要求，很多银行尝试用除了占用存贷款比率指标的普通贷款的其他方式，也就是通常所说的影子银行的渠道发放贷款。

根据中国人民银行和一些外资投行的研究和报道，中国的银行通过和信托公司、证券公司、保险公司等一系列公司的合作，把不能够算作存款的银行间存款，通过影子银行业务变成可以算作存款的普通存款，以达到扩张存款规模和降低存贷款比率的目的。

商业银行用它们从其他银行或者金融机构借得的银行间存款，来购买其他银行或者金融机构的信托产品或者理财产品。当这些影子银行机构获得银行的资金之后，再把相应的资金存入银行，变成银行的普通存款。在这一腾挪过程中，影子银行赚取了丰厚的交易费用；银行则通过这一系列腾挪，达到人为提升存款规模，符合存贷款比率要求的目的。

信托产品

信托产品在中国影子银行的各种业态（小额贷款公司、证券公司、资产管理公司、P2P 公司、担保公司等）中，大概是历史最悠久也最成功的。通过发行收益丰厚同时被认为非常安全的信托产品和理财计划，把资金贷给房地产开发商和地方政府融资平台这些传统银行不能够放款的领域，中国信托行业在过去几年取得了前所未有的发展。[5]

按照波士顿咨询公司 2014 年的全球财富报告，中国 2013 年拥有百万美元资产的家庭达到 2 378 000 个，比 2012 年增长了 82%。这些中国最富有的家庭的金融资产，在过去一年增长了 49%，达到 22 万亿元人民币。该报道特别指出，很多中国的高收入家庭在信托产品上的投资对其财富增值做出了重要贡献。[6]随着中国经济的持续发展，中国拥有百万美元资产的家庭达到了 620 万，财富也比同期增长了超过 100%。

纵观 2008 年全球金融危机以来信托行业的规模，其实和政策支持及房地产行业的发展有相当紧密的联系。中国信托行业资产规模从 2008 年的 9 000 亿元上升到了 2013 年的 90 000 亿元，5 年的时间里增长至 10 倍。即使是在中国银监会 2010 年发布禁止银行和信托公司之间合作的规定之后，信托公司仍然通过各种手段来满足市场上强烈的投融资需求。[7]信托产品的规模如此之大，以至于一些分析人士认为 2013 年 6 月发生的"钱荒"现象，一定程度上是很多信托产品和理财计划集中到期导致对资金的强烈需求引发的。[8]

在银监会禁止银行和信托公司的合作之后，证券和保险公司也发现了影子银行这一轻松获利的机会，开始展开和银行的银证银保合作。这一系列资金和业务的分流，也在一定程度上解释了为何信托公司的利润增长速度在 2014 年终于出现了放缓的趋势。[9]

信托业协会发布的数据显示，截至 2017 年末，全国 68 家信托公司管理的信托资产规模突破 26 万亿元，达 26.25 万亿元，同比增长 29.81%，较 2016 年末的 24.01% 上升了 5.8 个百分点，信托资产同比增速自 2016 年第二季度触及历史低点后开始回升。

在 2016—2017 年 "宏观去杠杆，金融防风险" 政策导向下，信托行业在 "稳字当头、稳中求进" 的总发展基调指引下，管理规模也随之逐渐压降。2022 年第四季度信托资产规模延续了当年以来企稳回升的发展趋势。截至 2022 年第四季度末，信托资产规模为 21.14 万亿元，同比增长 5 893.44 亿元，增幅为 2.87%；环比增长 649.67 亿元，增幅为 0.31%；相较于 2017 年第四季度的历史峰值，2022 年第四季度信托资产规模下降了 19.46%。

委托贷款

影子银行的另外一种业务模式是委托贷款。委托贷款其实是一家公司直接贷款给另外一家公司的业务。银行并不使用自己的资金，只在其中扮演中介的角色。2012—2013 年，中国委托贷款业务的规模从 1.28 万亿元增长到 3.83 万亿元，委托贷款规模占中国银行业贷款总规模的比例从 16% 激增到了 29%。[10]

2012—2013 年的几项研究表明，高速发展的委托贷款业务中，超过 1/3 的资金都投向了中国房地产行业。如果真是这样，那么委托贷款很可能就是 2009—2013 年为中国房地产行业提供新增资金最多的融资渠道。[11] 随着 2018 年银监会关于委托贷款管理办法政策的出台，委托贷款的规模才逐渐得到控制和压降。

由于委托贷款实质上是通过银行借的民间贷款，因此贷款的利率和协议细节都非常灵活，而银行则无须动用自己的资本金就可以赚取服务费用，因此对于这一业务也非常支持。但是随着 2014 年中国房地产行业的调整，这个大家普遍认为既安全又有高回报的行业，也开始显现颓势。在 2014 年的年报中，不少上市公司都披露，由于房地产市场的调整，过去一两年里放出的委托贷款面临资金安全的风险。

龙盛集团是浙江的一家大型化工企业。在 2013 年的年报中，龙盛集团披露该公司通过委托贷款获得了大约 2 000 万元的利息收入，同比下降了 77%。更值得注意的是，该公司还披露，通过委托贷款向其借款的房地产开发商，由于财务压力，有数笔贷款目前处于违约、重组和协调赔偿阶段。[12] 龙盛的经历在 2014 年绝非个案，很多类似的上市公司和多元化的投资集团也面临着委托贷款违约所带来的收入下降和风险上升的挑战。直到中国房地产市场企稳之前，中国的委托贷款领域估计会面临很长一段时间的压力和调整。

和信托行业类似，委托贷款的发展和规模也随着过去十多年的经济和政策变化而发生了重大变化。中国人民银行发布的 2017 年第三季度中国货币政策执行报告显示，截至 2017 年 9 月末，委托贷款存量规模为 13.88 万亿元，在 171.23 万亿元社会融资规模中占比 8.11%。除了百万亿人民币贷款，委托贷款规模仅次于 18.21 万亿元的企业债券，是社会融资途径中的第三大来源，其重要性不言而喻。

央行统计显示，2016 年，委托贷款增加明显。2016 年委托贷款占同期社会融资规模增量比重为 12.3%，比 2015 年高 1.9 个百分点，规模存量同比增加 19.8%。在其合理增长之外，其中的不规范运作也隐匿了部分资金空转的事实，以及通过委托贷款投向地方政府融资平台、房地产企业等违反国家政策导向的领域。

根据 Wind 统计，截至 2017 年 11 月末，委托贷款规模总计 13.91 万亿元，占同期社会融资规模的 8%。自 2015 年以来，委托贷款增长较快。其中，2016 年委托贷款新增高达 2.19 万亿元，远超 2015 年的 1.59 万亿元。但从 2017 年 4 月开始，委托贷款新增出现月度萎缩。2017 年 1—11 月，委托贷款新增仅为 7 168 亿元，占新增社会融资规模的 3.92%，远低于 2016 年的 12.67%，其中第一季度新增 6 347 亿元，第二季度委托贷款萎缩 358 亿元。

人民银行统计，截至 2022 年末，全国社会融资规模存量为 344.21 万亿元，同比增长 9.6%。其中，委托贷款余额为 11.24 万亿元，同比增长 3.4%；信托贷款余额为 3.75 万亿元，同比下降 14%。最新统计显示，自从 2016 年宏观政策方向调整以来，委托贷款和信托贷款规模都出现了明显下降，中国影子银行由此所引发的游离于监管之外的风险，也因此得到了有力压降。

影子银行变形记

中国人民银行调查统计司的研究表明，中国的影子银行是由各种金融机构所提供的门类众多的金融产品构成的。具体来说，中国的影子银行包括商业银行的表外业务和一些理财产品，证券公司的专户资产管理产品和理财产品，保险公司的投资账户，以及各种各样资产管理公司如产业基金、私募股权基金、风险投资基金等。中国的影子银行还包括企业年金、小贷公司、非银行金融租赁公司、专业保理公司、金融控股公司、典当担保企业、第三方支付公司和其他不受监管的民间贷款。[13、14]后来还扩充了抵押品融资、信用担保、金属融资和互联网金融等。

为了应对这么复杂的影子银行产品，针对影子银行的监管体系将影子银行区分为以下三个主要种类。第一是没有任何金融牌照也不受任何金融监管的金融机构，例如众多的 P2P 金融、互联网金融公司，以及独立的资产管理和财富管理公司；第二是没有金融牌照、面临不完整监管的金融机构，例如担保公司、小额贷款公司等；第三是完全持有牌照的金融机构，在不完全监管下进行金融活动，例如货币市场基金，一些资产管理公司的专户理财产品和信托公司的理财计划。[15]

虽然从数量上来讲，前两类影子银行机构和业务构成了中国影子银行的大半江山，但是从资产规模来讲，持有牌照的传统金融机构所进行的表外的和不严格监管的业务，才是中国影子银行的主力。无论是信托公司、证券公司，还是保险公司，这些企业所进行的影子银行业务，都是辅助商业银行规避监管所进行的表外业务的一种延伸和拓展。随着中国商业银行在 2009 年 4 万亿刺激政策之后进行表外业务和规避监管的需求日益强烈，信托公司紧紧把握住了中国影子银行发展的黄金五年，把信托行业从一个默默无闻的金融子行业，发展成一个全球投资者都高度关注的中国金融体系的重要组成部分。

随着信托公司和银信合作面临更多的监管和关注，证券公司异军突起，逐渐接过了帮助银行进行表外业务的任务。根据中国证监会的统计，证券公司在 2010 年以前没有进行太多的影子银行业务，但自从银监会 2010 年禁止银行和信托公司的合作之后[16]，证券公司资产管理部门所管理的业务从 2011 年的 2 800 亿元迅速增长到了 2013 年 3 月底的 3 万亿元左右，在短短两年时间里上涨了十多倍。[17]

中国人民银行在 2014 年的《中国金融稳定报告》中指出，很多证券公司的资产管理计划其实是传统商业银行委托贷款和协议贷款的一种变形和衍生。报告指出，证券公司的专户理财产品在 2012—2013 年的增长速度超过 180%，达到 4.83 万亿元的规模。

对很多上市公司财务报表的研究发现，这些理财计划的规模和影响力都在日益增加。2013年6月，重庆银行持有38.6亿元的定向理财计划，比6个月前增长了11.1亿元；同期哈尔滨银行持有163亿元定向理财计划，比2012年的规模增加了一倍多。那么这些定向理财计划究竟扮演的是什么样的角色呢？根据央行的研究报告，这种计划主要是用于帮助银行扩展其表外业务的。证券公司购买一个由银行贷款支撑的信用产品，再把收到的资金以普通存款的形式存入银行。这样操作既可以帮助银行发放贷款，又不占用银行的普通贷款限额，帮助银行绕开了存贷款比率的限制和要求。

除了绕开存贷款比率的要求，这种把普通存贷款业务变为投资业务的影子银行业务还有另外一个优势，那就是提升银行的中间业务收入。一直以来，中国的银行因通过单一的存贷款利差获得其主要的收入和利润而饱受批评。现在银行把一部分存贷款业务通过表外的方式以中间业务和服务业务的方式表现出来，就可以帮助银行提升中间业务在总收入中所占的比例，从而达到监管层所希望的另一个目标。[18]

由此可见，和西方的影子银行不同，中国的影子银行并非是为了和传统银行业进行竞争，而很大程度上是由传统银行业催生，为传统商业银行业服务的。从这个意义上来讲，中国的影子银行规模之所以如此之大，是因为中国的传统银行规模非常大，所以中国的影子银行其实就是传统银行创造出来的自己的影子罢了。随着2015年股灾所暴露的影子银行体系的风险，监管对于包括信托产品、委托贷款和银行理财的影子银行业务，提出了更新和更严格的监管要求，银行理财行业的发展也因此呈现全新的趋势。

根据《中国银行业理财市场年度报告（2015）》，银行理财规模持续大幅增长。截至2015年底，银行业金融机构有存续的理财产品理财资金账面余额 23.50 万亿元，较 2014 年底增加 8.48 万亿元，增幅为 56.46%。其中，开放式理财产品存续余额 10.32 万亿元，较 2014 年底增长 5.08 万亿元，增幅为 96.95%。

数年后，由银行业理财登记托管中心发布的《中国银行业理财市场年度报告（2020）》显示，截至 2020 年 12 月末，我国银行理财市场规模达 25.86 万亿元，同比增长 6.90%。报告显示，在资管新规、理财新规等多项政策的推动下，我国银行理财产品正朝着净值化、专业化、透明化的方向有序推进：一方面，理财产品的"净值化转型"加速，开放式产品规模持续上升，老产品大幅压降；另一方面，产品的资产配置和期限配置日趋合理，风险有所释放。

违约风险和信用风险

国际货币基金组织在 2013 年《全球金融稳定报告》中估算，中国的理财产品规模可能已经达到 10 万亿元人民币，占中国居民家庭金融资产的 12.5%。[19] 据中国理财网发布的《中国银行业理财市场年度报告（2022）》，截至 2022 年底，银行理财市场存续规模为 27.65 万亿元，较年初下降 4.66%。和美国在 2007—2008 年金融危机爆发之前的情况不同，金融资产在中国居民家庭资产中所占的比例相对较小，这也反映出中国金融的创新不足，可供投资选择的余地不多。国际货币基金组织认为，目前中国影子银行的风险还是大体可以控制的。

但是，随着 2010 年以来中国经济增速放缓和产能过剩问题的加剧，中国企业的杠杆率一直不断攀升。申银万国证券的一项报告表明，在抽样研究的 5 000 家中国企业里，资产负债率从 2007 年的 60% 上升到了 2013 年的 95%。[20]

随着传统商业银行信贷的逐步收紧，越来越多的公司不得不通过发行信托产品和理财计划作为融资方式。2010 年以来，像山西振富能源公司这样的处于房地产、矿产、钢铁、水泥等产能过剩行业中的企业，大多需要依靠影子银行筹措资金。早年那些野蛮发展和在信贷快速扩张时期大量借债的企业突然发现，自己的现金流不足以满足公司偿还债务的需要了。

2009—2013 年，房地产行业曾经一度享受比其他行业高得多的投资收益率。由于中国超级宽松的货币政策和缺乏有效的投资途径，中国房地产行业资本回报率一直高于 10%，远远高于中国经济其他有效的投资途径和行业。

但是，随着中国房地产市场在 2014 年的全面降温，几乎整个房地产行业都不得不依赖影子银行度日。如果中国的房地产面临较长时间的调整，即使房价不出现明显下跌，房地产商不断恶化的现金流也会导致它们发行的信托产品发生违约，对中国影子银行业造成重大打击。在 2016 年 "房住不炒" 政策和 2021—2022 年房地产行业深度调整的大环境下，中国影子银行的规模不可避免地受到了影响。

这种风险并不局限在房地产行业，也波及与房地产行业紧密相关的地方政府融资平台。地方政府发起设立这些平台的主要目的，就是为土地开发和基础设施建设筹措资金。随着全国房地产市场的调整，地方政府通过卖地所获得的财政收入也将大幅下降，这将会严重影响政府财政的现金流和偿还自己通过信托产品所发行的债务的能力。

由此可见，中国经济增长模式的转变和中国房地产行业的调整，导致中国的影子银行也必须发生相应的调整。而由于影子银行长期处于没有监管或者弱监管的监管环境，因此存在很多信息不对称性和违规操作现象，这很有可能引发严重的金融不稳定。

惠誉评级公司当时的研究表明，中国全国债务总规模在 2008 年时是中国 GDP 的 128%，到 2013 年，这一比例已经上升到 216%，也就是说，在 5 年的时间里上涨了近一倍。如果中国政府采用积极的财政货币政策来干预经济发展，那么到 2017 年左右，中国国家的债务总规模将可能达到同期 GDP 的 271%。虽然 2018 年的资管新规有效地遏制了债务水平快速上升的趋势，但是 2020 年爆发的新冠肺炎疫情，导致宏观杠杆率再一次大幅上升。[21] 债务总量占 GDP 的比例，接近甚至超过了 2013 年的预测。

中国人民银行对中国影子银行的快速发展非常关注。一方面，中国的监管者意识到影子银行的发展是金融创新和金融改革过程中不可避免的一个副产品，影子银行应该对中国的金融改革做出更大贡献，在为中国居民家庭提供更多的投资渠道，为中国的小微企业提供更多的融资渠道上，扮演更重要和更积极的角色。

但另一方面，越来越多的人开始意识到，影子银行的发展已经逐渐超过了监管层所能管辖的范围，监管层已经越来越难以理解中国影子银行的具体规模和业务的复杂程度了。随着中国传统银行同其他金融机构尤其是信托公司、证券公司、保险公司的合作越来越紧密，传统银行和影子银行在监管者心目中的地位和定位，已经越来越模糊了。

而由于中国部分监管主体之间缺乏沟通，就更难准确地了解中国的影子银行对中国整体经济的影响究竟发展到了一个什么样的地步。基于前几次全球金融危机的教训，一个国家的影子银行能够规避监管的能力越强，其自身危机和其对整个国家乃至全球经济金融系统所产生的潜在风险和冲击也就越大。

可信的威胁

中国影子银行之所以发展到今天的规模，很大程度上离不开中国政府对影子银行业所提供的隐性担保。虽然很多影子银行是以表外业务的形式存在的，但无论是投资者还是融资者都认为，这种业务背后对应的银行信用支撑，和普通的银行存款和贷款背后对应的银行信用支撑，没有太大差别。

随着影子银行的规模和复杂程度不断增加，监管者也在试图控制和化解影子银行发展过程中可能带来的金融不稳定因素，以及对全国经济产生的冲击。不论是监管层要求银行立下生前遗嘱，还是存款保险制度的改革和推动，都反映出中国政府逐渐改革影子银行体系和逐渐撤出自己提供的隐性担保的决心。

政府隐性担保的退出，将可以引导资金流向那些风险更可控、收益更高的中小企业。这一方面有助于化解中国影子银行的风险，给中小企业提供更灵活便利的融资渠道，也给投资者带来更丰富的投资途径；但另一方面，这一过程一定会引发一些事先难以预料的后果，譬如整个金融体系内风险利差的扩大，债务融资成本的提升，流动性的暂时紧缺，经济增速放缓和由此所导致的一些社会不稳定因素，甚至导致出现像 2013 年"钱荒"一样的事件。因此，中国政府在很长一段时间里，很难下决心放缓经济增长速度，而是希望继续通过经济增长来化解改革过程中所面临的难题。

当然，如果中国的改革可以深入像地方政府考评制度这种深层次领域，那么随着财政税收改革的进一步深入，地方政府确实有可能逐渐摆脱目前严重依赖房地产和影子银行的尴尬境地。

归根结底，退出担保改革成功的关键，在于政府是否有决心、有能力和市场清晰地沟通，撤出隐性担保。在资管新规落地之后，中国影子银行领域逐渐出现了真正的违约事件和投资者自己承担投资损失的结果。这种看似不幸的事件，其实有助于修复中国金融体系里长期严重扭曲的投资收益和投资风险之间的不对称关系，从长远来看，对中国经济和金融改革功德无量。反之，在存款保险制度和征信体系推出之后，如果未能出现真正的违约事件，中国金融市场目前广泛存在的被严重扭曲的收益和风险之间的对应关系，仍将长期持续下去。

《刚性泡沫》上一版所指出和反复强调的政府刚性兑付对于中国经济金融体系所造成的扭曲和潜在的系统性风险，在 2016 年出版后，得到中央高层领导高度的重视和关注。政策制定者在之后利用多次机会，以"黑天鹅"和"灰犀牛"为隐喻，强调系统性金融风险形成背后的复杂机理，以及防范和化解由刚性泡沫所引发的金融风险的紧迫性与重要性。2017 年底出台的"资管新规"，更像是对《刚性泡沫》上一版的直接回应，对银行体系长期存在的"保本""兜底"的刚性兑付文化的一次根本性改革。

资管新规

2017 年 11 月 17 日，人民银行会同银监会、证监会、保监会及外汇局，联合下发了《关于规范金融机构资产管理业务的指导意见（征求意见稿）》，标志着我国资产管理行业向统一监管的方向又迈出了重要一步。

十九大报告指出，我国金融业的风险重点在于影子银行和地方债务，虽然地方债经过展期有所缓解，但影子银行问题始终没有缓解，通过资管渠道，资金流向高风险领域，给金融系统性风险埋下重大隐患。因此，《关于规范金融机构资产管理业务的指导意见（征求意见稿）》将针对金融领域的问题和隐患，坚持问题导向，提高监管有效性。根据中国金融行业发展现状和混业经营的现实，对各种不同性质的资管产品制定统一的监管标准，实行公平的市场准入和监管，目的在于消除监管套利空间，防止产品过于复杂，防止风险的跨行业、跨市场、跨区域传递等系统性金融风险的诱因，同时又切实为资管业务的健康发展创造良好的制度环境。

根据人民银行披露的数据，截至 2016 年末，我国金融机构资管业务的资金总量已经达到 102 万亿元，规模接近同期全国贷款余额，占据了我国金融市场的半壁江山。其中，银行表内、表外理财产品资金余额，信托公司受托管理的资金信托余额，公募基金、私募基金、证券公司资管计划、基金及其子公司资管计划，保险资管计划余额分别为 5.9 万亿元、23.1 万亿元、17.5 万亿元、9.2 万亿元、10.2 万亿元、17.6 万亿元、16.9 万亿元和 1.7 万亿元。

随着资产管理行业在过去几年的高速发展，我国资管行业也暴露出了不少亟待解决的问题。具体而言，在资产管理行业中凸显出多层嵌套、杠杆不清、套利严重、投机频繁等问题，对资产管理行业的长期健康可持续发展，以及切实有效实施以保证不发生系统性金融风险为底线的有效监管，都提出了明显挑战。

为了应对这一行业发展和监管之间的不匹配，《关于规范金融机构资产管理业务的指导意见（征求意见稿）》对资管业务进行统一监管改革，有助于帮助监管层更加及时准确地掌握大资管行业这一中国金融体系日益重要的组成部分，以保证及早发现处置风险、维护增强市场的稳定性。同时，新规将有利于逐步杜绝监管套利，减少市场中的不规范行为，帮助市场更加有效地发挥信息发现作用。而且，统一的监管也有助于形成公平的竞争环境，为资产管理行业向更加专业化、技术化方向发展，指明了正确的方向，奠定了坚实的基础。

具体而言，资管新规的新意主要体现在打破刚性兑付、规范资金池业务、控制产品杠杆三个方面。

打破刚性兑付

刚性兑付，即投资者不直接对自己的投资损失负责，而是期待第三方对自己的投资损失兜底，是长期困扰中国资产管理行业和整个金融体系的痼疾。正如笔者在前文所阐述的，刚性兑付不但扭曲了金融市场中收益与风险之间的平衡，更容易引发投资者、企业和金融机构因为无须自己承担风险，而形成的加大杠杆和激进投机的行为，直至可能因为这样的大而不倒心理，诱发类似 2008 年全球金融危机那样的系统性金融风险。

这次资管新规，不但给予刚性兑付行为以更明确的定义和更加严格的监管，也对违规行为规定了更加严格和严厉的处罚措施。

值得关注的是，资管新规明确了刚性兑付的含义和表现形式：一是资产管理产品的发行人或者管理人违反真实公允确定净值原则，对产品进行保本、保收益；二是采取滚动发行等方式，使得资产管理产品的本金、收益、风险在不同投资者之间发生转移，实现产品保本、保收益；三是当资产管理产品不能如期兑付或者兑付困难时，发行或者管理该产品的金融机构自行筹集资金偿付或者委托其他机构代为偿付；四是金融管理部门认定的其他情形。

同时，资管新规进一步明确，资产管理业务是金融机构的表外业务，金融机构开展资产管理业务时不得承诺保本、保收益；当出现兑付困难时，金融机构不得以任何形式垫资兑付，切实推进"买者自负，卖者有责"的收益和风险对等原则。

规范资金池业务

资管新规规定，金融机构应当做到每只资产管理产品的资金单独管理、单独建账、单独核算，不得开展或者参与具有滚动发行、集合运作、分离定价特征的资金池业务。为降低期限错配风险，金融机构应当强化资产管理产品久期管理，封闭式资产管理产品的最短期限不得低于 90 天。金融机构应当根据资产管理产品的期限设定不同的管理费率，产品期限越长，年化管理费率越低。

这些规定针对目前在中国资产管理行业普遍存在的在资金组织方面的信息披露和监管的缺失。一旦金融机构将各种不同产品的资金汇集进入资金池，将直接导致监管机构和投资者都无法准确且及时了解单个资产管理产品的收益及风险敞口，既不利于从微观层面保护投资者，更不利于从宏观审慎角度掌握风险变化和预防系统性金融风险。关于资金池业务的规范，从监管层面有效地杜绝了潜在监管套利和风险敞口。

控制产品杠杆

2015 年中国 A 股市场的异常波动突出了国内资产管理行业对于杠杆的披露监管要求。一方面，高杠杆有助于在市场上涨阶段增加投资者的投资收益；另一方面，一旦市场出现下跌，高杠杆将不但强迫投资者卖出资产，而且有可能诱发流动性枯竭甚至进一步的市场下跌。

为了防止类似市场波动再次发生，2018 年资管新规要求资产管理产品应当设定负债比例（总资产/净资产）上限，同类产品适用统一的负债比例上限。每只开放式公募产品的总资产不得超过该产品净资产的 140%，每只封闭式公募产品、每只私募产品的总资产不得超过该产品净资产的 200%。在计算单只产品的总资产时应当按照穿透原则合并计算所投资资产管理产品的总资产。分级私募产品的总资产不得超过该产品净资产的 140%。分级私募产品应当根据所投资资产的风险程度设定分级比例（优先级份额／劣后级份额，中间级份额计入优先级份额）。

与此同时，新规规定金融机构不得为其他金融机构的资产管理产品提供规避投资范围、杠杆约束等监管要求的通道服务。资产管理产品可以投资一层资产管理产品，但所投资的资产管理产品不得再投资其他资产管理产品（公募证券投资基金除外），从而进一步限制了多层嵌套、重复嵌套等可能进一步加剧杠杆问题的可能。

特别指出的是，新规对于资产管理行业提出的统一监管思路，对于克服目前困扰中国资产行业的监管套利问题和不公平竞争现象，起到了重要的推动作用。

由于从事资产管理行业的业态在新规下必须接受同样的监管，一直以来困扰资产管理行业的不同监管主体、不同监管思路、不同准入标准、不同执行力度的现象，应该可以在新规下逐渐得以解决。

同时，新规中体现的公平准入或者公平待遇的思路，为市场长期稳定公平发展打下了坚实基础。从全行业的角度来说，统一监管标准不但增加了透明度，而且降低了管理成本，一定程度上有助于降低投资者的投资费用并增加其投资净收益，真正达到金融更好地服务于实体经济的目的。

再有，新规对于资产管理产品投资集中度的管理规定，既有利于统一公募基金、券商资管计划，以及银行理财产品投资中的风险，也有利于排查和控制资产管理行业对于金融系统稳定和宏观审慎监管框架可能产生的冲击与风险。

当然，值得指出的是，新规的初衷和长期远景虽然美好，但是从现有市场情况到达长期稳定状态的路径却充满挑战。

首先，必须看到，许多资管产品目前的客户（尤其是银行理财产品客户）之所以愿意购买资管产品，恰恰是看中了这些产品保本、保收益带来的安全性。让客户接受净值化管理的方式会有一定难度。一旦资产管理产品真的实行净值化管理，客户对自己的投资损失负责，目前客户对资管产品的兴趣很可能明显下降，这会从源头给资管行业发展带来阻力。

其次，由于很多资产管理产品的终极投资标的集中在国内少数几个资产类别和市场里，市场中存在明显且普遍的传染效应和同质化的流动性需求。一旦资产管理行业必须在给定时间内完成过渡，势必会引发大量资产管理产品投资者要求赎回产品，以及资产管理产品集中在特定时期退出某些特定市场，因此给所在市场带来短期流动性缺乏和资产价格下跌。有些专业人士甚至认为，在资管新规发布之后的2017年最后一个季度和2018年中国债市和股市的下跌，一定程度上已经反映出资管新规对于股票、债券类流动性尚好的资产的价格的影响。而一旦下跌预期和流动性需求形成，市场上甚至可能形成和基本面无关，而完全由资产管理产品赎回和调仓所引发的市场过度波动乃至暴跌。

再次，由于大量银行理财投资于非标资产，并对于实体企业的融资需求给予大量支持，随着资管新规的推出，资管产品融资的吸引力有可能明显减弱，直接导致其为实体经济输血的功能减弱，对于实体企业，特别是有再融资需求的实体企业，可能引发新一轮融资难融资贵的挑战。

为此，2018年推出资管新规，特别设立了过渡期。过渡期原设定在 2020 年底结束，后来延长至 2021 年底。过渡期的设立，就是为了逐步扭转市场对于资管产品收益保底和保本的预期，同时维护投资者的预期适应和金融机构资产质量与投资组合的平稳。资管新规的最终目标，是到 2021 年底过渡期结束时，资管行业完全进入"净值化"时代，投资者的投资损益完全由市场波动决定，不再享受金融机构提供的任何形式的刚性兑付和兜底。

作为资产管理业务的重要组成部分，银行理财业务净值化转型也在 2021 年进入冲刺阶段。银行理财登记中心发布的《2021 年三季度理财市场数据分析》显示，截至 2021 年第三季度末，净值型产品规模占比为 86.56%，较 2020 年同期提高 26.08 个百分点。

从转型进度来看，不同类型银行间存在明显分化。普益标准的数据显示，国有大行、股份制银行以及城商行在 2021 年第三季度的净值化表现均高于预期，农商行的转型进度相对滞后。截至 2021 年第三季度末，国有大行、股份制银行和城商行净值化转型平均数分别为 80.62%、83.18% 和 93.7%，分别环比增长 21.3%、14.08% 和 11.49%，增速明显高于第二季度。

作为党的十九大以来中国经济金融领域最为重要的政策之一，2018 年资管新规的推出，既坚定有力地指明和改变了市场对于资管产品的预期，以及相应的风险偏好和投资组合，又实事求是地设立了过渡期和不同业务区别对待的务实操作，比较好地平衡了新规的长期目标和防范新规过渡过程中可能引发的短期市场波动之间的关系。新规的推行过程中，既坚决杜绝了增量的发生，又逐步稳妥地化解了现有存量的风险，既保证了刚性兑付、连环嵌套等现有问题不再进一步恶化，又保证了市场平稳有序出清，是资产管理行业打破刚性兑付、化解刚性泡沫的一次成功尝试。

第二章

不能亏损的购房者

美联储需要创造一场房地产泡沫，为互联网泡沫崩盘买单。

——保罗·克鲁格曼，2002 年

随着中国房地产市场逐渐转为疲软，全国各地出现了一些抗议甚至破坏活动。虽然不是每一次抗议活动都发展到暴力和冲突的地步，但也确实反映出购房者对于开发商售楼之后降价的不满。

对此，很多房地产开发商觉得非常无奈，也很无辜。和国际市场投资者不同的是，中国房地产开发商和地方政府对于购房者赔偿损失的要求往往是有回应的。在绝大多数情况下，政府都会通过建议开发商为购房者提供某种形式和一定程度的补偿来息事宁人。

从宏观层面来讲，这种抗议行为很可能会扭曲市场预期，让投资者相信通过自己的抗议和示威就能保证自己的投资安全。这在一定程度上等于把消费者自身购房的风险转移到了房地产开发商和政府身上。恰恰是这种在房地产市场里由政府和开发商所提供的刚性兑付，加上过去 20 多年里中国极度宽松的货币供应和缺乏其他投资渠道的金融压制，直接导致了中国房价在过去 20 多年里高速上涨，以及可能出现的泡沫和崩盘。

中国的房价有多高

中国的房价究竟是不是很高，或者有多高呢？我们从房价上涨速度、住房租售比、房价与收入的比例以及土地总价值这几个方面来剖析这一问题。

房价上涨速度

中国的房价在过去 20 年究竟上涨了多少呢？这是个非常重要的问题，但可惜的是全国可能都没有几个人能够就这个问题给出一个准确的回答。国家统计局曾经提供过一个官方数据，但是民间似乎对这一统计数据抱有强烈的怀疑态度。

国家统计局从 2004 年开始统计全国 70 个城市的房价水平，是所有关于中国房地产价格的历史数据源中提供时间序列最长的。根据国家统计局的数据，中国在售房地产价格持续上涨：1998 年商品住宅平均销售价格仅为 1 854 元 / 平方米，2006 年突破 3 000 元 / 平方米，2012 年突破 5 000 元 / 平方米，2017 年达到 7 614 元 / 平方米。也就是说，2017 年房价大约是 1998 年的 4.1 倍。2004—2014 年的 10 年间，房价指数上涨了 77%，二手房价格上涨了 57%。在 2017 年之后的几年里，全国房价继续快速上涨，2018 年商品住宅平均销售价格上涨 12.3%，达到 8 553 元 / 平方米；2019 年房价上涨 8.5%，达到 9 287 元 / 平方米；2020 年和 2021 年，全国房价分别达到 9 980 元 /

平方米和 10 396 元 / 平方米，对比 2017 年，上涨超过三分之一。有意见认为，即使是这样惊人的房价上涨幅度和老百姓的真实感受之间也存在较大差别。[1,2]

另外一项官方数据来自国家住房和城乡建设部（以下简称"住建部"），涵盖的城市虽然比较少，但是该统计显示了更大幅度的房价上涨。根据住建部的数据，从 2004 年 7 月到 2014 年 2 月，样本城市的房价上涨了 150%。这意味着，一个官方机构的统计结果与另一个官方机构的统计结果相差一倍之多！[3]

表面来看，两个统计数据似乎都有其合理性。毕竟在 21 世纪最初的 10 年里，中国的房地产市场和包括美国、英国在内的很多欧美国家的楼市一样，在 2007—2008 年全球金融危机爆发之前都经历了明显的资产升值。因此，中国的房地产价格出现明显上涨，从大环境来看，似乎也没有什么特别让人担心的地方。

然而，官方数据之间的重大差异毕竟会引起广大公众的质疑，而官方统计数据和商业或者民间的第三方数据库统计的数据之间，则可能存在更大的差异。

除了官方数据，中国还有另外两个广为使用的房地产数据来源，一个就是搜房网旗下的中国指数研究院。依托搜房网这一全国主要的在线房地产中介平台，中国指数研究院在全国 100 个具有代表性的城市搜集当地房价的变化。这一数据的优势在于它涵盖了更多的城市，并且使用的是真实的交易数据；缺点在于数据的时间序列相对比较短。根据中国指数研究院的研究，在该指数所抽样的 100 个全国城市里，房价从 2010 年 6 月到 2013 年 12 月的 3 年时间里就上涨了 21.27%。该研究还表明，一线城市的房价同期涨幅比全国平均涨幅要高出一倍以上。[4]

2013 年 10 月 1 日，中国指数研究院发布的百城房价指数报告显示，2013 年 9 月，全国 100 个城市（新建）住宅平均价格为 10 554 元 / 平方米。对比 2023 年 7 月，全国 100 个城市新建住宅平均价格为 16 177 元 / 平方米，10 年涨幅超过 50%。

虽然这一数据已经比前文提到的两个官方数据统计出的涨幅高了许多，但和另外一个独立商业数据来源"中原地产"所发布的中国房地产指数相比，仍有很大差距。根据中原地产的统计，从 2004 年 5 月到 2014 年 3 月近 10 年时间里，中国主要的 4 个一线房地产市场——北京、上海、广州、深圳的房价，分别上涨了 374%、346%、505% 和 420%。这一统计结果远远高于其他 3 个数据来源公布的结果。[5] 甚至有居民认为，即使是中国指数研究院和中原地产的数据，也明显低估了中国房地产市场价格的上涨幅度。第九章将会对相关内容进行详细讨论。

住房租售比

租售比是一个在国际上被广泛用于衡量房地产价格高低的标准。如果把房地产看作一件投资品，那么房租对房价的比例就是这一投资品的稳态投资收益率。之所以说稳态，是因为房地产价格在很多国家并没有明显的波动趋势，因此在进行投资衡量的时候，从安全角度往往只考虑房租带来的投资收益率，而不考虑房价升值所带来的投资收益率。

由于国家统计局和住建部没有在收集房价信息的同时收集房租的信息，因此中国的住房租售比缺乏长期可靠的官方数据来源。与此同时，商业机构对于自己经手的房地产的价格和租金则拥有第一手信息。中原地产根据自身在其经营的城市里的房价和房租的信息，自 2008 年开始发布中国的住房租售比信息。

中原地产的数据表明，从 2008 年开始，中国的住房租售比一直在下降。北京、上海、广州、深圳 4 个城市在 2008 年时的租售比分别是 3.5%、3%、4.5% 和 3.9%。到 2013 年这一比例已经下降到 1.8%、2%、2.5% 和 2.2%，五年之中下降了一半。[6] 当然，这些城市的房价和房租在同期都出现了上涨。导致租售比明显下降的直接原因，是房价上涨的速度远远高于房租上涨的速度。

根据中原地产的数据，从 2009 年底到 2013 年底，北京、上海、广州、深圳 4 个城市的房租涨幅分别达到 34%、63%、59% 和 31%。与此同时，这 4 个城市的房价在同期分别上涨 69%、107%、167% 和 112%。相对房租，房价的涨幅大得多，也快得多。租售比的下跌使得房地产从基本面变成一种不太具有吸引力甚至没有吸引力的投资标的。以北京和上海为例，这两个城市的租售比在 2008—2013 年，已经从国际上广泛接受的 3%~5% 的区域下跌到了 2013 年的 1.5%~2%，甚至低于中国银行业同期存款利率（3.5% 左右）。这么低的租售比，已经和中国台湾、韩国房地产泡沫顶峰时期的租售比十分接近了，比其他新兴市场的租售比都低了许多。2014—2017 年全国房价进一步上涨，越来越多的城市的租售比都下降到 1%~2% 区间，不但远远不能覆盖购房者的资金成本，而且有进一步下降的趋势。

房价与收入的比例

另外一个国际上广泛使用的衡量房地产价格的标准，就是房价与当地居民收入的比例。这一比例反映了一个地方的房价和当地居民收入购买力之间的关系。

根据中国主要房地产经纪公司的一项调研报告，全国主要 35 个城市房价与收入的比例是 10.2[7]，在大城市则更高。以北京为例，房价与收入的比例是 19.1，也就是说，北京的居民必须把他们全年的收入全部拿出来，连续存 19 年才有可能让一个三口之家在北京买一套 100 平方米的公寓。如前所述，中国的房价很可能被低估了，因此，真实的房价与收入的比例可能比这一数据更为糟糕。[8]

反观国际，全球主要城市的房价与收入的比例是 4.6。中国的房价与收入的比例之高，与美国相比则更加明显。在美国，老百姓认为可以供得起的住房一般是家庭年收入 3~4 倍的住宅[9]，即使在发达国家，美国的房价也确实属于比较低廉的。其他主要发达国家的房价与收入的比例通常在 5~6 倍之间，仍然明显低于中国的房价与收入的比例。

根据 2022 年彭博社的一则报道，深圳、香港、北京、上海、广州的房价分别是当地居民收入的 46.6 倍、46.0 倍、45.8 倍、36.8 倍、29.3 倍。也就是说，当地居民需要其 30~40 年的收入总和，才能在当地买一套房。而其他主要国际大都市的房价与收入的比例，远远低于中国城市的水平。东京、伦敦、温哥华、悉尼、纽约的房价分别是当地居民收入的 13.3 倍、11.5 倍、11.3 倍、9.9 倍、9.3 倍。也就是说，用房价与收入的比例来衡量的中国房价，再次远远超过国际一线城市的平均水平。

土地总价值

另一个看待一个国家或地区房地产市场的角度，就是当地的土地总价值。

在日本房地产泡沫顶端的 1990 年，日本东京都的土地价值达到 4.1 万亿美元，大概相当于当时美国全国的土地价值，是美国同期 GDP 的 63.3%。

有趣的是，有人估算北京 2012 年的土地价值总额已经达到 10 万亿美元左右，相当于美国同期 GDP 的 61.6%。随着中国房价从 2012 年进一步上涨之后，以土地价值总额这一标准衡量，北京的房价很可能比东京在房地产泡沫顶端时的泡沫更加严重。

总而言之，无论采用哪种衡量标准，无论是历史水平，还是国际比较，中国的房地产价格都处在一个非常高的水平。

"刚性"投资需求？

反观 2016 年之前中国的房地产调控，有一个惊人且有趣的现象。那就是政府三令五申出台了很多政策，但结果都不令人满意。

房价为何难以控制？国内专家大都同意房地产兼有消费和投资（投机）双重属性，但对于到底是消费属性还是投机属性在推高中国房价上涨，存在严重分歧。

看多派的一个主要观点是"刚需说"：中国有这么多人口，下一阶段要城镇化，年轻人口要买房结婚，人们都想要住更大、更好、更多的房子。这种居住性需求导致房价不但要涨，而且会大涨，甚至会只涨不跌。每一条理由听起来好像都非常靠谱，然而仔细分析起来却都似是而非。

中国人口众多，并不是什么新闻。然而中国人口增长的趋势在过去十几年中已经逐步放缓。人口红利的逐步消失和人口老龄化的趋势给房地产这种对人口结构非常敏感的资产类别的投资价值打上了一个大大的问号。

中国过去 30 年的经济增长很大程度上得益于城镇化的进程。中国进一步发展城镇化的规划确实可能是中国房地产市场的一线希望，或者说是可以抓住的最后一个机会。但是，基于过去 30 年的成绩，就算今后 10 年政府再怎么推动城镇化，城镇化发展的速度也不可能和过去相比。今后城镇化所采取的路径也很可能不同于过去那种造城、修路、搭桥、盖房的模式。因此，城镇化进程对房地产市场很可能算不上什么重大利好消息。即使和很多发达国家平均 80% 的城镇化比例相比，目前中国 65% 的城镇化比例也并不算太低，这还不包括官方统计没有包含在内的流动工人和没有户籍的流动城市人口的比例。同时可以看到的是，很多流动工人对于在城市买房既没有兴趣，也没有能力。

另外，和法国、英国、日本相比，中国的人均住房面积已经达到甚至超过很多发达国家的水平。基于中国高人口密度和相对较低的人口收入的现状，中国目前的人均住房环境其实比东亚很多国家的条件都要优越。[10]

西南财经大学的中国家庭消费金融调查表明，90% 的中国家庭拥有自己居住的主要房产，这一比例明显高于世界平均水平的 63% 和美国的 66%。因此很难理解中国居民为什么会需要购买更多的房产。[11] 调查还表明，中国家庭平均从自己主要住房的升值中所获得的收益达到 340%。[12] 也就是说，很多中国居民家庭在过去十几年里因房地产升值所获得的财富超过了他们在其他领域投资所获得的财富，甚至大大超过他们过去十几年里的薪酬总和。这种成功的投资经历进一步坚定了中国居民认为房地产价格一定会继续上涨的信心，这种预期进一步加强了中国居民购买房地产的意愿。

当然，针对房地产而言，消费和投资属性确实很难做到泾渭分明。一个家庭在考虑买一套更大的公寓的时候，可能既会考虑到升值空间，又会考虑到自住的方便性。如果完全不考虑升值，那么一个家庭出于改善性需求只要把自己较小的房产出租，同时租住较大面积的现代化公寓，便于生活即可，然而在现实中很少有中国居民这么做。因此，一个家庭购买更大面积的公寓，很大程度上都是将未来的升值空间考虑进去了。

最后，关于新婚型和改善型居住的刚性需求的说法更是难以理解。暂且抛开海外发达国家的成熟市场里许许多多高高兴兴地租住在别人的公寓和别墅里喜结连理的年轻男女不说，随着人口结构的变化，中国新婚家庭的数量会随着时间的推移、人口结构和社会价值的变化而逐渐减少。房地产价格有朝一日一旦转向，新婚家庭的购房动机也会有可能在某一天突然转弱或完全销声匿迹。

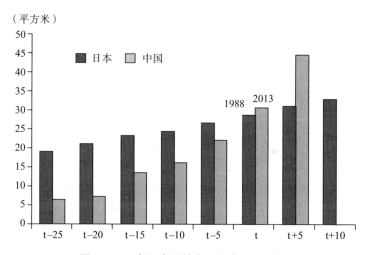

图 3-1　日本和中国的人均住房面积比较

资料来源：日本厚生劳动省和野树国际经济研究部。

注：对于日本，t 为 1988 年；对于中国，t 为 2013 年。

结婚需要有房子住本是天经地义，但为什么一定要住在自己买的房子里？这让笔者百思不得其解。纽约、伦敦、巴黎的成千上万年轻人都没有这样的期望和要求，为什么中国的年轻人要把这座大山背在自己身上呢？

根据《中国人口普查年鉴-2020》，我国家庭户人均居住面积达到41.76平方米，平均每户居住面积达到111.18平方米，我国城市家庭人均居住面积为36.52平方米。这一水平（当然要考虑日益可怜的得房率）即使和很多地广人稀的发达国家相比，也并不显得窘迫，甚至比日本、韩国等亚洲发达国家或地区人均居住面积还要宽裕。而且住房消费和餐饮、交通、娱乐本来并无异质，都是价格敏感的消费，价格低廉就多消费一些，消费层次高一些，价格高昂就少消费一些，消费层次低一些，何来"刚性"之说？餐馆涨价就在家里自己做饭吃，影院涨价就上网或买碟看，车价、油价上涨就改乘公共交通罢了，消费对价格的反应每一分钟都在体现。从未听说过买车是刚性需求，看电影是刚性需求，去餐馆吃饭是刚性需求，但突然之间，购房就成了刚性需求，实在让人不解。如果只是消费属性，房价上涨估计也会导致家庭放弃购房需求，改为租住，或是推迟满足更大面积住房的改善型需求。

笔者虽非"理性预期学派"或"市场有效假说"的拥护者，但根据汗牛充栋的金融学文献和笔者本人的学术研究与实践操作，感觉市场和价格还是大体可以反映市场上的信息的。一则信息，比如房地产的刚性需求，一旦被市场掌握，就不应该对价格有太大影响。所以，即使以上观点真的成立，也已经大体反映投资者对这种信息的理解和消化，"刚需"就很难成为房价一次又一次爆发式上涨的原因了，至少很难解释为什么投资者的居住性（消费性）需求在短短几个月内会上涨30%。

那么，中国房地产市场的刚需到底何在呢？归根结底，国内买房的"刚需"来自投资和投机的刚需，而非安居乐业的消费性需求。大家在买房时更看重的不是住房的消费性需求，而是房产中隐含的房价（大幅）上涨的选择权价值。说得再简单点，大多数家庭买房不是为了消费，而是为了投资获利。

选择权价值简单来讲就是给投资者提供了忽略基本面而通过价格波动来获得高额收益的投资理念。这一概念曾在2005—2007年中国权证市场推出的风波中风靡一时，给很多投资者带来了不菲的纸上富贵，但也最终给他们带来了昂贵的教训。很多家庭虽然对选择权价值这个概念还很陌生，但其实在买房过程中早就开始身体力行了。

说到这里，又不得不提一下投资和投机的区别。国内许多专家认为，投资和投机无须区分也无法区分。笔者不同意这种观点。根据美国著名经济史学家和市场泡沫专家金德尔伯格的定义，泡沫是指那些由投机者（而非投资者）出于对价格上涨的预期（而非对资产基本面盈利能力的预期）推动的资产价格快速上涨但最终大幅下跌的过程。投资和投机的区别以及其各自对泡沫与经济的影响，昭然若揭。

影响投资者决策的主要因素是预期收益率和预期风险。如果有一种年化收益率为1.5%~2%的国债投资产品，因其收益率低于银行存款利率和CPI（消费价格指数），估计大多数投资者是不会感兴趣的。换言之，如果房价没有任何上涨空间，而以当前房价计算，年房租只是房价的1.5%~2%，估计新婚型和改善型"刚需"都会转为租房，而不会选择买房。

那为什么居民对于年收益率只有1.5%~2%的房产趋之若鹜呢？无外乎是看中了房价上涨这一隐形期权的价值。中国房地产在过去10多年的涨幅大大超过了中国经济的涨幅，这让全球震惊。中国的家庭和投资者早就习惯了房地产每年35%的升值步伐。除此之外，过去10多年房地产虽然经历了数次调控，但房价非但不降，反而大幅上涨，这更加坚定了投资者的信念：房地产投资不但收益高，而且无风险。于是，房地产投资自然变成可以自我实现的预言：房价越买越高，投资者越高越买。房租这一房地产资产基本面的价值早就被房地产投资者抛在脑后了。只要房地产一年增值20%，谁会在乎那点低得可怜的租金收益呢？

天下熙熙，皆为利来。看多派会说，不管是投资性需求还是投机性需求，房地产投资又有什么不对呢？确实，这没有什么不对，或者说对与不对超越了经济学研究的领域，是社会学和伦理学的范畴。但值得所有投资者或者投机者考虑的是某一个投资或投机项目的风险或是收益的可持续性。随着价格的攀升，目前的买房者更需要考虑的是房价的上涨趋势是不是可以持续。

40年前的日本房地产市场危机，35年前的全球互联网股票市场危机和过去25年发达国家的房地产市场危机，都曾经历类似"好得难以相信"的自我实现预言。然而，随着时间的流逝，这些预言最终也都宣告破产，留下来的是全球的烂尾楼、无数破产的公司和目前仍在疗伤恢复的全球金融体系。很多时候，价格上涨得越多，跌得往往也越狠。其实，基本面很稳定，难以稳定的是投资者的预期和背后的动物精神。水落自然石出，曲终自然人散，古今皆然。直到预期改变时我们才会知道，自己经历的是不是一场泡沫。

关于房地产所谓刚需的最后一个辩解是，如果中国房地产里投机或投资性需求真的占很大一部分，那么在过去几轮旨在打压房地产市场投资投机需求的调控过程中，这种需求应该已经得到有效的抑制和排除。然而就像中国很多其他领域一样，中国房地产业很重要的一个现实就是上有政策，下有对策，市场几乎总是会有办法找到绕开政府规定的漏洞和创新。

租房者保护法案

当然，中国人不愿意租房而愿意买房的另外一个原因是，在中国，租户的权益得不到合理的保护。

这在中国确实是一个非常棘手的问题。中国的房东可以通过卖房轻易地将租房者赶出他们租住的公寓，给租客的生活带来极大的不便和困难。有很多人之所以买房子，是因为在租房的过程中确实存在太多的不方便。

和中国的做法不同，国外有明确的法律保护租户的合法利益。很多国家都有法律明确规定，在合同期满之前房东不得单方面终止租房合同。例如，德国在 2013 年颁布法令禁止房东每年房租的增长额超过 15%。即使是在中国香港这样具有强烈自由市场精神的地区，租房者作为弱势群体的利益也得到非常完善的保护。[13]

鉴于此，那么政府确实应该考虑出台政策让整个房地产市场变得对租户有利。这种对租户友好的房地产市场不但能够保证每个社会成员都有一个安全和稳定的住所，得以安居乐业，也可以化解居民对房地产的自住性需求，压制不健康也不可持续的投机性"刚需"。

对房地产的担保

在 2016 年"房住不炒"政策提出之前的十多年里，中国政府在2005 年、2007 年和 2012 年都对房地产行业进行过深入调控，以平息社会对于高房价的不满。虽然中国政府的一些调控措施一经提出，马上起到很明显的威慑作用，但是随着调控政策一次又一次落空，房价又出现了一次又一次的报复性上涨。在这种博弈之中，投资者对于政府打压房价的真实用心产生了严重怀疑，而那些由于出价过高而在房地产投资中蒙受损失的购房者通过抗议和示威就轻易让政府与开发商屈服，获得赔偿，此时投资者就更加确认房地产是一项只赚不赔的安全投资。难怪很多房地产开发商抱怨，在房地产买卖合同中只有开发商承担下行风险，而所有的上行投资收益都归属于购房者。

政府和房地产开发商向购房者提供的刚性兑付和隐性担保，进一步推动了中国房地产市场里的投机狂热。曾经，美国政府就为了实现美国梦，借助获得政府隐性担保的房利美和房地美之手，在短期内扭转了投资者对于房地产市场走势的看法，令美国房价上涨。但这一做法最终导致了2008年的全球金融危机。

与此同时，房地产开发商们在政府的支持和担保下，向购房者提供他们自身的刚性兑付和隐性担保。很多房地产项目向购房者提供了高额出租收益的保证，以此吸引投资者。不用说，开发商许诺的高收益肯定比购房者在市场上可以获得的真实出租收益要高得多。虽然周围楼盘的租售比只有3%~4%，但是开发商会向购房者提供8%甚至10%的租金保证。这种销售策略确实有效地吸引了一些投资者的青睐。但是，愿者上钩的投资者很快就发现，开发商提供的收益率保证往往只是一种营销噱头，在很多情况下，开发商在支付了一两年的收益之后，就会不了了之。还有一些极端情况，开发商在还没有交房的时候就已经告知购房者将无法提供之前所承诺的出租收益。[14]

这些没能兑现的承诺突出显示了由政府和房地产开发商提供的隐性担保对中国居民投机房地产市场的推动。这背后的一个核心问题是，这些担保究竟能持续多长时间。从中国房地产市场的情况来看，很多在短期看上去好得难以想象的投资机会，只不过是泡沫顶峰时投资者一厢情愿的疯狂罢了。

政府在很长一段时间里对于房地产行业和房地产投资提供的刚性兑付，无疑加强了广大中国居民对房地产市场上涨的信心。而在世界各国房地产市场泡沫破灭的前夜，当时的民众也曾对当地房地产市场表现出类似的信心。无论是 20 世纪 80 年代末的日本居民，90 年代末的中国香港居民，还是 2008 年之前几年美国和欧洲很多国家的居民，他们都认为本国或本地区的房地产市场是全世界最优质、最有投资价值的资产，完全忽视日益恶化的房屋租售比这样的基本面信息，依然增大其在房地产市场的投机。结果，市场规律最终要发挥它的作用。有些时候，为了回避市场短期的调整和下跌，政府和监管层所采取的监管措施往往会带来更大更严重的问题。

虽然现在有很多人认为，2012 年和 2016 年开始实施的一系列房地产调控政策对于中国房地产市场的疲软负有不可推卸的责任，但是换一个角度来看，这一政策推出后，对投资者的信心和信息的影响都已经相对减弱，而中国的房地产市场在目前限购限贷政策逐渐放松的情况下仍然没有出现几年前那样报复式的反弹，其中一个重要原因正是过去几年房地产市场的疯涨已经严重透支房地产作为投资标的的吸引力。而广大中国居民对房地产这种有风险的资产今后的走势和背后真实的风险，终于开始有了一个比较现实和清晰的判断。

政府推动经济发展的需要，很大程度要为中国房地产市场里的投机行为负责任。对房地产市场的投机者而言，中国政府已经把推动房地产发展的信息和决心传递得非常清楚了。在 2012 年的政府工作报告中，温家宝总理就多次提出房地产市场调控的目的只是让房地产市场的价格稳步发展，而非打压和下调。[15]

从某种意义上来讲，没有各级政府对房地产市场或明或暗的支持和鼓励，中国的房地产行业是不可能发展到今天的状态的。政府确实在 2005—2015 年出台过多项调控房地产的政策，而每次调控政策出台之初，房地产市场的价格都会出现小幅调整。但是，一段时间之后，中国政府还是会顾念房地产市场对经济发展至关重要的作用，为了保证经济增长速度，政府往往会改变初衷，放松调控政策。这种调控之后又放松或者放弃的周期性经历，更是进一步助长了市场投资和投机的热情。

究竟是什么原因导致中国政府在房地产市场上欲说还休呢？而投资者又怎么能在各种复杂情况下依然可以准确地把握政府的真实心理呢？

经济发展一直是中国政府考评官员最重要的指标之一。从这个意义上来讲，政府对房地产市场发展的态度就更容易理解。在过去 10 多年里，房地产市场在中国社会固定资产投资规模里占到 20%~30% 的比例，如果考虑到和房地产相关的钢铁、水泥、建材、化工、家具、电器、装修等各相关领域，房地产及相关领域的经济体量就占到了中国固定资产投资的 1/3 以上，对中国经济增长的贡献度可达 15%~30%。这一比例不但在中国自身的经济发展史上前所未有，在全球经济增长史上也非常罕见。[16]

根据以上数据，房地产市场投资每放缓 10%，就会对中国固定资产投资增速和中国经济增速造成 3.3% 和 1.6% 的冲击。即使不考虑其他因素，房地产市场下滑也可能让地方政府和银行的资产质量下滑。由于中国地方政府的主要财政收入来源是土地出让收入，房地产市场的下滑将会对地方财政造成重大冲击，给地方经济增长带来巨大影响。这将直接决定中国的经济增速究竟是 8%、7% 还是 6%。而经济增速又无疑会影响中国政府的执政能力和民众对于社会稳定和经济发展的判断和预期。

对中国地方政府财政状况的研究表明，房地产及其相关领域已经成为中国地方政府财政收入最重要的来源。2013 年国有土地使用权出让收入再创新高，突破 4 万亿元，达到 4.126 6 万亿元，同比增长约 45%。近一半的地方政府收入与土地相关。2021 年全国政府土地转让收入 8.7 万亿元，占财政收入的比例为 42.98%，自 2015 年以来首次出现下滑。[17]

即使房地产市场不出现下滑，而只是不再重复过去几年的增长，很多地方政府也会面临无钱推动新开工基础设施建设和房地产开发项目的难题。因此很多地方政府不惜通过高息，以地方政府融资平台大规模举债，来推动当下经济增长。这种经济增长方式很大程度上也依赖于房地产市场的上涨。一旦和房地产相关的税收出现增长停滞，很多地方政府就会面临债务危机和财政悬崖。[18]

与此同时，经济增速的放缓和资产价格的下降，无疑会影响到中国银行业的资产质量。鉴于银行在中国金融体系里的绝对主导地位，银行的资产质量和健康一旦受到影响，将会给整个中国的经济和金融体系带来巨大风险（这部分内容将在第三、第四章详细展开讨论）。

在 2005 年，房地产相关的贷款占中国银行贷款总规模的 14% 左右。到 2013 年，这一比例达到 20% 以上。2021 年中国人民币房地产贷款余额占金融机构人民币贷款余额的 27.07%，较 2014 年的 21.27% 增长了 5.80%。另外，根据六大行新增贷款及垫款统计，个人住房贷款占新增贷款的比例曾一度在 2010 年中期超过 50%，在 2018 年占到了新增贷款的 49.39%，在 2019 年占新增贷款的 39.5%。这一比例在 2020 年和 2021 年有所下降，分别约为 35.2% 和 29.4%，直到 2022 年大幅下跌至全部新增贷款的 4.66%。如果考虑到和房地产紧密相关的钢铁、水泥、建材、装修、家具等行业，那么房地产相关产业的贷款占全国总贷款的比例还会更高。[19]

此外，很多专家都指出，房地产和与房地产相关的地方政府融资

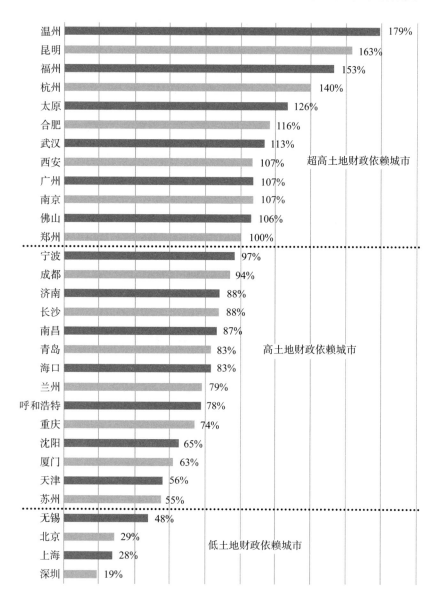

图 3-2　2019 年中国各地区经济对房地产业的依赖程度

平台是中国影子银行里最重要的借款方。[20] 据不完全统计，截至 2014 年 3 月，1.15 万亿元规模的房地产市场占整个中国信托产品市场规模的 10% 以上。在 2016 年"房住不炒"提出之后，信托行业规模在 2016 年突破了 20 万亿元，但投向房地产领域的资金规模比例并没有出现明显增长。2016 年底，投向房地产业的资金信托余额占信托行业资金总额下降至 8.19%，在 2021 年第三季度末，仍然维持在 12.42% 左右，而这还没算上和房地产开发与基础设施投资相关的地方政府融资平台通过信托行业获取的借款及资金。[21] 由此可见，不管是中国的传统银行领域，还是影子银行领域，即使是在房地产调控政策持续实施数年之后，也因为中国的房地产市场而面临巨大的风险敞口（这部分内容将在第五章进行更深入的探讨）。[22]

根据一些官方的压力测试，中国房地产市场价格的下滑并不会对中国经济或金融稳定产生重大影响。甚至有政府部门在 2012 年指出，即使中国房地产价格下滑 50%，也不会对中国的银行业产生灾难性影响。[23] 但是，如果大家回头对比一下 2007—2009 年房地产价格上涨时和 2013—2015 年价格下滑之后中国经济的增长速度、地方政府的财政状况和中国金融机构的财务状况，就可以知道房地产市场下滑对中国经济的冲击是深远的、全方位的。2007 年爆发的次贷危机和之后所引发的美国政府的财政悬崖和欧洲主权债务危机，一定程度上都和 2007—2009 年由美国房地产泡沫崩盘所引发的全球房地产市场下滑和金融危机有关。这一点非常值得中国政府引以为戒。然而，国内对于房地产市场及其与中国经济和金融体系相互关系的充满信心的脱钩估计，反映出市场长期上涨之后形成的难以避免的过度自信。比如，国内有人认为，和美国房地产危机的情况不同，中国房地产市场里由于首付比例要求非常高，居民家庭房地产贷款杠杆率并不高，因此中国房地产领域的风险其实是可控甚至偏低的。

购房者的低杠杆率确实是中国房地产市场风险控制领域所取得的一个成绩。但即使中国居民在房地产市场投资中的杠杆不是很高，也并不代表中国房地产领域的整体杠杆率很低。中国的房地产开发商其实在过去几年从各种不同渠道借了大量的钱。也就是说，房地产市场供给方的杠杆率不但高于中国很多其他行业，而且也明显高于几乎所有其他国家的房地产行业。

当然，房地产市场对于中国经济的另一个重要贡献，是在过去很长一段时间，由房地产价格上涨所带来的财富效应。根据西南财大的一项研究，中国居民家庭的自有住房占家庭总资产的65%以上，远远大于金融资产所占的比例。房地产在中国家庭总资产里所占的比例之所以如此之高，很大程度上得益于在过去房地产市场的飙升。中国居民家庭的房产在购买之后平均升值了340%。

同一报告在2018年指出，房价大幅上涨对居民对今后房价上涨趋势的预期，和居民越来越多以投资为目的买房的行为，有很大的影响。问卷调查中的16个热点城市的房价预期经历了"快速上升"和"缓慢回落"的过程。自2015年第一季度开始，热点城市的房价预期快速上升，房价预期指数从2015年第一季度的97.5上升到2016年同期的127.8，之后出现缓慢回落。以2017年第一季度被称为史上最严厉且最严密的楼市调控"3·17新政"落地为始，回落趋势开始加速，2018年第一季度降至108.7，进一步反映了政府对热点城市的调控政策发挥了作用。[24] 2021年疫情期间，房价预期指数再次出现明显上涨，一度达到110.6，但在之后一年多的时间里逐步下降，并在2023年下降到100以下，这反映出市场对今后房价趋势预期的担忧。一旦中国房价停止上涨，甚至出现下滑，中国的居民家庭一定会感到负面的财富效应。而这种负面的财富效应与居民消费行为的结合，将会给中国经济今后的转型带来非常大的不利影响。[25]中国房地产资产在家庭资产里所占比例之高，和全球发达国家甚至很多发展中国家相比，都是非常惊人的。中国家庭如此集中的资产配置，一旦出现房价下跌，将会使得中国经济面临比美国房地产泡沫崩盘之后所经历的更大的困难和风险。

开发商的风险

研究数据表明，中国房地产领域上市公司的负债率在 2012 年高达 60%，这一比例已经达到国际上广泛使用的公司财务稳定标准的临界点。[26]这一比例在 2015 年更是快速增长到惊人的 96%，直到 2016 年"房住不炒"提出之后，逐步回落到 70% 左右。当然，如果开发项目的销售非常顺利，会产生大量的现金流，从而降低房地产开发商的负债比例；反之，中国的房地产开发商将会面临非常沉重的债务压力。由于很多房地产开发商已经通过银行和信托产品等以比较高的利率进行了融资，一旦房地产市场出现下滑，将会给这些房地产开发商带来销售和财务成本上的双重打击。2015 年房地产信托产品的还款压力达到 2 000 亿元，比 2014 年的还款压力翻了一番。[27]与此同时，2014 年下半年新增的房地产开发类信托产品却只有 407 亿元，是之前三年中最低的。这一压力，随着之后几年政策对于风险防范和债务压降的关注，以及越来越多的投资者开始担心逐渐冷却的房地产市场会导致房地产开发商面临困境，甚至崩溃和破产，仍然在逐步增大。[28、29]

经过疫情冲击和调控政策的持续发力，房地产企业的债务规模和违约风险都出现了明显上升。截至 2022 年底，以恒大地产、碧桂园为代表的民营房地产企业的负债规模均达到两万亿人民币左右的惊人规模。很多房地产企业的负债率达到 80%，有些甚至超过 100%。 如此高的负债率叠加明显放缓的房地产销售，导致很多房地产企业不能及时偿还负债，特别是在海外市场发行的美元债。这一变化不但进一步改变了购房者对于今后房地产行业发展趋势的预期，也改变了中国企业和地方政府平台在海外融资的环境和成本。

虽然很多地方政府迫于压力，逐渐放松了当地房地产的限购限贷政策，但是房地产的销售并没有像以前那样出现明显反弹。房地产市场的过度供给和产能过剩可能要对这一现象负上必要的责任。按照不完全统计，中国中西部地区尤其是三、四线城市目前已经达到平均每个居民拥有一套住房的极端比例，很难想象中国居民还会有多少买房需求来推动中国房价进一步上涨。[30]

转变的预期

早在 2015 年左右，一些乐观人士曾认为，城镇化将会给中国的房地产市场带来新一轮上涨潜力和空间。假如真的能够达到全国人口 60% 实现城镇化的目标（2022 年中国城镇化率已超过 65%），那么将会产生超过 8 亿的城市居民，而这些城市居民将会需要 2.7 亿 ~2.8 亿套平均面积 100 平方米的住房。基于一家三口的假设，这将意味着中国的城市还需要 2 500 亿 ~2 800 亿平方米的住房。截至 2013 年底，中国只有 1 800 亿平方米的住房存量。因此很多人认为，按照每年新增住房面积 10 亿 ~15 亿平方米的增长速度，中国的房地产市场拥有 10 年左右的黄金时期。但是，经历了过去 10 年的房地产领域的高速增长和城镇化进程，《中国人口普查年鉴-2020》显示，我国家庭户籍人均居住面积达到 41.76 平方米，户均居住面积达到 111.18 平方米，均创下新高，也超过了很多发达国家人均住房面积。这让很多人对于今后居民对于房地产的需求，产生了新的疑虑。

同时，必须要看到几个重要的变化趋势在逐渐改变这些假设。首先，中国家庭的规模在不断缩小。随着中国人口老龄化的进一步加剧，中国家庭规模已经开始缩小，并且会在今后几十年持续缩小。缩小的家庭规模也就意味着对于住房面积和规模需求的减弱。[31]

其次，适婚年龄的人口比例逐渐减小。随着 1981—1990 年生育高峰的结束，中国人口出生率从 1987 年的 21.5‰ 下降到 2002 年的 12‰，之后虽然随着计划生育政策的放开，一度在 2014 年反弹至 14.6‰，但是之后持续下降，到 2022 年更是下降至 6.8‰，首次出现人口负增长，并且显示我国逐渐成为全球人口出生率最低的国家之一。全球人口统计研究显示，人口缩减的趋势一旦开始，将很难逆转。到 2100 年，中国人口总量有可能回落至 7 亿~8 亿的水平，也就是说，比目前人口总量下降一半左右。随着适婚年龄人口的下降，出生率和住房需求也会随之下降。[32]

再次，中国目前真实城镇化的比例可能被严重低估了。2013 年中国城镇化比例的增长率为 1.16%，是自 1996 年以来（除了 2008 年全球金融危机）城镇化增长率最低的一年。其实，近几年，城镇化的增长速度一直都在放缓。[33] 随着中国城镇化比例在 2022 年超过 65%，基本达到很多发达国家的城镇化水平，今后城镇化率的增长速度很有可能继续放缓。城市日益攀升的生活成本，乡村劳动力技能和城市劳动力市场需求之间的差距，以及日益多元化的社会价值取向，都导致了城镇化速度的放缓。与此同时，户籍管理过程中对于流动人口估计的不足，有可能导致对于中国目前城镇化率的明显低估。

最后，城市新增人口的购买力在日益高涨的房地产价格面前，显得力不从心。而且很多城市新增人口都是流动人口，大多已经在自己的家乡拥有一套甚至多套住房，因此很难再给所在城市的房地产市场带来重大推动。

由此可见，中国房地产市场消费需求的增长很可能并没有估计的那样乐观，而中国房地产除自住需求之外的另外一个重要需求——投资和投机需求，也在随着市场价格趋势的变化而发生重大改变。

在经历了数次房地产调控政策之后，中国居民已经清楚地意识到政府调控房地产市场的力度有限。而这种对市场提供隐性担保所引发的投机，导致房价进一步上涨，也使房地产在很长一段时间里成为最有吸引力的投资标的。

但随着中国已经成为全球房价最高的国家，中国的房价与房租比、房价与收入比在全球经济发展史上都达到少有的高点，越来越多的中国居民开始意识到，这样的上涨不可能持续下去。而这种对房价上涨预期的改变，将有可能成为中国房地产发展过程中的分水岭。一旦没有了高速度的价格上涨，中国的房价可能也很难在高位稳定，而会因为投机型需求的迅速减弱而出现明显下挫。

随着中国经济增长速度的逐渐放缓，和中国政府调整经济增长模式的努力和决心的逐渐加强，越来越多的国人开始意识到，中国政府逐渐希望通过新的方式来推动经济增长，而不再依赖于房地产行业。政府政策和精神的改变也会扭转投资者对于房地产行业今后发展趋势的判断。

此外，进一步的财税改革，特别是房地产登记制度和房地产税的出台，也可以达到一石多鸟的目的。中央和地方在税收和事权上的重新划分，将有可能逐渐减弱地方政府对于房地产行业的依赖，减弱地方政府过度追求 GDP 增长速度，以长期借债为代价推动短期高速发展的理念和做法。与此同时，房地产税会提升房地产投机者的投机成本，遏制投机需求，为地方政府带来更稳定、更可持续的财政收入来源，从根本上达到稳定房价的目的。

自从 2021 年房地产调控政策进一步加强后，在房地产领域发生的包括房价下跌、交易量枯竭、地方政府土地出让收入降低、购房者担心房屋交付等一系列变化，其实源于本书上一版中关于中国房地产市场存在严重泡沫的判断。无独有偶，时任银保监会主席郭树清在 2021 年 3 月国务院新闻办召开的推动银行业、保险业高质量发展新闻发布会上指出："房地产的核心问题就是泡沫比较大，很多人买房子不是为了居住，而是为了投资或者投机，这是很危险的。"

当然，可能有人会说，本书上一版中提到，2014 年可能是中国房地产行业的分水岭，那么为什么国内很多城市的房价直到 2018—2019 年才开始下跌呢？

首先，本书上一版中的论断指出的是中国房地产行业的分水岭，而非房价的分水岭。事后来看，2014—2015 年可能确实是中国房地产市场供给和需求大体达成平衡的一年。而之所以在此后，房价又在全国范围内出现一轮大规模的上涨，其背后的逻辑恰恰是本书上一版中指出的政府对于经济增长的诉求所诱发的对于房地产领域的依赖，以及市场投机情绪的进一步升温。

为了应对 2014 年经济增长速度放缓，以及 2015 年股灾对于实体经济带来的冲击，2015—2016 年出台的棚户区改造货币化安置政策，人为地从政策面和资金面再一次强化了房地产领域的"刚性兑付"和投机心态，也因此人为地推动了房地产价格再一次上涨。

但值得关注的是，自此之后推出的"房住不炒"的政策导向，以及包括"三条红线"在内的一系列配套措施，都显现了中央对于这种强化刚性泡沫做法的纠偏和调整。在"房住不炒"政策的指导之下，同时也是在市场规律逐渐回归的作用之下，全国很多城市的房价进入了持久的平稳期甚至调整期。在此期间，全国范围内不但出现了很多房价"腰斩"乃至"膝斩"的城市，更是出现了一批鹤岗、白银之类，几万元不是买一平方米住房，而是买一套住房的"宜居"城市。

可以说，近年来在中国房地产行业发生的深刻变化很可能恰恰印证了一句老话，"正义可能有时会迟到，但是从不缺席"。

2016 年"房住不炒"和棚户区改造货币化安置

2016 年前后，中国房地产领域同时发生了两个影响深远的变化。一方面，2016 年的中央经济工作会议提出：促进房地产市场平稳健康发展。要坚持"房子是用来住的，不是用来炒的"的定位，综合运用金融、土地、财税、投资、立法等手段，加快研究建立符合国情、适应市场规律的基础性制度和长效机制。要在宏观上管住货币，落实人地挂钩政策。要加快住房租赁市场立法，加强住房市场监管和整顿。这一提法，在之后几年中央经济工作会议上得到不断坚持和细化，为中国今后数年房地产调控的方针和思路指明了方向。

与此同时，房地产领域的另一个重大变化是棚户区改造（棚改）货币化安置，也就是以货币的方式补偿被拆迁棚户区居民，补偿方式由实物方式和货币方式并重，向货币方式优先转变。中国棚改货币化安置从 2013 年、2014 年全国棚改货币化安置率为 7.9%、9.0% 快速跃升至 2015 年的 29.9%、2016 年的 48.5% 和 2017 年的超过 60%。

到2017年上半年，某些省份的棚改货币化安置比例已达到100%。棚改货币化安置，一方面创造了供给，另一方面通过旧房拆迁和货币补偿人为创造了需求，这是2016年左右，全国，特别是三、四线城市房价大幅推升、迅速减少房地产库存的重要推手。

通过棚改货币化安置政策，"涨价去库存"在短期稳定全国宏观经济增长，实现"三去一降一补"的政策目标方面，可谓是一场值得浓墨重彩书写的政策实验。然而，正如政府刚性兑付在很多其他领域的影响，这种在短期通过政策手段人为地创造需求、推动短期增长的政策，很难在长期持续，并且很有可能在中长期带来始料不及的影响和风险。

2016年2月至2017年4月，商品房销售面积累计变动处于较高位水平，去库存取得明显成效，但是2017年6月以后，商品房销售面积尤其是住宅销售面积累计同比变动下滑，2018年初之后，商品房销售面积和投资出现背离。2018年4月，住宅商品房累计同比变动仅为0.4%，棚改货币化安置对商品房销售的拉动作用出现边际弱化的现象。货币化安置在短期透支居民合理住房需求，"寅吃卯粮"的现象逐步显现。

另外，棚改货币化安置是2014—2018年这一轮成功通过涨价达到去库存目的背后的重要原因，其造成的房价上涨所导致的溢出效应非常显著。一方面，在全国范围内，很多城市的房价在短短三年的时间里，再度出现了50%~100%的涨幅，导致房价与收入比例和房价与房租比例进一步失衡。另一方面，在全国宏观杠杆率大体保持不变的成绩下，居民部门的杠杆率迅速攀升，从2015年的40%左右提高到2019年的60%以上，在短短三四年的时间里，增幅超过50%。需要特别指出的是，如此背离百姓收入水平的房价和快速攀升的居民家庭负债率,不但和共同富裕的方向违背,而且直接带来消费意愿和消费能力疲软,出生率下降,年轻人"逃离"一、二线城市或者"躺平"的人力资本投资决定的扭曲。

而从"刚性泡沫"的视角来看,这一次货币化安置最严重的后果,可能是进一步强化了居民家庭对于"房价永远上涨""房价只涨不跌"的理念和预期。即使是之前没有购房需求,或者对房价上涨预期平稳的家庭,在这一场人为创造需求和拉升房价的过程中,也会出于赶上通胀和资产价格上涨的简单目的,积极加入"抢房"大军。

当房价终于逐步超出了"刚需"购房者可以承受的水平的时候,开发商的"房价永远上涨""房价只涨不跌"预期,也在这几年的房价大涨和房子热卖的过程中,得到强化,拿地意愿和投资开工意愿都大幅提升。一个直接结果,就是开发商负债率水平也进一步提升,并最终导致了2021年众多房地产企业,包括不少头部房地产企业现金流紧张、债券爆雷,以及不能及时交付住房的问题。

为了应对以上一系列问题,2018年棚改货币化安置政策的实行,进行了必要的调整,特别是在商品住房库存不多的地区,对货币化安置比例进行了有目的的压降,并逐步转回实物安置的方式。表面上看,这轮一放一收的政策调整,既帮助开发商缓解了流动性的压力,又帮助地方政府缓解了因为房地产滞销所导致的财政困难,也为全国各地的业主迅速创造了巨大的纸面财富,是一个有百利而无一害的政策。但是,正如之前讨论的,在这一放一收的过程中,被进一步扭曲和强化的关于房价与房地产行业走势的预期,可能不得不在今后以更长的时间和更大的代价来扭转和改变。

武汉房闹刑拘事件

2021 年 10 月 15 日晚上，武汉众多房地产中介的朋友圈突然弹出这么一条消息，光谷东麓放出了一栋楼，按"1.1 万 +"的特价出售，欲购从速。对于当初的 1.55 万元 / 平方米购买的客户，每平方米大概便宜了 4 000 元，折扣率约为 30%，100 平方米的房子，一下子就便宜了 40 万元。

放出特价房消息第二天，老业主就组织起来了，直接堵了售楼处。2021 年 10 月 22 日，大量业主以房价下降、利益受损为由，到当地政府门口聚集，采取喊口号、举标语等方式扰乱公共场所秩序。随后警方给予行政处罚，多人被予以行政拘留。

在聚集事件之前，涉事开发商就曾发布律师声明表示："市场不断调整，房源价格短期波动完全属于正常情况，公司始终对市场保持敬畏之心，根据市场需求依法开展房源的推广和销售工作。"并且指出："相关聚集行为已经构成侵权，对于可能涉嫌的违法犯罪行为，公司保留依法报案并要求有关部门依法追究当事人行政或刑事责任的权利。"

其实，自从 2008 年房地产调控以来，在 2011 年、2014 年、2018 年的几轮房地产调控过程中，每当楼市下行、房价下跌，部分老业主就会以静坐、示威、打砸售楼处，甚至挟持售楼人员等行为，表达自己的不满，要求开发商乃至政府补差价的行为在全国各地不停上演。

这次唯一不同的是，之前类似涉嫌违法犯罪的行为，不但从未受到法律的约束和惩罚，反而好像得到了政府的支持和保护。过去，往往是开发商以牺牲自己利润的方式，用不同形式弥补老业主的损失，以达到息事宁人的目的。大家都同意这类做法是基于对于房价上涨的不切实际的预期，不但严重背离了契约精神，而且也间接助长市场上炒房的投机情绪。很多因为新盘降价就理直气壮地要求"补差价"维权的人，不知有没有想过这个问题："如果房价一下跌就维权，那么房价上涨要不要补钱给开发商？"

为什么要"房住不炒"

2016年底的中央经济工作会议首次提出，"房子是用来住的，不是用来炒的"。此后，与房地产相关的部门陆续出台了与之相配套的政策，涉及房企融资、购房者信贷等方面的房地产长效机制。习近平总书记在党的十九大报告中再次强调"房子是用来住的，不是用来炒的"，突出了全国全社会应该对于全民炒房这一经济社会现象的重视和应对。

为什么"房住不炒"对于中国金融、经济、社会的方方面面如此重要？为什么广大居民家庭在中央政策三令五申"房住不炒"的大环境下，还要前赴后继地炒楼呢？道理其实简单得不能再简单，因为投资者深信房地产价格还会上涨，而且很可能大涨。

经济学研究显示，在泡沫形成的必要条件存在的前提下，即使是投资者预期的小幅改善，也有可能造成资产价格的大幅迅速上升，更不要说在目前中国房地产领域，几乎所有市场参与者都深信房地产价格仍然会上涨，乃至大幅上涨。

从学理上来说，泡沫是一种资产或一系列资产在一个连续过程中的急剧上涨，初始的价格上涨使人们产生价格会进一步上涨的预期（预期在资产价格和资产泡沫的形成中有重要作用），从而吸引新的买者。这些新的买者一般是以买卖资产获利的投机者，其实对资产的使用和其盈利能力并不感兴趣。随着价格的上涨，常常出现预期的逆转和价格的暴跌，由此通常导致金融危机。

纵观人类经济史上的主要泡沫，虽然新概念、流动性泛滥、政府支持、缺乏经验的投资者和金融创新都对泡沫的形成与发展负有不可推卸的责任，但归根结底，任何一次泡沫的形成，最后都是由投资者对于资产价格上涨所形成的"自我实现预期"导致的。

在20世纪70年代后半期和80年代初期，由于美国通货膨胀水平高居不下，美联储主席保罗·沃尔克一举把联邦基准利率上调到20%。他认为，非如此，不足以改变在过去这么长时间里整个市场形成的对于物价会进一步上涨的强烈预期。他还认为，通货膨胀本身并不可怕，真正可怕的，且会对资源配置产生严重扭曲的，恰恰在于对通货膨胀所形成的强烈一致的预期。与此相类似，房价的上涨本身并不可怕，真正可怕的是对于房价上涨所形成的强烈且一致的预期。

炒房者如此强烈的预期，既非完全偶然，也非一蹴而就。首先，投资者在各类投资中都表现出明显的追涨杀跌行为，也就是说，价格越涨越买，价格越跌越卖。这种被2002年诺贝尔经济学奖得主丹尼尔·卡尼曼教授称为"代表性偏差"的普遍人类行为趋势，指的是人类很容易用最近发生的、强烈的、直观的信号对未来做出预期，而往往有意无意地忽视或者漠视长期的、普遍的、客观的规律。恰恰因为这是一种人类与生俱来的对未来的认知和行为方式，导致投资者总是用市场过去的趋势预测今后的走势。而投资者的预期和相应的投资投机行为，也就解释了为什么经济泡沫会在人类发展历史上反复上演。

关于房价的预期在中国经济活动中又超出了单纯的人类行为的局限，也和市场参与者对于政府目标的猜测和押宝密不可分。正如笔者在前文指出的，中国经济所面临的一大重大风险，正是来自市场所有参与者对于政府刚性兑付的预期。从地方政府、国有企业、民营企业到居民家庭，几乎所有的市场参与者都有一种非常强烈的认赌不服输的心态。买任何资产，只要赚了钱，就是我的，只要亏了钱，就认为政府、监管者和金融机构应该负责。

类似心态在新房销售中体现得非常清晰。许多买了房子的投资者，如果发现开发商在其买房后降价，几乎毫无例外地会向开发商讨说法，要求开发商补偿损失。如果购房者的要求不能够得到满足，愤怒的购房者还很可能会上演打砸售楼处，甚至将售楼人员劫为人质的恶性事件，而这些人在很多时候甚至无须面对法律的制裁和惩罚。购房者之所以有这样的"底气"，恰恰是他们对房价必然上涨的强烈预期所导致的。

这种预期的形成，一方面是因为在宏观层面，房地产作为支柱性产业，对于经济增长起到举足轻重的作用。因此，广大投资者和开发商都认为，只要政府看重经济发展速度，就一定要推动房地产行业的发展和房价上涨。另一方面，由于普遍存在的土地财政，部分地区政府有强烈地推高自己辖区地价和房价的动机，而没有任何打压或者控制房价的意愿。

这两种本已强烈的预期，经过过去多次失败的房地产调控，又得到极大的肯定和强化，以至于目前在中国经济里，几乎所有的参与者都认为既然房价在过去10多年高歌猛进、只涨不跌，房价在今后10多年还会重复过去10多年的黄金经历。如此强大的预期，即使房地产市场里没有任何所谓的"刚性需求"，也足以引发充分的投机性需求，推动房价创出一个接一个的新高。

更让人担忧的是，只要这种强烈而且一致的预期存在，目前社会上广泛讨论的房地产长效机制就很难达到其"房住不炒"的目的。

从供给层面来说，如果地方政府预期房价持续上涨，那么减少当下土地供应，等待今后房价上涨后再出售土地获得更高的土地出让收入就是完全理性且合理的正确选择。从需求层面来说，虽然住房消费本身是一项灵活度很大、区域性很强、消费弹性很高的消费，但是由于购房者具有强烈的房价上涨预期，因此有强烈的早买、多买、买大、买贵的心态，这直接导致房价进一步上涨和自我实现预期的进一步强化。

由此可见，由于预期所引发的人为压制的供给不足，以及预期引导下的投机需求过剩，不但在过去10多年，而且很可能在今后10多年仍然是中国房地产市场资源配置扭曲、价格持续大幅上涨的重要原因。如果不能有效地改变这一预期，恐怕其他各种长效机制、配套措施都只能是事倍功半、杯水车薪。

因此，无论利用什么政策工具，采用什么政策手段，房地产长效机制的核心，就应该在于稳定全社会对于房地产这一大类资产长期收益率的预期。非如此，房地产长效机制恐怕难以完成其"房住不炒"的历史使命。

限涨令与限跌令

随着"房住不炒"逐渐深入人心，过去几年，楼市的天平也逐渐发生倾斜。担心房价下跌的并不只是居民家庭，部分地方政府，特别是财政收入严重依赖土地出让的地方政府，对于房价的下跌也高度关注，通过制定政策的方式限制房价跌幅。固然，在房地产调控期间，很多城市和地区都出台了限涨令，限制开发商以高于一定标准的价格销售房地产新盘。但是，当这些城市的房价出现下跌的时候，政府又出台了更加严厉的限跌令，防止和限制房价下跌。

截至 2021 年 11 月，共有包括沈阳、昆明、南京、成都等多个城市发布了限跌令。事实上自从 2020 年以来，就已经先后有岳阳、株洲、桂林、菏泽、江阴、唐山、张家口等多个城市发布了限跌令，规定房价下跌幅度不能超过当地城市规定的 10%~15% 基准。正如在房价限涨令政策面前，开发商会创造性地找到对策一样，一些开发商为了绕过相关限跌令政策，采用"工抵房"，也就是所谓工程拖欠款抵押房的方式，试图绕过监管，降价销售，以尽快回笼资金。

对于这些违规行为，很多开发商表示，自己也是因为无奈才出此下策。过去两年在很多地方出现的现象，是在同一地区，房价限涨令和限跌令同时存在，既限房价上涨，又限房价下跌，使得企业无法根据市场实际情况降价促销，无法通过快速销售回款自救，形成了进退两难的不利局面。

其实，近期某些城市既限制房价上涨，又限制房价下跌的现象，折射了中国目前楼市的状况和资产泡沫化所面临的终极挑战：如果不允许价格上涨，楼市里将没有足够的需求支持房价的稳定，房价就会开始下跌；但是，如果允许房价上涨，房价不停上涨的预期又将进一步刺激投机情绪，推动房价进一步屡创新高，房地产泡沫和债务问题有可能进一步加剧。从这个意义上来讲，房价已经不能对中国目前房地产市场的供求关系做出准确反应。正如很多其他方式的政府担保一样，限价令作为一种行政手段，虽然在短期有助于稳定市场，但是会不可避免地通过改变市场预期扭曲资源配置，并有可能在长期滋生系统性风险。

2022 年新房交付困难与断供

最后，作为中国经济增长的重要组成部分的房地产领域，在过去几年"房住不炒"的调控政策和以"三道红线"为代表的融资端收紧的影响下，在 2021 年下半年经历了严重的流动性压力和交房困难。以恒大地产美元债券违约为代表的一系列房地产企业美元债券违约，不但加重了全球投资者和国内购房者对于国内房地产行业预期的担忧，更直接导致很多头部房地产企业开发项目交付的拖延乃至停滞。更让人担心的是，自 2022 年以来，新冠肺炎疫情的反复，更是增加了房地产领域的不确定性和房地产项目交付的困难，并进一步加剧了普通购房者对于房地产作为一种投资的安全性和回报率的担忧。这种担忧不但导致潜在购房者购房意愿的急剧下降和风险意识的明显提升，更进一步恶化本来已经非常紧张的房地产开发商的资金链条。更让人担忧的是，自 2022 年第一季度以来，一些拖延和停滞的房地产开发项目的购房者，以房地产开发商不能按合同及时准时交房为由，停止支付每月的购房月供。这种"断供"行为，随着房地产项目交付面临越来越大的困难，在全国各地变得越来越普遍，更给以银行为代表的金融机构的流动性和资产质量带来一定影响。

为了稳定房地产市场，特别是人们对于房地产市场稳定发展的预期，国务院在 2022 年年中陆续推出了包括精准提速保障房地产合理融资需求，设立房地产纾困基金等一系列稳定房地产市场的措施。这一系列措施，必须在中长期持续坚持"房住不炒"和"因城施策"的大的调控方针不动摇的前提下，达到稳定房地产企业的生存发展空间和居民家庭对于房地产行业的正确健康预期的目的。在具体政策实施过程中，"救项目不救企业""保交付不保涨价"等一些新的提法和做法，也显示出政策层在当前经济和房地产现实条件下，对政策思路和政策执行进行的相应调整。基于房地产市场之前几年泡沫化的倾向，设立对房地产投资回报的合理预期管理和保障房地产行业基本的流动性安全，都是防止泡沫演化为系统性风险，兼顾经济短期和中长期目标，以及协调金融与实体经济之间的关系不可或缺的关键政策选择。

第三章

证监会门前的示威

> 在盲人的世界里，独眼龙就是国王。

> ——德西德里乌斯·伊拉斯谟

2015 年股灾

2014 年 7 月到 2015 年 4 月，上证指数从 2 100 点一路高歌猛进飙升到 4 300 点，展现了一轮波澜壮阔的牛市行情。在火爆行情的影响之下，很多从未接触过股市的投资小白，纷纷拿出自己毕生的积蓄，甚至通过卖房和民间融资的方式，筹措资金投入股市搏杀。

当 A 股市场在 2015 年春天出现小幅回调时，2015 年 4 月 22 日，人民网发表署名文章《4 000 点才是 A 股牛市的开端》。和股市流传的"A 股市场长牛慢牛"的一则信息一致，人民网的这篇文章，被很多 A 股市场投资者当作政府支持股市，股市还会继续上涨的重要依据，市场投机情绪进一步高涨，市场投资者开户人数、交易量和融资金额都屡创新高。

为了稳定股市，并合理引导投资者预期，证监会在 2015 年 4 月到 6 月，出台了包括新股发行加速、清理场外配资等一系列政策，试图平复已经狂热的投资者情绪。但是，正如时任证监会主席肖钢事后在 2019 年蓟门法治金融论坛中所反思的，当时全社会广泛存在"牛市情结"，其原因在于，在上涨市场中参与者都获得了好处；在"牛市情结"下，政策以宽松基调为主，呈现"刺激政策多、控制政策少"的特征，导致股票市场发展政策驱动特征。

他进一步强调，把股市上涨作为监管部门的政绩，对政府形成隐形约束。监管部门把股市上涨看成政绩是不应当有的情结。同时，从政策制定来看，A 股市场政策"宽多严空"，对做多市场政策比较多，对卖空市场政策很严格，但往往适得其反，使得市场因为多空平衡机制没建立，进而促进牛短熊长的特征。

换言之，肖钢主席也认识到，2015 年股市的狂热和泡沫，和本书所担忧的典型"刚性泡沫"形成机制惊人相似（政策担保引发投资者预期扭曲→预期扭曲诱发投机和融资高涨→投机赚钱效应、加杠杆和资产价格正向反馈自我强化→资产价格被严重高估，最终导致大跌）。

在人民网文章发表之后的一两个月，A 股持续飙升，到 2015 年 6 月 12 日，沪指最高涨到 5 178.19 点。5 月 28 日，两市成交额达到惊人的 2.3 万亿元，创造了中国 A 股市场，乃至全球资本市场的新纪录。而在如此强劲的大牛市的财富效应带动之下，市场预期和情绪进一步高涨，不但很多投资者认为市场超越 2008 年股市高点指日可待，甚至很多股评人士纷纷发表高见，笃信"牛市万点不是梦"。

然而，好景不长。股市从 2015 年 6 月中开始第一轮下跌。2015

年 6 月 15 日到 19 日一周内，沪指跌幅 13.32%，深指跌幅 13.11%，创业板跌幅 14.99%。由于担心股市已经处于明显的高位和出台任何"救市"措施有可能会导致市场投机情绪进一步爆发，监管层在这周股市大跌后，没有进行任何稳定市场的表态。这一态度本身虽然无可厚非，但是正如本书一直试图解释和阐明的，一旦资产泡沫形成，政策制定者和监管者将面临非常痛苦的选择，将不得不在两个或者多个都不令人满意的政策选择中进行艰难取舍。而这种面对资产泡沫事后的痛苦选择，恰恰是政策制定者必须努力谨慎地管理预期，以防止泡沫心态形成的最重要的原因。

经过市场半年左右痛苦的调整之后，为了稳定市场预期和波动，A 股市场在 2016 年 1 月 1 日开始实施熔断机制。熔断机制的初衷，是在市场急剧下跌时稳定市场情绪，保障市场流动性。但是在当时特别的市场环境和国内已经实行涨跌停板制度的背景之下，熔断机制在推出之后的短短几天之内，就在 1 月 4 日和 1 月 7 日两次下跌触发阈值暂停全天交易。旨在平息市场恐慌心态的政策，竟意外地加剧了市场恐慌情绪。1 月 8 日，熔断机制宣告暂停实施。

2015 年股灾，在 2015 年年中股市因为监管者对市场支持态度的转变，以及 2016 年熔断机制失效导致投资者情绪和预期的进一步减弱，都强烈地显现了国内金融体系中政策引导对市场运行和市场稳定所起到的举足轻重的指引与保障作用。与此同时，2015 年股灾的经验教训，对于中国经济金融中其他领域的政策制定和预期管理，也提供了重要的借鉴意义。预期看似虚无缥缈，其实会对社会心态和经济运行产生大到难以想象的影响。正如宏观经济学家鲁迪格·多恩布什所说，"危机往往比人们想象的发生的晚得多，但是一旦爆发，发展速度又比人们想象的快得多"。一旦预期改变，很多政策应对必须迅速及时地相应调整。

卖空机制的缺乏

2011 年，浑水公司揭发在多伦多证券交易所上市的中国公司嘉汉林业是一个涉案数十亿美元的庞氏骗局。[1] 报道发布之后，嘉汉林业的股价在几个月内疯狂下跌[2]，一时间牵连了很多在美国纳斯达克上市的中国企业。很多受到关注的中国概念股开始面临美国独立研究公司和基金经理的大规模卖空，导致它们的股价被腰斩甚至不得不退市。

这种针对中国概念股的卖空行为在中国国内激起了大规模的讨论。国内一些财经评论员认为浑水公司利用肮脏的卖空交易对中国公司展开进攻，是美国政府针对中国企业和中国经济的攻击行为。也有人指出，卖空机制让浑水这类公司有机可乘，因此在中国不应该发展融资融券和股指期货业务。[3]

由此可以看出，中国投资者并不熟悉卖空机制，毕竟中国 A 股市场在 2010 年之前没有任何卖空机制。在卖空机制推出之后，A 股市场的卖空交易也微乎其微。

其实，即使是在纳斯达克这样的发达交易市场，卖空交易的比例也不超过整个市场的 10%。同时，中国的监管层和投资者并不是唯一对卖空持保留意见的群体，全球很多股票市场的监管者都以维护市场稳定为由，而不愿意或者至少是不鼓励卖空行为。在人类股票市场诞生之初的 17 世纪的荷兰阿姆斯特丹股票交易所，监管者和投资者就对卖空行为有非常大的反感。在拿破仑·波拿巴统治期间的法国，股票市场的卖空者一旦被发现，可能面临一年有期徒刑的惩罚。[4] 时至今日，全球仍然有很多市场不允许卖空交易。[5]很多国家在2008年全球金融危机爆发之后，都在一定时间内禁止对金融公司股票的卖空行为。

然而，基于笔者和耶鲁大学的同事的研究发现，禁止卖空交易并不能改善市场的稳定性，也不能防止股市危机的发生。既然那些持有正面消息的投资者可以通过买入和持有公司股票的方式反映他们的预期，并借此推高股价，那么为什么那些持有负面信息的投资者不能够被允许通过卖空交易来表达他们所持有的负面信息，而从中获利呢？很多时候，股市上涨成为一种自然而然的想法，认为这是一件有百利而无一害的好事，但大家从来不去思考股市的大幅快速上涨有可能会引发的泡沫以及泡沫崩盘之后带来的危机。

即使将2008年9月全球金融危机过程中投资者对全球银行和金融股票的大规模卖空行为考虑在内，人类经济金融历史上也没有任何证据表明卖空者本身会导致金融危机的爆发，或者卖空者可以无中生有地捏造负面信息，达到长期压低公司股价并从中牟利的目的。一本国际一流期刊的研究表明，即使是在2008年的全球金融危机中，各国对于金融股的卖空行为的限制，也并没能有效地防止这些公司股价的大规模下跌。而对卖空行为的限制却直接导致国际股票市场信息效率和流动性的大规模下降。[6]

有趣的是，研究表明凡是和卖空者进行激烈斗争的上市公司，或者威胁要起诉卖空者的上市公司，最终往往是真的存在财务造假和不法行为的公司。比如，2008年金融危机时，雷曼兄弟曾威胁要起诉卖空该公司股票的绿灯资本的创始人，状告他们故意散布对雷曼不利的消息，压低雷曼公司的股价。结果还没来得及启动诉讼程序，雷曼兄弟就宣告破产，结束了其100多年的经营。而绿灯资本则在这场卖空交易中，赚取了高额利润，并且确立了良好的声誉。

从这个意义上来讲，全球的监管者们对卖空行为可能都过分担忧了。市场监管者们都把市场的稳定当作自己最重要的职责，于是下意识地把稳定同市场上涨等同了起来。但如果市场上真的存在非常负面的基本面信息，譬如上市公司财务造假，那么市场参与者难道不应该感谢那些帮助他们发现这些负面消息的卖空者吗？没有这些卖空者，市场可能在很久之后才能发现这些负面消息和风险。

同时，监管者也没有必要担心卖空者因不能准确判断消息而传递关于上市公司的不利信息，误导市场。设想，即使卖空者真的散布了一些对上市公司不准确或者不利的消息，随着真实信息的逐步澄清，市场将会自动调节。在经历了短暂的下调之后，公司的股价仍然会迅速恢复到原来的水平，甚至出现进一步的上涨。所以很多资质良好的中国概念股即使在经历了浑水公司的狙击之后，股价不但没有下跌，反而进一步上涨。例如浑水公司指责中国教育服务提供商新东方财务造假。但这种指责不但没有能够对该公司的股价产生负面冲击，新东方的股价反而在一年之后大幅上涨，涨幅达60%。而股价的暂时下跌还会给聪明的投资者带来难得的投资机会和参与机会。

因此，卖空行为对市场的危害其实并没有大家想象的那么大，这完全取决于看待问题的角度。卖空行为对于信息的及时披露和市场的长期稳定都做出了重大贡献，这和华尔街普遍流行的"大跌造成最好的买入机会"的说法如出一辙。美国成功的私募基金管理者戴维·泰珀所管理的Appaloosa基金在2009年全球金融危机爆发之后，积极地买入了大量由于金融危机而价格大跌的金融公司和银行的股票与债券。随着之后全球金融系统的稳定和经济的复苏，股市大幅上涨，使得这位独具慧眼的基金经理成为当年全球赚钱最多的私募基金经理。

中国证监会和投资者对于卖空的态度就更为保守与负面。证监会的诸多使命之中有一条就是要促进中国资本市场的发展。[7]在这一使命的指引下，有些人士认为股市上涨就是证监会的主要职能和目标之一。就像20世纪90年代美国股市曾经存在的一种"格林斯潘看跌期权"的说法那样，中国的A股市场也存在同样的说法，叫作"中国证监会看跌期权"。也就是说，只要格林斯潘担任美联储主席，或者只要有中国证监会监管中国资本市场，那么这种监管者对于市场上涨的偏好，就会导致市场进一步上涨。中国A股市场每次出现牛市，一定程度上都是因为投资者相信政府一定不会再让市场出现下跌导致的。

发达国家的资本市场，都是经历过类似的教训才逐步发展起来的。20世纪90年代末互联网泡沫期间，很多美国纳斯达克上市公司的股票之所以创出史无前例的天价，很大程度上就是因为在当时互联网泡沫的狂热之中，投资者很难借到股票进行卖空行为，因此市场上对于当时狂热的投机心理和交易，没有一种有效的制约机制。[8]另外，美国还有研究指出，缺乏有效的卖空机制使房地产市场成为主要资产类别里最容易出现泡沫的一个领域。

因此，从某些意义上来讲，牛市并不一定是好事，熊市也未必是坏事。允许和鼓励卖空交易可以帮助市场上的价格更全面地反映信息，以保证资产市场更有效地发挥其价格发现的作用。一旦资产价格可以准确反映市场信息，卖空交易不但不会导致市场上的风险增加，反而会化解市场的下行风险，对市场的稳定起到正面作用。

衍生产品的发展

另外一种可以防止市场泡沫和巨大波动的金融工具就是金融衍生品。和卖空机制类似，金融衍生品可以帮助市场更好地把负面信息包含进资产定价的过程。在经历了将近10年的准备工作之后，中国资本市场终于在2010年推出了股指期货产品。

自从1995年中国期货市场经历了著名的"327国债事件"之后，整个中国资本市场特别是监管层对于期货期权这样的衍生产品都格外担心；让监管机构格外担心的另一个原因则是中国企业在国际衍生产品交易中频频失利。比如国航、东方航空、国储局等机构都曾因对金融衍生产品不够了解，而在国际资本市场交易中蒙受巨大损失，给国家和企业造成了数以亿计的财务损失。[9、10]

在2008年全球金融危机之中，中信集团的子公司中信泰富因为进行和外汇相关的复杂的衍生品交易，在短短几个月之内损失超过100亿港币。除此之外，还有很多中国的高净值人士在2008年全球金融危机中因为交易可赎回目标累计期权，即通常所说的Accumulator和KODA合约，而蒙受了大量损失。[11]

所有这些事件都让中国政府官员和监管者对衍生产品谈虎色变，觉得这是会造成财富损失的大规模杀伤性武器，因此对于衍生产品在中国的发展抱有极为谨慎的态度。这种态度固然值得同情和理解，但是正因为缺乏基本的金融衍生产品，中国很多企业和个人投资者不得不面对市场波动所带来的重大风险，而缺乏起码的避险工具和手段。相应的风险控制工具和手段的缺失，又会导致市场中的投机气氛进一步加强，以至于造成市场的大起大落、泡沫及崩盘。

和卖空机制类似，监管者担心的是衍生产品会导致股市下跌，因此，全球的监管者一直不愿意在牛市中推出衍生产品；可是，在熊市的时候，监管者因为担心会挤压市场上仅存的信心，就更不愿意推出衍生产品了。正是由于这种心态，金融衍生品迟迟得不到发展。

2005—2008 年，沪深 300 指数从 1 000 点迅速涨至 6 100 点，然后又狂泻到 1 600 点。很多投资者特别是没有经验的散户投资者在市场见顶的时候投入了大量资金，而在市场下跌的时候损失了大量财富。散户投资者这种在错误的时间杀入股市的现象并不只存在于中国的 A 股市场，在美国和全球其他主要股票市场中都广泛存在。由此可见，监管者保护中小投资者的意愿无疑是非常好的，但是为此人为地创造牛市，非但不能帮助散户投资者，反而会诱使他们冒更多他们本不该冒的险，面临更大的损失。

如果市场上能够有像股指期货和卖空机制这样允许投资者反映负面预期的交易机制，散户投资者就不会在泡沫顶端进入市场，而在泡沫崩盘的时候离市，从而白白地损失财富。笔者和清华大学的同事曾经做过一项研究，结果表明，在 2005—2007 年中国权证市场出现如此明显的泡沫的情况下，如果能够允许上市公司或者证券机构通过增加股票供给的方式来表达它们对目前股价偏高的态度，投资者也许可以获得类似信息进而调整其投资行为，从而避免巨大的损失。由此可见，监管机构保护投资者的目标并不总是通过压制负面信息、限制融资融券和期货交易来实现，有时过多的呵护反而会让投资者养成不负责任的习惯，导致他们蒙受更大的损失。[12]

有研究表明，2015—2016 年股市泡沫崩盘的幅度，之所以比 2007—2008 年股灾的小，部分原因就是股指期货和融资融券在之前的推出。

严格的上市标准

中国监管部门保护投资者、保持市场上涨的目标并不只是通过对二级市场的交易监管来实现的，更多还体现在对上市流程的严格要求之中。

2014 年 9 月，阿里巴巴在美国纽约证券交易所成功上市，创下了美国资本市场规模最大的 IPO 项目纪录。很多投资者都不理解，为什么中国的电商企业要到纽约证券交易所上市，而不在中国的 A 股上市呢？

原因其实很简单，像阿里巴巴、百度、腾讯这样的互联网企业，在目前中国的监管框架下，是不能够在中国 A 股市场上市的，反而很多缺乏真实高增长的企业通过包装在 A 股市场上市的案例比比皆是。由于中国股票市场在新股发行过程中普遍存在高股价、高市盈率和高超募资金的三高问题，同时也由于这些企业缺乏基本面的支撑，它们往往在上市之后不久股价就大幅下跌，给投资者带来了重大损失。

从监管者的角度来讲，给上市公司设定严格的利润要求当然是一种清晰的、静态的保护投资者的方式。但是也必须看到，如果投资者盲目地认为上市公司的资质在 IPO 过程中已经得到监管部门的筛选和考量，他们就会对投资机会产生一种盲目的自信，并演化成不负责的投资态度。这种盲目自信和不负责任的态度，可能会导致投资者在投资过程中犯更多的错误，承担不必要的损失。正所谓，无知者无畏。

与此同时，上市的过程是如此困难，标准是如此之高，以至于几乎所有的中国企业都把上市融资作为企业发展和资本运作过程中最重要的一个目标来实现。于是，上市从某种意义上来说就不再是推动公司发展的一个手段，而变成一个目的。很多公司，包括很多创业者都把越来越多的时间和精力花在如何完成上市上，而不是如何提升自己的产品、做好自己的企业上。

这种扭曲的激励机制不但使中国企业在国际环境中的竞争力难以得到提升，同时也会让企业有了通过财务造假以符合上市要求的强烈动机。[13] 这种通过上市赚取短期高额收益的动机和心态，导致中国A股市场长久以来一直很难培养出一种有利于长期价值投资者的投资理念和环境。相反，在频繁的交易和短期的投机活动之中，中国的散户投资者所蒙受的损失要远远高于成熟资本市场的投资者。

作为我国资本市场全新的一个重要组成部分和金融更好服务实体经济的一项重要举措，2019年中国证监会推出设立了科创板，以帮助创新创业企业更加健康迅速发展。和科创板同时推出的，是牵动资本市场制度性改革的注册制试点。随着注册制试点的逐步深入，以及2023年2月中国证监会宣布全面实行股票发行注册制改革，中国资本市场在过去几年经历了逐渐尝试降低上市标准、放松上市管制的制度探索和创新，资本赋能实体经济发展能力进一步加强，之前因为刚性兑付所导致的资本市场扭曲和人为的定价虚高，以及之后的"业绩变脸"也因此得到相应改善和好转。

资本项下开放

另外一项管控中国资本市场的重要政策就是对中国资本项下资金流动的管制。目前，人民币在经常账户下面虽然可以自由和外币进行兑换（中国经常项下的资本流动已经在10多年前完全放开），但是在资本项下，中国境内的资本仍然面临严格的管制，不能轻易地流入国际市场进行投资（中国居民家庭面临每人每年5万美元的外汇兑换上限）。

　　很多学者指出，资本项下资金流动的管制给中国的经济和金融体系带来了一系列问题与挑战。[14] 中国不断膨胀的外汇储备规模，外汇储备的低投资收益率，因为强制结汇而带来的国内额外的货币供应和由此导致的资产泡沫和通货膨胀，都一度成为中国经济所面临的严重挑战和问题。[15]

　　由于资本项下管制的限制，中国大量的投资性资金被局限在中国资本市场内部。由此而产生的大量资金追逐少量投资机会的现实，导致中国境内几乎所有的资产类别，无论是楼市、股市，还是艺术品市场，都经历了不同程度的泡沫。从这个意义上讲，资本管制和巨量的货币供应也是中国政府对于 A 股市场投资者所提供的一种隐性担保。只要这种资本管制存在，中国的资产价格就一定会因为国内资本的过度投资需求而长期处在一个比国际水平更加昂贵的水平。[16、17]

　　最经典的一个例子是在内地 A 股市场和香港 H 股市场上市的同一家公司的股票，在同一时间内交易的价格往往会出现明显的差异。在 A 股市场涨幅最大、泡沫最严重的时候，同一家公司在 A 股市场上的价格比在香港 H 股市场上的估值要高出一倍以上。

　　随着中国金融改革的进一步深入，中国资本项下开放的进一步推动，越来越多的投资者发现通过在 A 股市场和 H 股市场之间套利可以获取大量收益。这种套利需求会不断推动中国 A 股市场逐渐回归理性，而且会进一步推动国际投资者对人民币的需求，从而促进人民币国际化进程。在这种大环境下，政府也应该适时逐渐退出通过资本管制对 A 股市场所提供的隐性担保。

　　2014 年所推出的沪港通项目，更是直接把上海 A 股市场和香港 H 股市场的交易机制紧密地联系在一起，让两个市场的投资者有机会更好地通过跨市场的投资和投机，达到促进国内 A 股市场进一步改革和中国资本市场国际化的目的。随着跨境资本流动的进一步加强，中国的 A 股市场将不再像过去那样受到资本管制的保护，中国国内额外的货币供应也不会像过去那样对 A 股市场形成这么大的周期性泡沫和崩盘。随着深港通、沪伦通、债券通等类似资本市场连接项目的推出，中国多层次资本市场改革的国际化进程，再一次取得了重大进展，同时也为平衡境内外资金和投资机会，提供了重要的手段和渠道。

投资者的考虑

由于中国股市隐性担保的存在，导致它的表现往往和传统金融理论所预测的不同，和中国的实体经济变化并没有紧密联系。虽然中国经济在 2009—2014 年的表现雄冠全球，但是中国股市的表现在同一时期却不佳。

这在中国股市的新股发行过程中表现得尤其明显。中国股市有全球最严格的上市要求，上市之后第一天的表现一般都是全球市场表现最好的。即使是在 2012—2014 年的熊市期间，A 股市场新股发行的估值仍然超过 40 倍，而绝大多数二级市场类似公司的市盈率只有 20 倍左右。在这种强烈动机的推动之下，很多公司为了能够快速上市而进行非常复杂的运作，并且往往把上市之后筹措的资金投入到其他投机性很强、短期收益很高的金融和房地产领域，而并非用于与本公司的发展和建设相关的领域。

中国的二级市场投资者一直受到上市公司上市之后业绩迅速变脸的困扰。中国的新发上市股票在全球资本市场里可能是表现最差的。

2011 年在中国 A 股市场上市的 270 家公司里有 65 家在上市之后马上披露其盈利增长出现明显下降，其中更是有 20 多家在上市之后马上披露亏损。由此可见，中国 A 股市场上市的审批过程并不能保证给投资者带来准确的信息，或者保证上市公司的优良资质，因此难以达到保护投资者的目的。[18] 反倒是 2019 年以来的注册制试点和全面推出，真正让投资者意识到了资本市场的潜在风险，以及对自身投资能力和投资收益的认真关注。这种"业绩变脸"的现象，伴随着创业板和科创板的推出，在过去 10 年不但没有下降，反而有越发普遍的趋势。这既反映出注册制改革确实是一场"触及灵魂的"深刻制度性改革，因此引发了深层次的市场各界参与者的行为改变，同时也反映出任何重大制度改革都可能伴生的预期波动和短期阵痛。

中国一直在考虑由审批制向注册制的改革。中国投资者一方面认为新股发行流程和规则很不合理，审批制应该改为注册制，但另一方面，他们又在积极地参与 IPO 的炒作。很多投资者坦言，由于中国资本市场缺乏其他的投资机会，因此虽然投资者认为中国的一级和二级市场的估值都过高，但只要短期能够有投机收益，他们还是会积极地参与。就像德西德里乌斯·伊拉斯谟所说的，在盲人的世界里，独眼龙就是国王。如果中国的投资者不能够投资国际资本市场上更便宜、更优质的企业，那么他们就只能在中国的 A 股市场里进行高度投机。由此可见，在过去数年里逐渐推动的沪港通、深港通、沪伦通等市场连接项目，不仅可以增加中国资本市场对于国际投资者的吸引力，还可以让中国投资者在资本管制的前提下，积极配置海外资产。这一中国资金的全球流动和中国资产的全球化配置，也势必使国内 A 股市场因为刚性兑付的退出产生波动。

但其实新股发行真正的问题在于严重的信息不对称。无论在哪个资本市场，投资者都很难准确地区分究竟哪些企业有长期的发展前途。另外，由于国内很多散户更多地关注股票的短期表现，并不关注企业的长期发展，就令交易行为更加投机。又由于国内其他投资机会的缺乏，"新股必涨"成了一种错误却又根深蒂固的预期。因此，即使是中国资本市场里最理性、最有经验的投资者，也会选择积极参与新股发行的炒作。

为了遏制市场的这种投机行为，证监会曾经采取了一些旨在限制新股价格短期暴涨的行政手段。与为了防止房价快速上涨，政府推出房地产调控措施相类似，证监会也曾经提出要求新股发行当天最高涨幅不能超过一定比例的行政要求。但是，这种行政要求显然很难压制市场上投资者的投资情绪和投机需求。这些规定虽然可以在短期或者至少在发行当天压制股价和新股价格上涨的速度，但是一旦限价措施取消之后，在不受行政监管的日子里，无论是股价还是房价，都会出现报复性上涨。这种上涨又会进一步激发投资者的投机心理，加重市场对于资源配置的扭曲。

私募股权投资不切实际的预期

新股发行的赚钱效应在创造大量财富的同时，也带来了各种各样的问题。由于新股发行过程能创造如此巨大的财富，中国几乎每一个投资者、每一个投资机构都在千方百计寻找这种与上市公司有关的私募股权投资机会。本来比较普通的 IPO 上市过程却被很多人视为一个神奇而迅速的造富过程，以至于在 2009—2011 年形成一个说法叫作"全民 PE"，也就是中国所有的国民都在参与 IPO 的过程。和这种全民创业紧密联系的一个背景，是另外一个通常被称为"PE

腐败"的概念，即政府官员通过参与 IPO 过程实现权力寻租和腐败，进行权钱交易。经历了过去几年在金融领域的反腐工作的持续推动，以及由于一、二级市场倒挂所产生的投资者风险，中国 PE 领域的诸多神话已经逐渐开始消散，投资者对于私募股权投资的狂热也终于在预期回归正常之后，逐渐变得理性和稳健了。

这样的新股发行制度带来的另外一个问题就是，这么高的新股估值很难在二级市场找到支撑。因此，新股发行一般很难给二级市场投资者带来值得持有的投资机会，从而造成中国 A 股市场一级市场和二级市场的割裂。

虽然新上市的股票在中长期表现上会落后于已经上市的同类股票是国际上普遍存在的现象 [19]，但这一现象在中国表现得尤其明显。由于新股发行过程中需求非常旺盛，而供给则被审批制度人为地压低了，因此中国 A 股新股发行的估值非常高，中长期的表现却非常差。

让人遗憾的是，散户投资者往往并不具有基本的投资素养来了解这种趋势。在中国股市 2007—2008 年的牛市泡沫中，很多投资者在 40 多元每股的时候买入了大量的中国石油的股票。作为中国规模最大、影响力最广的国有企业，很多投资者都认为这只股票肯定在中长期具有极高的投资价值。然而令人失望的是，该公司的股价自从上市之后一路下跌，甚至一度跌到 5 元左右，给投资者带来了重大的损失。中国新股发行过程中的高估值给投资者带来的风险，可能远远大于新股发行不进行审查而让投资者自己进行甄别所面临的风险。

短期投资和过度的波动性

另外，投资者过于关注公司的短期涨跌，而忽略公司长期的基本面和成长性，导致越来越多的投机者参与中国的新股发行过程，越来越多的机构投资者也不得不跟随这种市场心态，进行短期投机而不是长期投资。机构投资者行为的改变，使得整个市场的投机氛围更加浓厚，市场短期的波动也因此更加剧烈。这种对股票中长期发展趋势漠不关心的投机心态，又进一步带来了自我实现的后果，使那些本来具有长期投资价值的公司，在短期之内得不到市场的关注和投资，因此表现不尽如人意。而投机性强的股票（比如 2014—2015 年的创业板股票）由于强烈的赚钱效应而得到很高的关注，这使得中国股市的投机炒作现象进一步扩大。有不少散户最初的投机确实获得了一些收益，但是往往随着市场的波动和调整，在今后的投机中不但把自己之前赚取的利润赔了进去，而且还付出了更加高昂的代价。

新股发行制度看起来是可以保护投资者的一种监管手段，但是从长期来看，只会导致 A 股市场的投资者越来越不负责任，企业的投机心理和盈余管理的趋势越来越强。证监会需要秉持的是公正、公平、公开的监管理念，除此之外，对投资者的额外保护和对于市场的隐性支持和担保只能在短时间内扭曲资产配置与资产定价，而在中长期，这种托市行为不但会导致股价下跌，还会造成投资者预期的混乱，投资者的素养也因为得不到市场的促进而难以提升。

在美国历史上也曾出现过类似的情况。在格林斯潘担任美联储主席期间，由于他对美国股市持支持和推动态度，每当美国市场出现下跌的时候，格林斯潘就会采取宽松的货币政策来推动股市上涨。因此，投资者认为只要格林斯潘担任美联储主席，美国股市就会一直涨下去。恰恰是因为"格林斯潘看跌期权"给投资者带来了不切实际的希望，很多投资者才肆无忌惮地投机。这些投机行为最终导致全球互联网泡沫的形成和崩盘。[20]

为了挽回互联网泡沫崩盘之后美国的经济衰退和下滑，格林斯潘不得不继续采取积极宽松的货币政策来稳定和推动资产价格。这一次，他的目标指向了美国的房地产市场。在大量释放流动性和推动房地产市场发展的改革过程中，格林斯潘的政策导致以美国国债为代表的全球安全资产的收益率被压得极低，以至于全球的资金不得不追寻风险更高、投机性更强的资产。这一决定又直接导致美国房地产市场和与房地产相关的债券暴涨，最终导致2007—2008年房地产泡沫崩盘和全球金融危机。

由此可见，政府关心呵护市场的好意固然很重要，但是这种善意的保护、支持和担保会扭曲投资者对于风险的预期与判断，而最终导致政策制定者所不愿看到的过分投机和冒险行为。托市和担保只能在短期产生效果，而在中长期，可能只会因为市场力量的回归，而引发市场更大规模和更长时期的下跌，最终给政府带来事与愿违的结果。

当然，有一些投资者在投资过程中逐渐学会了在政策的影响下更好地把控自己的投资风险。但是，由于中国投资者的投资经历相对比较短，投资经验不足，基本的金融和投资素养又相对缺乏，所以往往很难对这种短期政策做出正确反应。因此，中国的大批散户投资者一次又一次被传奇的投资经历和股市的赚钱效应吸引进入A股市场，又不得不一次又一次在牛市和熊市迅速的切换中损失大量财富。

投资者的无知让他们在股市中的行为简直就像一场赌博。在2007—2008年中国股市和权证市场泡沫的顶峰，很多投资者将大量财富投在权证产品和QDII（合格境内机构投资者）产品上。事后证明，很多投资者根本不知道他们购买的这些产品是什么，甚至不知道权证还有到期日，而QDII产品是投资海外资本市场的。他们还天真地认为他们买的这些证券和普通股票没有什么区别。西南财大进行的中国消费金融调查发现，中国投资者在股票市场上的表现非常令人失望，这很大程度上和中国资本市场的监管理念和操作有密不可分的关系。

根据 2012 年的问卷调查，中国居民家庭中只有 8% 的家庭参与中国 A 股市场投资（平均每个家庭把家庭金融财产的 15% 用于投资股市）。在这些股市投资者中，只有 20% 左右在过去 10 年取得了投资的正收益，而绝大多数投资者都蒙受了损失。在之后的《2018 年第三季度家庭资产指数报告》中，研究者指出，虽然中国居民家庭参与金融市场投资的比例在增加，但是在其房屋资产持续增值的同时，其持有的金融资产规模持续缩水，金融资产在家庭总资产中所占的比例也继续下降。这些数据，都再一次反映了投资者在金融资产投资中的损失。也就是说，这些投资者还不如把自己的资金放进大体能赶上通货膨胀率的银行存款账户。[21]

由于散户不切实际的投资理想没有得到现实充分的支持，因此很多中国居民家庭都不会选择炒股，或者只在股市见顶的时候才因为赚钱效应参与到股票市场，这进一步加大了他们亏钱而不是赚钱的可能性。[22] 值得指出的是，正是因为监管机构对于市场过度的关心、支持和隐性担保，使得很多投资者错误地认为，只要有政府的支持，不需要任何投资经验和理念也可以在资本市场中赚个盆满钵满。由此可见，中国 A 股市场监管者目前所实行的保护投资者的监管体系，还有很大调整和改善的空间。[23]

上市公司的角度

由于中国公司债市场发展相对落后，因此，新股上市发行和上市公司的增发仍然是中国公司在资本市场最重要的融资途径。在西方比较成熟的资本市场里，监管机构对于公司的资质和今后的发展潜力不进行任何判断，只是要求公司达到最起码的信息披露。至于公司是不是有潜力，是不是应该享受比较高的估值，是不是值得收购，则完全留给交易的承销商和市场的投资者自己判断。这种买者责任自负，卖方完全准确地披露信息的过程，会强迫投资者对自己的投资负责。

然而在中国，由于证监会和在注册制改革之后的证券交易所对一家公司能否发行股票具有决定性的权力，因此在新股发行审查的过程中自然而然地承担了对上市公司资质和财务状况进行验证的责任。而中国投资者也普遍认为，一旦经过了新股发行的审查，那么这家公司的财务应该就没有问题。这种想法其实也不是完全没有道理。既然通过证监会和交易所的审批如此之难，那么散户自然会认为所有能通过审批的公司都不但是可靠的公司，而且是好公司。这种对新股的盲目信任更进一步恶化了中国股市最为人所诟病的新股发行过程中的三高问题。

很多公司一旦成功地挤过了新股发行千军万马的独木桥，就像很多成功地通过高考进入大学的高中生一样，感觉总算找到了放松和休息的机会。由于中国 A 股市场没有完备的退市机制，因此很多上市公司的目标就是如何在股票市场上通过进一步的融资把资金投到其他高回报的投机性领域。这也一定程度上解释了为什么中国 A 股市场的上市公司现金分红的频率和比例都比国际水平低很多。

再者，由于上市过程艰难又漫长，因此一家企业一旦成功上市，即使它的主营业务一塌糊涂，也可以享有非常有价值的壳资源和通过增发股票融资的优势。由于在注册制改革之前，很多公司都不能顺利地通过正式的途径上市，因此，购买那些表现不良的上市公司并通过资产注入的方式进行间接上市，就成为在市场表现火热的 2014 年和 2015 年很多企业接触中国市场的重要手段。随着市场的上涨，一家上市公司的壳资源本身的价值就可以达到二三十亿元人民币甚至更高的水平。由此可见，在中国资本市场存在了很长时间的艰难的上市审批过程，人为地降低了中国 A 股市场上市公司的数量，推升了那些可以成功上市的企业的估值。由于中国的投资者除了中国 A 股市场，可以选择的投资标的有限，因此几乎所有在 A 股市场上市的企业都享有比国际同类企业更高的估值。

这一定程度上解释了为什么中国股市的表现和中国经济的表现之间的相关度，远远低于海外股票市场和当地经济表现之间的相关度。

《刚性泡沫》上一版原稿完成于 2015 年春，当时中国 A 股市场正在经历过去 10 年最严重的一次泡沫，并引发了之后的股灾。虽然并不针对 2015 年的股灾，但上一版中指出的，长期困扰中国多层次资本市场发展的，由上市核准制度所引发的一级、二级市场倒挂的问题，二级市场定价机制失灵的问题，股票交易缺乏有效平衡的融资融券和股指期货的问题，以及中国投资者缺乏基本金融素养和风险意识的问题，都在 2015 年股灾里得到了充分体现。

2018 年科创板的推出

2018 年，在美联储加息周期开启和国内资管新规推出影响之下，中国资本市场的信心再次受到打击。2018 年 11 月 5 日国家主席习近平在首届中国国际进口博览会开幕式上宣布"在上海证券交易所设立科创板并试点注册制"，成为 2018 年中国资本市场的重大亮点。

科创板的推出，主要目的无疑是让资本市场更好地服务于国家战略，突破关键核心技术，支持新一代科技企业的发展，推动中国经济高质量转型升级。但对于中国资本市场和金融体系改革更为关键的，是在设立科创板的同时，试点并逐步推广注册制。注册制改革，相对于中国 A 股市场长期实施的核准制而言，是提升服务科技创新企业能力、增强市场包容性、强化市场功能的资本市场重大改革举措，也是打破中国资本市场一级市场发行过程中监管刚性兑付和资产价格人为刚性泡沫的重要改革措施。其实，无论设立什么新的交易板块，或者新的交易所，注册制改革的核心，恰恰在于通过发行、交易、退市、投资者适当性、绑定证券公司利益等方式，逐步打破证券市场里隐形的刚性兑付，对新股发行进行更加精准的基于市场供求的定价，并最终引导市场投资者风险意识的养成，以及正确良好市场预期和投资理念的形成。

第四章

金融创新与另类融资渠道

商业只有两个功能：营销和创新。

——米兰·昆德拉

天弘基金在 2013 年夏天成为中国金融界在过去几年中最值得关注的一只基金。经过不到短短两年的时间，天弘基金发展成为全国规模最大的公募基金公司，并跻身全球最大的资产管理公司的行列。这样令人瞩目的发展很大程度上要归功于传统金融和互联网技术的结合，以及中国利率市场化改革的深入。

从 2013 年夏天开始，阿里巴巴推出了一款由天弘基金公司管理的名为余额宝的货币市场基金产品。产品推出之后，数以万计的阿里巴巴、淘宝和支付宝的用户开始积极地购买余额宝产品。在短短不到一年的时间里，余额宝用户迅速超过一亿。天弘基金也借助余额宝的快速发展而一跃成为当时中国最大、全球第三的公募基金管理公司。

阿里巴巴集团推出余额宝服务主要是为了帮助阿里巴巴和淘宝客户进行短期现金与投资管理。虽然余额宝在实质上和普通货币基金并没有太大的区别，但是阿里巴巴平台便利的申购赎回手段，以及面对小额资金和小规模商铺的市场定位，使得余额宝这款小额资金短期管理产品迅速赢得广大群众的青睐。

余额宝除了申购和赎回便利之外，还有一项明显的优势，就是它的收益率。余额宝当时的年化收益率可以达到6.5%甚至7%，明显高于2013年同期银行存款利率3.5%左右的水平。

很快，余额宝就成为互联网金融发展的一个经典案例。为了能够复制余额宝的成功经验，很多电商公司和互联网公司也纷纷开始营销类似余额宝的其他"宝宝"类产品，一起推动了整个中国互联网金融行业的高速发展。

虽然余额宝的推出和互联网金融的发展给广大中小用户提供了崭新的财富管理和投资机会，但也有人指出，恰恰是余额宝的诞生和互联网金融的发展导致了2013年6月和12月在中国出现的"钱荒"，也就是流动性危机。在2013年6月"钱荒"最严重的时候，SHIBOR（上海银行间同业拆放利率，中国商业银行相互拆借的主要基准利率）一度上涨到年化30%左右的惊人高度。因此有人认为，互联网金融的发展和余额宝产品的推出对于2013年的"钱荒"事件负有不可推卸的责任。那么，中国的钱究竟到哪儿去了呢？是因为互联网金融所推动的中国利率市场化进程使老百姓把资金从银行搬到了其他收益更高的投资领域。

那么互联网金融的魔法和实力究竟在什么地方呢？互联网金融为什么能够通过其网络优势向其客户推销包括公募基金在内的投资产品？为什么其他营销渠道不能获得同样的成绩呢？

当时天弘基金和余额宝的成功可能要归因于以下几个方面。

首先，阿里巴巴电商平台上聚集了数以亿计的个人消费者和小商铺。通过和阿里巴巴电商平台合作，基金产品准确地找到了小规模投资者这一具有巨大发展潜力的目标人群。由于互联网的便利和界面的友好，投资者能够非常方便地申购和赎回天弘基金的产品。特别是那些因为本身资金规模有限而得不到金融机构重视的小额客户，对余额宝产品就更加青睐。那些原来不享受基金公司服务的投资者，通过互联网和余额宝都逐渐确立了更先进和积极的理财观念。

其次，余额宝推出之初曾给投资者带来 7% 的年化收益率，远远高过其他产品的利率。由于广大客户对阿里巴巴和淘宝平台的熟悉和信任，阿里巴巴成功地令客户相信余额宝投资和银行存款同样安全。于是，投资者的信任让更多的客户下定决心把银行存款转成余额宝账户。

最后，互联网技术和移动互联让客户在手机上就可以轻松地完成自己的投资理财任务，既不用到银行的网点排队，也不用通过网银或其他复杂的手段。这种界面的友好性也吸引了一大批投资者加入理财队伍。

当然，还有些人认为余额宝之所以能取得如此高速的发展，主要是因为它通过规避监管取得了不正当的竞争优势。[1]首先，余额宝作为一种货币市场基金，不需要支付准备金或者备付金，因此拥有明显的资金成本优势。其次，余额宝拥有大量的小额投资者，比较容易进行基金净值管理，推动对投资者非常友好的 T+0 申购和赎回机制。这使得余额宝产品本身的冲击成本和流动性成本比其他基金产品或银行存款更低。最后，由于基金产品营销不受银监会的监管，因此比其他类存款类产品面临较小的监管成本和限制。

就在余额宝发展壮大的时候，很多人开始质疑余额宝是不是真的能给投资者带来"免费的午餐"，给投资者带来没有风险只有收益的产品。譬如，有人指出余额宝其实就是通过淘宝的平台推销货币市场基金。余额宝对接的天弘增利宝货币基金就是一只开放式的货币市场基金。在海外，货币市场基金往往通过投资在安全、流动性好的短期债券上获得比银行存款更高的利率，因此成为全球千千万万家庭理财不可或缺的好帮手。但是货币市场基金毕竟不同于银行存款，它接受基金法而非银行法的监管。基金管理者不需要向监管部门提交准备金，投资者的资金也不受存款保险制度的保护。大家认为安全的投资，其实并一定那么安全，或者至少没有存款那么安全。买过基金的人都知道，在基金不进行分配调整时，基金净值跌破一元后，投资者就会蒙受损失了。货币市场基金自 1971 年问世之后，给投资者带来损失的例子非常多。货币市场基金虽然大体安全，但并非"刀枪不入"，它和银行存款的安全性还不能同日而语。

余额宝的收益之所以高于银行存款利率，一定程度上就是因为投资者承担了客观存在的风险。等到真的出现流动性危机时，是由基金管理公司、互联网企业还是监管部门来为余额宝和其他"宝宝"兜底，就是个大问题了。

和货币市场基金受到金融危机冲击而面临倒闭不同，另外一类金融产品，即所谓的"结构性投资工具"（SIV）则对 2007—2008 年的全球金融危机负有不可推卸的责任（详见第十章相关内容）。

综上所述，由于中国目前仍然是一个发展中国家，经济金融体系在高速变革和发展的过程中的金融创新必然会面临这样那样的风险。

随着中国利率市场化改革进程的推动和余额宝等产品的成功，很多公司也纷纷挺进这一领域，推出类似的产品进行竞争。在余额宝推出后的 18 个月里，产品收益率已经从最初的 7% 左右下降到 4%。余额宝相对于银行存款利率的优势在逐渐减弱。即便如此，余额宝和其他类似产品在当时的成功也反映出中国经济里金融管制程度之深，以及中小企业对于财富管理和金融投资服务的极度渴求。

由于投资者对高收益投资项目的热情，而又对投资风险了解得有限，因此很多投资者在选择投资产品的时候，往往只关注产品所承诺的收益率，而完全忽略了这些产品背后的风险。这恰恰是导致历史上屡次金融危机的一个重要原因。等到投资者意识到投资风险并蒙受巨大损失的时候，投资者情绪的逆转将会给整个经济发展和社会稳定带来巨大的负面影响。

不过，这恰恰可能成为余额宝高速发展的一个重要原因。由于很多投资者都认为，余额宝的规模如此之大，投资者一旦蒙受损失，将会对社会稳定产生重要的影响，那么中国政府肯定不会对此坐视不管。由于当时的大多数投资者都认为中国政府会为阿里巴巴公司和余额宝提供担保，我们便再次知道了为什么中国所有的企业都有强烈的扩张意愿：因为企业越大，才越有可能得到政府关注，也才越有可能获得由政府提供的刚性兑付和隐性担保。

创新型 P2P 模式

和海外同行不同，中国 P2P 公司的发展很大程度上源于所谓的线上线下合作。也就是说，融资平台通过线下筹措资金、线上撮合来进行投资。通过引导线下资金在网上选择不同的投资品种和平台，中国的 P2P 公司越来越多地演化成为投资顾问公司和财富管理公司。随着 P2P 平台上的交易规模逐渐扩大到超过 1 000 亿元人民币，公司的员工扩张到超过 1 万人，这种线上线下合作显然使得中国 P2P 行业的发展获得了比国际同行大得多的成功。

这种创新模式有两个明显的优势。首先，在融资的途径上，线下的销售渠道可以更好地扩展市场和扩大资金规模。其次，通过互联网的线上投资平台，投资者和项目之间可以交换更多的信息，创造更多的投资机会。但是，这种做法使得监管变得更加困难。因为监管层没有足够的资源去了解庞大的线下销售活动，也更难监督线上的投行为和信息披露的准确度，很难了解究竟 P2P 平台的资金被投到了什么领域，资金的去向是否安全。由于这些信息的缺失，外界也很难衡量这些 P2P 平台上超过 20% 年化收益率的投资项目的真实风险究竟有多大。

作为中国创立时间最久、规模最大的独立财富管理公司之一，宜信公司在创建之初曾经得到包括摩根士丹利、美国国际数据集团（IDG）、华平公司等国际知名私募股权基金的投资。截至 2013 年底，宜信公司拥有超过 4 万名员工和上千亿元的资产管理规模。由于其业务主要面对拥有 100 万元人民币以上的高收入阶层，而且单笔业务规模往往只有一两万元，因此，作为中国 P2P 行业的一个代表，宜信公司的业务基本上未受到任何监管当局的监管。

随着 P2P 企业的进一步发展，以宜信为代表的很多企业都通过把小额交易汇聚在一起，再投入到单笔交易金额较大的产品里，逐渐把它们的平均交易规模扩展到 10 万元人民币，这样就比一般 P2P 业务的规模扩大了 10 倍。单笔从 1 万元到 10 万元的变化看起来微不足道，但是越来越多的人担心，像宜信这样的企业已经不只是一个 P2P 投资平台，而变成一个在固定收益证券领域的投资银行或中介。宜信的一些竞争对手指出，P2P 平台自身不应该进行融资，也不应该利用自有资金进行投资，但是宜信显然违背了这一点。[2]

通过把各种不同产品和普通投资者的资金汇集到统一的资金池的

做法的优势在于，它可以有效地把每个客户的资金更安全和更有效地投资到不同的产品身上。但是由于缺乏独立的第三方资金托管方和信息披露，投资者很难了解自己的资金究竟是被如何混合和投资的。从这个意义上来讲，类似宜信这样的平台已经演化成影子银行，而不只是一个简单的网上 P2P 借贷平台了。

就像 2008 年的麦道夫丑闻一样，任何一种庞氏骗局只要可以不断吸引新的资金，就可以不断扩张。这种拆东墙补西墙、把各种不同产品的资金混合在一个资金池的做法，多少让人有点想起庞氏骗局。虽然投资活动可以通过高收益吸引更多的资金投入，但这恰恰引发了更大的不确定性和风险。还有些报道指出，有些 P2P 公司的投资活动和公司的创始人、实际控制人本身所控制的私人企业有一定关联。这不免令人担心这些创新型投资平台和融资方式是不是真的可以持续下去。[3]

债务违约风险

风险控制对于所有 P2P 公司来讲都是非常关键的一环。据美国 P2P 领域诞生时间比较早、经营也比较成功的企业 Prosper.com 估计，即使是在其信用评级最高的客户里面，不能及时清偿本金或利息的违约风险也达到 1.55%；而在风险最高的客户里，违约风险甚至达到 29%。[4] 如此高的违约率要求 P2P 公司不得不拿出 15% 的资本作为资本准备金，也使得 P2P 企业的股本回报率下降到了 10%~15% 这样一个相对合理的水平。

和美国 P2P 平台上的短期消费融资用于偿还高昂的信用卡债务不同，中国 P2P 平台的很多融资方都是从事小生意的老板，他们一般用 P2P 平台来筹措短期资金。无论是投资者还是融资者，他们交易的时候往往都假设中国的经济会像过去 10 多年那样高速发展，同时信用也会像过去那样高速扩张。因此，绝大多数 P2P 平台的投资者认为，融资者还款应该不是一个问题，或者说 P2P 借款的违约风险几乎不存在。例如，宜信公司的创始人唐宁曾经骄傲地宣称，从来没有一个投资者在宜信的平台上亏过钱！ 5

但所有这一切在 2014 年都发生了根本性改变。自 2014 年初以来，就有多家 P2P 企业出现了违约甚至倒闭的现象。2014 年 4 月 9 日，宜信某些产品的投资者集体抗议，要求宜信对其发行的一个 8 亿元的贷款项目承担违约责任。

随着中国房地产市场的降温和土地作为抵押品价值的下降，宜信公司在全国各地的多个不同项目都被曝光出现违约。虽然宜信安慰投资者说公司在积极地与借款方进行重组并做出返还资金的安排，但这些事件依然暴露出整个 P2P 行业所蕴含的巨大风险。有熟悉事态的人表示："如果在 P2P 平台上借款的年化利率可以达到 22%，很多平台就会为了赚取高额的收费而不顾风险积极鼓励投资者进行激进的投资。" 6

就在宜信的这一产品违约曝光后不久，《第一财经》又报道了宜信的另一起违约案，即宜信华融普银基金的欺诈行为。据不完全估计，由于这一产品的借款人跑路，导致投资者蒙受超过 2 亿元人民币的损失，而且时至今日，还有很多投资者的资金没有得到清偿。

有报道发现，为了稳定投资者的信心，宜信公司私下给这些投资者支付了一定程度的补偿。然而，无论是由平台公司还是由第三方给投资者提供担保，都可能会让投资者更加坚信 P2P 产品的安全，从而鼓励了投资者的投机心理，有可能导致在今后中国 P2P 行业更严重的风险和危机。由此可见，民间借贷平台和 P2P 事实上强化了中国金融体系里的隐性担保，因此可能引发更大的风险。[7]

另外一个让人担心的现象是，各个平台对于违约没有一个统一的定义和标准。有些平台认定逾期 60 天不能清偿是违约行为，而其他一些平台认为逾期 90 天或者 120 天之后才能被认定为违约。由于 P2P 行业不在传统金融监管范畴之内，因此很难对整个行业的违约率、风险和投资收益率进行统一和可靠的估算。这也解释了为什么中国 P2P 行业自我披露的违约率比国际同行要低很多。根据 Prosper. com 公司的统计，公司事先估算的 P2P 借款的违约率是 13%，但是等到所有的借款都到期之后，事后发现所有借款的违约率其实高达 25.44%。

随着 P2P 行业的高速发展和资金规模的迅猛扩张，当时越来越多的人开始担心，P2P 行业这个缺乏监管的金融子行业会不会有朝一日也发展到"大而不倒"，以至于不得不面临政府的监管和救助。[8、9]后来的结果表明，这一担心完全没有必要。

时任中国银监会业务创新监管协作部主任王岩岫在 2014 年提到，在 1 200 多家 P2P 企业里有 150 多家出现了不同程度的违约和跑路现象，有不少 P2P 企业虽然没有足够的资金，但是为了吸引投资者投资，仍然向投资者提供了隐性的投资担保，这种担保最终导致企业违约和投资者的损失。[10]

互联网金融

过去 10 多年，中国金融发展历程中一个最重要的领域，就是科学技术和金融业务的结合。无论是叫作互联网金融、金融科技、科技金融，还是普惠金融，这种技术变革和传统金融服务的结合，以及在中国的普遍运用，都让中国在全球金融创新和金融监管领域走在了前面。无论是在移动支付、电子银行、智能投顾领域，还是互联网保险与互助领域，中国不仅孕育了一大批全球领先的科技金融企业，还推出了众多全球首次尝试的新业务和新业态。互联网金融的发展，不仅给急需资金的领域提供了重要的融资途径，还给国内广大居民家庭提供了一个崭新的极具吸引力的投资方向。

虽然金融科技的很多业务始于发达国家，但是在过去 10 多年里面，金融科技领域最快的发展无疑出现在中国。中国金融科技创领域的创新和监管，在一段时间里，不仅成为世界各国效仿的典范，也成为如国际货币基金组织在内的国际性组织调研金融科技全球发展的一个重要样本。很多国家都高度赞赏中国为全球提供了宝贵的"沙盒监管"经验和教训。

金融科技业务在中国高速发展的过程中，颠覆性地重塑了金融业务和实体经济之间的关系，效率与公平之间的关系，当下收益与未来风险分布之间的关系，以及资本回报与社会稳定之间的关系。这一系列全新的关系和挑战，在还没有得到充分研究和讨论之前，已经以迅雷不及掩耳之势，在中国获得了前所未有的发展，并在中国开创了崭新的叙事方式和监管环境。

然而，随着过去几年互联网金融和金融科技领域开展的一系列清理整顿行动，中国金融科技领域发展过程中规避监管，垄断，不正当竞争，过度透支年轻人消费的恶意营销或催收，刻意隐瞒或者虚假披露信息，非法侵犯客户隐私和盗用个人信息等问题，也逐渐暴露出来。温州顺风车司机杀人案、泉州女大学生裸贷自杀案，背后都有互联网金融的影子。

为应对相应的变化和风险，2016 年 4 月国务院发布互联网金融风险专项整治方案，旨在规范各类互联网金融业态，优化市场竞争环境，扭转互联网金融某些业态偏离正确创新方向的局面，遏制互联网金融风险案件高发频发势头。2017—2018 年集中爆雷的 e 租宝、中晋、快鹿等网贷平台，导致数以百万计的普通投资者血本无归。随着当时国内经济增速的逐渐放缓和信贷周期的逐渐调整，涉及网贷平台、网络小贷和传统小贷公司的风险，在过去几年逐渐集中暴露出来。不可否认的是，在 P2P 平台爆雷的过程中，确实有一些投资风险来自过去几年经济金融环境的变化，以及项目自身风险的暴露。但与此同时，不得不指出的是，有很多 P2P 平台从设立之初就抱有不可告人的目的。当时，由于网贷公司门槛低，政府尚未出台指导性意见，花几千元到几万元就可以买到平台软件服务，因此有些不法分子选择利用网络贷款平台和 P2P 从事欺诈行为。更有甚者，有些在线下民间借贷欠款很多的人购买一个软件，虚拟借款人，虚拟抵押物品，利用 P2P 平台骗取投资人的资金，偿还自己之前的欠款，这完全扭曲了网贷业务设立的初衷。但让政府和广大群众更加不安的很可能是互联网金融产品爆雷暴露出的一些超越传统投资风险的刚性兑付心理。

在互联网金融发展早期，网贷平台对于投资者最大的吸引力主要体现在其远远高于其他投资渠道的收益和利率，以及投资者对投资项目和平台偿付能力的信任。和普通银行的存款年利率只有 3%，理财产品、信托投资等一般在 10% 以下的收益率相比，网贷产品动辄 20% 以上的年利率，甚至有些平台的年化利率超过了 30%，都令很多投资者趋之若鹜。不但如此，作为新鲜事物的互联网金融产品，直至 2017 年开始爆雷之前，都一直顺利兑付，因此很多投资者盲目地认为互联网金融产品和受监管严格保护的银行存款一样安全。

其实，按照正常的金融逻辑和投资思维，如此高的利率意味着投资一定隐含某种高风险。正如时任银保监会主席郭树清在 2018 年陆家嘴论坛上提醒老百姓一定要防范非法集资的风险时所说："在打击非法集资过程中，要努力通过多种方式让人民群众认识到，高收益意味着高风险，收益率超过 6% 的就要打问号，超过 8% 的就很危险，10% 以上就要准备损失全部本金。"

但是正如笔者在本书上一版中所述，由于国内长期普遍存在的刚性兑付文化，以及广大投资者缺乏基本的金融知识和金融素养，大量投资者盲目地以为网贷平台和持牌金融机构一样稳定，网贷平台的投资产品和银行存款、理财一样安全。其实，由于网贷是一种新型的融资手段，监管机构尚无明确的法律法规指导网贷。对于网贷业务，监管层主要是持中性鼓励的态度，这也进一步加强了投资者对于 P2P 平台盲目的信任和参与。很遗憾的是，盲目信任平台和监管所提供的刚性兑付和隐性担保，给国内数以百万计的投资者带来了巨大的损失。

其实，网贷平台固有资本较小，无法承担大额担保，一旦出现大额贷款问题，将很难得到解决。而且有些借款者也是出于行骗的目的进行贷款，有些贷款平台创建者在创立平台之初就是为了把融资取得的资金用于给网贷平台控制人自己的企业或者关联企业输血。这也直接导致在经济下行期间，网贷平台实控人携款跑路的案例时有发生。

另一方面，广大投资者往往缺乏应有的金融知识，简单地把网贷平台与股权众筹混淆，不能正确识别投资产品风险和收益之间的对应关系。股权众筹属于权益投资，收益具有灵活性，类似早期的风险投资基金和私募股权基金，投资风险和收益都比较高，并不适合绝大多数个人投资者。但不少投资者或者错误地以为网贷平台投资于私募股权项目，因此可以获得远高于银行理财产品的收益，或者错误地以为网贷平台会像银行理财产品一样提供稳定可靠、没有风险的收益。因此，很多投资者参与了大量风险极高、投资收益高度不确定的投资。等到网贷平台投资或者流动性风险集中爆发时，投资者才意识到，不要说任何投资收益，自己很可能面临连本金都无法收回的结局。

2008 年金融危机的温州版回放

2008 年秋全球金融危机形势最危急的时刻，美国总统奥巴马不得不面对一项"不可能的任务"——是否救助那些对美国房地产泡沫推波助澜，在泡沫中大获其利，在泡沫后濒临破产的银行和其他金融机构。

一方面，这些银行一手制造了美国的房地产泡沫，给广大美国居民、消费者带来重大冲击，并严重扭曲了美国及全球市场的价格信号，扰乱了全球金融体系。与此同时，许多金融高管在此期间变得富可敌国。似乎政府不需要，更不应该去救助这些"金融罪犯"。另一方面，政策制定者真正担心的是银行相互之间的依赖关系和社会上其他企业对于银行信贷的依赖。一旦放任某家银行破产，那么和这家银行发生业务往来的其他银行将不可避免地受到冲击，可能也会因此面临破产风险。一些银行破产可能引发的银行挤兑有可能压垮其他原本比较健康的银行。一旦银行停止贷款，众多企业也会不可避免地受到冲击。

经过痛苦的讨论，美国政府决定高调出手救助银行。出手救助它们的直接好处是在短期内遏制股市和债市的急剧下滑，并使全球金融体系免于瞬间崩溃。但一两年后，监管者发现，当初获得救助的银行在给自己的高管和员工发放了高额奖金后，其行事方式和金融危机前并无二致，反而在被救助后越发有恃无恐，进行了更多的"魔鬼交易"。全球金融市场也随之不止一次坐上过山车，经历一次又一次大跌大涨。金融体系又一次被推到危机的边缘。

所有这一切，3年之后在中国的温州又以惊人相似的方式重新上演，只不过这次的主角由华尔街的高管变成温州的民营企业老板。和华尔街进行高杠杆金融衍生产品交易不同，温州商人进行的是更直观的投资——加工制造企业。随着当时海外出口需求逐渐减弱，越来越多的温州商人选择向金融市场进发。房地产、私募股权投资、小额贷款公司领域都有精明、团结的温州商人的身影。温州商人自己也很无奈："投资实业回报这么低，银行存款利息这么低，我们也是被逼无奈选择高收益的投资机会啊。"这和华尔街高管在接受美国国会调查时所给出的"我们也是为了获得更高的投资收益，提升股东价值"的辩解何其相似。

不但如此，温州商人们更是积极推动金融创新，在各个企业之间形成了"联保"体系。一干企业形成一个信用联盟，一旦一家企业需要获得贷款（其中不排除有高利贷），其他企业都出面为其提供信用担保。一旦一家企业因为各种各样的原因不能及时还贷，"联保"体系的其他企业会向其提供帮助，甚至承担起为其偿还一部分债务的责任。

当然，这种联保互保做法并不只是中小企业出于自身考虑做出的决定，也与银行贷款机制有关。当一家中小企业向银行申请贷款时，银行往往会基于抵押品的价值，发放贷款总额50%的资金给借款方。借款方必须在获得其他3~5家公司的额外担保之后，才能从银行取得剩余50%的资金。

因此，相互担保就成为很多中小企业获得资金的一个重要手段。这种业务变得越来越普遍，以至于几乎所有浙江地区的中小企业都不同程度地卷入联保互保业务。这种原本用来降低企业贷款风险的手段，逐渐变成企业间进行融资和扩大杠杆的一种投机手段。

随着劳动力成本的上升和国际竞争的加剧，很多浙江地区的外贸出口企业都迅速发现，从事金融投资比原有的加工制造领域的利润高得多。因此开始引发浙江商人从实体经济和制造业向包括房地产、自然资源、股市和民间借贷在内的几乎所有金融投资领域的转型。

至此，温州商人已在其民营企业的基础上构建了一个投资于各个金融市场的巨大金融王国。这一金融王国的主营业务就是以实体企业或资产作为抵押，通过激进地获取银行贷款和其他形式的融资（包括高利贷），来进行风险更高、收益也更高的投资项目。国内一轮轮的楼市热、股市热、PE 热、艺术品热、矿产热、林权热，据说背后都有由实业资本转型而来的金融资本的推手。这让人不免回想起对美国房地产泡沫和危机推波助澜的资产支持证券（ABS），即通过提高信用评级获得廉价的融资，继而进行激进和高杠杆的投资。天下熙熙，皆为利来，资本逐利本无可厚非，但企业一旦陷入困境，雇员、债主、银行、地方政府就会突然发现自己处于风险的风口浪尖。当投机行为最终失败时，这些企业往往面临较大的风险。自从 2009 年 4 万亿刺激政策推出之后，前所未有的流动性使得资金对于传统投资领域和安全资产所带来的回报不再有任何兴趣。天量资金开始追逐风险更高的投资标的，参与到资产泡沫的狂欢之中，直到有朝一日不得不面对超过自己所能承担的风险。

中国人民银行发布的《2012 年温州借贷市场调查报告》指出，在官方统计的 2011 年 1 100 亿元温州借贷规模中，大概只有 35% 被用于传统业务的运营，剩余的 65% 均被企业用于各种渠道的投资和投机。有很多熟悉温州民间借贷市场的人说，中国人民银行的报告严重地低估了温州民间借贷市场的规模和借贷最终用于投机的比例。[11]

联保互保无疑可以给企业提供非常需要的信用增进，以及用于扩张业务的借贷机会。但是，实体企业有了更多的融资渠道，就难免会倾向于把资金用于投资和投机性的领域，这在极度宽松的货币政策里是非常有效的运营策略。随着中国经济转型的进一步深化和美国量化宽松的退出，全球流动性逐渐收紧，越来越多的风险逐渐暴露出来。房地产、影子银行和地方政府融资平台的风险都在逐渐加剧，民间资金更是面临越来越大的违约风险和跑路风险。

有人指责银行应该对此负有很大的责任。为了扩张自身业务，银行在信贷宽松的时候会积极鼓励企业借超过自己真实需要的资金量。银行会帮助企业把借到的额外资金贷给其他更需要资金的企业，并从中分享贷款利息的收益。在这一放贷过程中，最初借款的企业为额外投放的贷款提供了隐性担保。如果贷款发生任何问题，最初借款的企业首先会担保贷款的安全。随着银行监管进一步收紧和存贷比例的进一步提高，越来越多的银行为了规避监管要求，开始从事类似的业务。

由于企业之间存在联保互保，当一家企业的投资出现问题时，受牵连的将不再是这家企业本身，而是所有和它有关的企业。这和2008年全球金融危机时大家反复讨论的大而不倒问题有一定的相似之处。相互之间提供担保的企业对抗单一风险事件的能力确实得到了提升，但是也致使这些企业进行更加投机的活动，承担更多的风险。因此，这些本来应该变得更加安全的企业，反而会因为自己的担保有恃无恐，而最终不得不面临它们不能控制的风险。

在2009年4万亿刺激政策之后，随着房地产、铁矿石、煤炭、艺术品在内的很多投机领域的资产价格大幅上升，很多制造业企业认为投资是比实体经济赚钱多得多，也快得多的更好的发展方向。

而随着2014年资产价格的逐渐回落、房地产市场的逐渐冷却，以及中国影子银行面临日益增加的违约风险，很多企业发现前两年火热的投资业务开始受到严重影响。与此同时，很多企业因为劳动力成本提升、人民币升值、国际竞争加剧而逐渐在其主营业务领域丧失竞争力和盈利能力，使中国企业面临双重挑战。

由实业企业转型而来的温州金融帝国，在发展过程中还构建了另一项极具价值的资产——网络信用。各国银行体系之所以在金融海啸即将灭顶的时候还敢于理直气壮地和监管者讨价还价，靠的就是它们网络信用的价值。中国有句老话，"舍得一身剐，敢把皇帝拉下马"，金融机构这种"让我倒闭，我就拉垮整个金融体系"的大而不倒的架势，才是它们信用网络的最大价值。

因此，温州商人的联保体系在危机将现苗头的时候，就显现了巨大的能量。一家企业倒闭已经不是这家企业的事，而是几家企业、整个行业的事，是农民工的事、银行的事和政府的事。

第五章

增速减缓的"新常态"

新常态下经济缓慢增长，而非野蛮增长。

——比尔·格罗斯

　　经过 30 余年的高速发展，中国在过去十几年时间里相继超过英国、德国和日本，成为全球第二大经济体。

　　中国经济的腾飞给中国和世界各国都带来了深层次的变化和需求。中国游客在全球进行大规模的疯狂扫货，扫货的目标从奢侈品手袋到婴儿奶粉，从电饭煲到马桶盖，帮助全球各大公司提升其财务状况和股价；中国企业和高净值人士也在全球疯狂地收购国际品牌、国际公司，购买国际豪宅。纵观世界历史，上一次看到如此惊人的购买力，还是在 1980—1990 年日本房地产泡沫期间。

　　全球大宗商品市场包括原油、铜、铝、咖啡、可可等都高度依赖中国经济的发展，国际大宗商品的走势很大程度上取决于大家对中国经济增长速度的预期和波动。除了中国人的国际采购之外，越来越多的中国人开始移民海外，入驻全球各大主要国家和大都市。中国移民的到来明显带动了当地的房地产价格上涨，有些地方的居民甚至开始抱怨，所在城市的房价已经高到只有包括中国移民在内的国际移民才可以承担的水平。

即使是在经济增速逐步放缓的大环境下，中国的经济增长速度也是其他大部分主要经济体和发达国家的两倍甚至更高。在经历了2007—2009年全球金融危机之后，中国经济的增长速度不但没有放缓，反而进一步提升。这进一步坚定了其他国家、跨国企业、国际投资者对于中国政府成功管理国内国际事务能力的信心。当然，随着越南、印度等其他新兴经济体的崛起，我国劳动力成本升高，和全球产业链的重塑，中国经济在规模逐步扩大的同时，增速也在逐步放缓，质量也在逐步提升。

在如此高速和稳健的经济增长背景下，几乎没有人怀疑中国经济有朝一日会赶超美国经济，成为全球最大的经济体。中国经济在2012—2022年，规模几乎翻倍，和美国经济总量的差距大大缩小，使得越来越多的人认为中国经济很可能在2035以前超越美国经济，成为全球最大的经济体。

在2007—2009年全球金融危机过后，中国曾经通过释放天量货币和财政刺激的方式，避免了经济增长过程中的一次重要滑坡。金融危机之后，中国经济增长的速度不但没有放缓，反而进一步加快，达到年增长率10%的高速增长。很多国际观察家表示，如果中国政府真有如此强力可以阻止中国经济增长速度下滑，那么中国不但可以发展自己的经济，甚至可以推动全球经济的稳定和发展。

然而，越来越多的国内国际专业人士开始关注中国经济增长的质量。在过去十几年里，不少国际观察家认为中国的高速经济增长必须逐渐减速和调整，但是直到最近大家才逐渐形成共识：中国的经济将

再也不可能像过去那样火热地发展了。随着中国经济在 2013—2014
年开始降温，2009—2010 年大规模刺激政策的后遗症也开始逐渐
显现。

经济增长速度放缓本身并没有错。中国在过去 30 年取得了前所
未有的经济增长速度，也成为全球最大的经济体之一，随着经济体量
的增加，经济增长速度的放缓本来就是一个难以逃避的经济规律。在
过去 10 多年里，以 4 万亿刺激政策和房地产行业高歌猛进为代表的
惊人的高速增长，恰恰导致中国政府很可能再也没有能力进行一次如
此大规模的刺激政策和以重振房地产作为刺激经济增长的手段，这也
就直接决定了中国的经济再也不可能回到增速为 10% 左右的岁月。

更值得中国政策制定者和全球观察家们关注的是中国的经济增长
将以何种方式放缓；在增速放缓的过程中，既有的经济、社会矛盾和
问题是不是可以得到很好的解决。

在回答这些问题之前，我们应该认真地反思一下中国经济增长最
重要的三个驱动力，也就是通常所说的“三驾马车”：出口、内需和
投资。对于这三个经济增长驱动力的变化趋势和可持续性的研究与了
解，将有助于帮助我们更好地了解中国经济增长的可持续性，和比增
长速度更重要的增长质量。

逐渐消失的出口优势

外贸出口、国内消费和投资拉动在过去 30 余年对于中国经济增
长的奇迹，各自做出了功不可没的贡献。就在 20 多年前，“中国制
造”在国际上还只是一个相对陌生的说法，而现在，“中国制造”已
经成了中国“世界工厂”身份的一个标签，并被各国政府、厂商和消

费者接受。

改革开放之初，外贸出口曾经对中国经济增长做出了最大的贡献。然而随着中国目前外贸出口增速的放缓，外贸出口对于经济增长的贡献已经逐渐让位给投资，滑落到第二位。

过去十几年间，随着劳动力成本的持续上升，中国正在逐渐丧失廉价劳动力这一曾经最重要的帮助中国成为世界工厂的要素优势。根据美国国会的统计数据，2000—2013 年，中国劳动力成本以每年11.4% 的速度增长。2000 年，中国的劳动力成本还只是墨西哥劳动力成本的 30%，但是到 2013 年，中国的劳动力成本已经比墨西哥的劳动力成本高 50%，比邻国越南的劳动力成本高 168%，比柬埔寨的劳动力成本高 500% 左右。到 2022 年，中国的人均 GDP 达到 1.2万美元，从而进入中高收入国家行列。而随着人民收入的逐渐提升，中国将完全丧失廉价劳动力这一在过去 30 余年推动中国外贸出口高速发展的最重要优势，并且必须向自主创新、自主研发转型。

除了逐渐攀升的劳动力成本和人口老龄化之外，另一个值得关注的变化是年青一代对工作和财富的态度的变化。随着越来越多的中国家庭摆脱贫困，年青一代中国人对于像其父辈一样辛苦工作、牺牲自我的生活方式越来越不感兴趣，而更希望追寻自己的兴趣和梦想。这种年青一代在就业和生活方式上态度的转变，在中国目前人口红利逐渐消失的现实下，对中国劳动力的供给和中国外贸出口的持续增长，产生了更大的阻力。

很多跨国企业已经注意到这一劳动力成本变化的趋势并在过去几年里开始将其业务从中国转移到其他劳动力成本更便宜的国家和地区。例如，2000 年耐克公司全球销量的 40% 是在中国制造的，到 2013年，这一比例已经下降到 30%，而中国的邻国越南现在生产耐克全球销量的 42%。到 2021 年，东南亚各国已经承接了耐克全球销量的一半以上。当然，也有一些公司尝试将劳动力成本较高的东部沿海地区的生产迁移到劳动力成本相对较低的中西部内陆地区。然而，研究表明，东部沿海和西部内陆地区的劳动力成本差距正在快速缩小，以至于在某些领域两个地区之间的劳动力成本差异已经不到 10%。这意味着，等到厂商在一两年后完成在中西部地区的投资建厂之时，当地的劳动力成本有可能会赶上甚至超过目前东南沿海地区的工资水平。在进行了类似的估算之后，很多企业决定直接放弃在中国中西部地区的投资，将其生产线迁移到成本更低的国家。[1]

放缓的劳动生产率增长

中国经济增长目前面临的瓶颈之一，就是中国的劳动生产率。根据世界银行 2012 年的报告，2011 年中国的劳动生产率是 1980 年的 8 倍，1990 年的 2 倍。也就是说，1990 年后中国劳动生产率的增速比之前的 10 年已经明显放缓了。从国际角度比较看，即使经历了过去 30 年的经济腾飞，中国的劳动生产率也只有美国的 1/12，日本的 1/11，甚至低于印度、泰国和摩洛哥。[2]

经过过去十几年的发展，中国的劳动生产率在 2019 年达到了美国的 1/6 左右，也超过了印度的劳动生产率。虽然中印两国的人口规模大致相同，但是中国的劳动力规模是印度劳动力规模的两倍左右，这一定程度上解释了中国经济增长的奇迹。[3] 很多研究表明，中国劳动生产率的增长速度在 2000 年后明显放缓；一些学者甚至认为，中国过去 10 多年的经济增长中有很大一部分是通过不断增加劳动力、资本和土地等生产要素的投入，以及逐渐恶化的环境和居民健康实现的。[4]

落后的劳动生产率只是中国经济增长质量需要改善的众多方面中的一点。随着中国经济增长速度的放缓和经济增长模式的转型，越来越多曾经被高速经济增长掩盖的问题开始逐渐显现出来。

廉价的劳动力和高速的货币供应成为中国过去十几年经济高速发展最重要的推动力。随着中国劳动力成本的上升和劳动意愿的下降，中国已经开始出现用工荒和出口难的问题，中国的厂商和全球消费者不得不开始面对"廉价中国时代"的终结。

当然，跨国企业迁离中国或者从东南沿海向中西部内陆地区的迁移都会持续一个相对漫长的过程。即便如此，随着中国人均收入的逐渐上升，中国在今后 10 年将会逐渐丧失其廉价劳动力的优势。所以，外贸对经济增长贡献的减弱已经是板上钉钉的现实。

国内消费的滞后

随着中国外贸出口的动力逐渐减弱，中国的经济增长将不得不更多地依靠国内消费来提振。由于中国经济增长模式的转型很大程度上依赖于居民消费的增长，因此对于中国居民消费的深入研究，将有助于帮助我们更好地理解中国在今后的发展方向。

根据 2014 年官方统计数据，如果中国的居民消费能够在今后 10 年以每年 8%~9% 的速度增长，那么中国经济将可维持每年 7%~8% 的增长速度，直到中国的人均 GDP 达到 1 万美元，突破中等收入陷阱的上限。随着过去 10 年的发展，以及中国人均 GDP 达到 1.2 万美元水平，这一目标似乎很容易实现。但随着过去几年如中美贸易纷争、新冠肺炎疫情暴发、全球产业链重塑等"黑天鹅"事件的爆发，中国消费增长的势头发生了一定的波动。

过去 10 多年里，全球的各大都市和旅游景点都感觉到了中国消费者和旅游者雄厚的购买力。路易威登和普拉达等奢侈品牌的海外旗舰店都竞相招聘能够讲中文的销售人员，以提升其对中国顾客的服务水平，增加销量。有时候为了保证购物体验，某些奢侈品商店要求顾客在门外排队等候。大部分情况下，在商店外排队等候的客户都是来自中国和其他亚洲国家的游客。有调查报道，有些中国游客在一两个小时里就购买了价值几十万甚至上百万美元的商品，不免让商店的服务人员惊叹中国游客买奢侈品就好像在菜市场里面买白菜一样。这种消费局面让众多国际品牌和厂商争相在中国开设零售店面，很多奢侈品品牌在中国的销售增长达到每年全球消费增长速度的 30%~40%。既然奢侈品在中国大行其道，为什么还有那么多中国旅游者要到海外去血拼呢？

笔者的一次亲身经历可能对于回答这个问题有所帮助。有一次，笔者在美国洛杉矶机场登机的时候，看到登机口有很多中国游客提取他们购买的免税商品。有两位女士来自同一个旅行团，其中一位买了很多免税商品，另一位吃惊地问她为什么要买这么多，这位女士回答说："因为在海外购物，我买得越多，省得越多！"

这种买得越多省得越多的心态，很大程度上解释了为什么中国的游客和消费者在海外如此血拼。根据多项国际调查，同一奢侈品在中国的售价要远远高于在其他主要世界大都市的售价。[5] 这种奢侈品在中国的溢价一定程度上是由于跨国公司在不同国家、不同地区定价策略的不同导致的。由于了解到中国的暴富阶层炫富的需要，很多国际企业在中国对于高端产品和奢侈品的定价要明显高于全球甚至亚洲的其他地区。

与此同时，中国对进口产品特别是奢侈品所征收的税收和费用也导致同一产品在中国的高售价。在中国，很多进口产品的价格都是美国和其他发达国家售价的两倍左右。在某些极端情况下，比如婴儿奶粉或者宝马7系，中国的售价可能会是海外售价的4~5倍。

国内和海外的产品价格差异如此之大，导致越来越多的中国人在海外旅游时都会大量购买海外产品。每年春节过后，很多海外旅游热点地区的热门产品都会售罄，中国春节长假对于一些海外旅游热点地区的销售贡献，达到其全年销售额的20%~30%。

由于国内和国外物品价格的差异如此之大，中国有越来越多的网店、公司和个人开始专门从事海外商品代购业务。这些服务帮助国内的消费者以相对低廉的价格购买海外产品，并从中收取一定的佣金和差价。

2013年，发生了一起受到高度关注的案件。一位航空公司空姐因为从海外大量购买化妆品并在淘宝网上销售而被司法机关以偷税漏税的罪名起诉。法院认为该空姐偷税漏税罪名成立，总额超过100万元人民币，基于此判她11年徒刑（刑期在之后被减为3年）。案件激起了广泛争论，公众认为国内外的价差如此之大，海外代购是一种非常普遍的社会现象，因此不应该由个人来承担法律责任。

那么接下来一个自然而然的问题就是，为什么一方面中国的消费者人均收入还相对比较低，甚至不到某些发达国家人均收入的1/10，但是另一方面，中国的消费者又表现出如此强的消费能力和购买能力呢？另外一个值得大家考虑的问题是，为什么中国的消费者对于奢侈品的购买有如此强烈的兴趣？

在过去十几年反腐过程中，大家开始注意到奢侈品很多时候并不只是为了个人消费使用，而是被广泛地用作礼物甚至行贿受贿的手段。例如陕西省安全生产监督管理局某局长因被曝出戴有多款不同的名表而受到纪律检查部门的调查，就是一桩极端案例。调查人员发现，这位号称"表哥"的官员共有83块不同品牌、不同款式的名表，总价值超过100万美元。金额之巨大远远超过了其正常收入所能够解释的范围。

中国的民间文化也对奢侈品的消费负有很大的责任。经过了长期的贫困和过去30余年的高速经济增长，部分中国人感到终于有钱了，可以享受一种奢侈豪华的生活方式了。和很多东亚国家一样，中国社会里的人际关系和社会交往非常紧密，因此中国人非常希望能够在别人眼中被看作精英或者成功人士。而社会上对待成功人士和精英的态度与方式，也可以解释为什么中国的消费者对于豪车、豪华手袋、名表等奢侈品的消费表示出特别强烈的兴趣。随着过去几年反腐工作的持续展开，共同富裕政策的推动，消费者消费习惯的逐渐改变，以及疫情期间国际旅游的限制，以上所描述的中国消费者在国门内外消费行为的反差，已经逐渐出现不同程度的改变。但可能对于中国经济高质量转型而言更重要的一个问题是，既然中国的消费者在海外显现出如此强烈的消费意愿和能力，那么为什么中国的经济不能在今后通过内需的增长而实现进一步的发展和腾飞呢？

购买意愿不足，还是可支配收入不足？

中国居民消费对经济增长的贡献大约是50%，明显低于发达国家70%~80%的平均水平，甚至也明显低于其他金砖国家的水平。那么为什么消费对于中国经济增长的贡献这么少呢？为什么一方面中国游客在海外一掷千金，让很多比中国富裕得多的国家都咋舌，而另一方面国内居民的消费却如此不足？收入分配和居民可支配收入可能是两个重要原因。

首先，像很多国家一样，中国家庭必须在先支付各种税收和费用后才能用其税后收入进行消费。国际研究表明，中国的企业所得税和个人所得税的税率在全球范围内都属于最高行列之一。[6] 由于个人所得税起征点相对比较低，导致中国居民家庭的税后收入明显低于官方数据里人均 GDP 所显示的人均收入。

其次，GDP 只反映了一个国家的财富总量，而不能反映一个国家的财富是如何在国家和国民之间以及不同国民之间分配的。2013年，中国人民银行在停止多年之后重新发布了基尼系数，中国的基尼系数达到 0.48，超过美国和很多其他发达国家；而西南财大的一项研究表明，中国的基尼系数远远不止这个数，很可能达到 0.61，并且在之后 10 年大体保持在这一较高水平。不管哪个数字，都证明了中国是收入分配极度不平等的国家之一。这种收入分配的不均，既会导致中国居民家庭消费能力的增长受到限制，也有可能导致今后社会不满和动荡不断累积。这很可能也是 2021 年"共同富裕"政策提出的一个背景和原因。

最后，我国的房地产市场在过去十几年里为居民家庭创造了大量的财富。但对于那些还没有购置房产的人来讲，高企的房价对他们的消费形成了巨大的压力和挤出效应。很多"房奴"把可支配收入的绝大部分花在了购买或者租赁房屋上，这就不可避免地挤占了医疗、教育、娱乐、旅行等方面的消费需求。而由于购买房地产从严格意义上来讲并不是一种消费，不会被计入中国消费的口径，因此这种观察不到的"消费"其实挤占了很多传统意义上的消费。随着中国房地产行业不确定性的加大，现在即使是那些通过房地产升值而获利颇丰的家庭，也开始担忧他们的财富是否还可以保值，因此也开始削减他们在某些方面的消费。

消费信心的缺失

社会保险体制是很多社会的重要安全垫，是国家向社会中的居民提供退休之后的财政保护和消费保证的重要手段。社会保险制度能够让社会居民有更强的信心进行当期的消费。随着中国社会保险体制的不断发展，中国社会也开始享受越来越多社保体系带来的好处。但与此同时，由于经济转型的现实和中华人民共和国成立之后一段时间高速增长的出生率和随之而来的独生子女政策，中国的养老保险前景并不乐观。中国人口的老龄化和经济增速的放缓让中国社会保障体系可能很快就会面临资金不足的问题。困扰很多发达国家的人口老龄化问题很可能也会很快变成中国必须马上认真面对的社会问题。

中国目前的社会保障体系只涵盖了城镇居民的退休保险，涵盖乡村人口的退休保险仍然非常有限。中国社保基金指出，根据现有的管理规模，中国的社会保障体系将在不久的将来面临严重的资金不足。[7]地方政府的社会保险体系也面临类似的，甚至更加严重的问题。[8]由于居民家庭对于退休之后财务状况的预测缺乏信心，就会导致家庭不敢消费或者不愿消费。因此，如何更好地改善和提升中国的社会保险制度，将会成为提振中国居民家庭的消费能力的一个重要手段。[9]

另外一个重要的安全垫系统是医疗保险体系。经过了将近10年的医保体制改革，国人仍然对中国目前的医疗体系有诸多不满。无论是医疗服务的质量、企业财务的可持续性，还是治疗方法的创新，中国和发达国家相比仍有很大的改善空间。新冠肺炎疫情的暴发和相关并发疾病的影响，让国人对于健康的关注进一步提升，这使得人们对医疗保险体系的压力进一步加大。随着人口寿命的增长、自然环境的恶化，以及老龄化的到来，越来越多的中国家庭将不得不为自己的医疗担忧。对未来医疗体系和医疗成本的担忧，导致很多家庭不敢消费或者不愿消费，从而限制了中国居民家庭消费潜力的增长。[10]

随着疫情结束后经济增长速度的逐步放缓和地方政府财政压力的逐渐增大，在全国一些地方出现了养老保险体系和医疗保险体系资金紧张，以及对于养老保险和医疗保险福利的修改，这让百姓的一些担忧变得更加显性和迫切，这对于消费信心的影响也更加直接和强烈。

从投资驱动到消费拉动的增长模式

由于外贸出口和国内消费都不能有效地在短期内推动中国经济的增长，中国政府只有依靠三驾马车中的最后一种选择——投资来拉动中国经济的增长速度。

和出口相比，投资对于中国经济增长发展的效果更直接，也不会引发国际上的不满和竞争。而且投资对于经济增长的推动优势在于，它主要是发生在国家和企业层面，因此不需要居民和家庭的配合与回应，因此可以更直接、更迅速地推动中国经济的发展。又由于中国政府对于资本形成和基础设施的投资在不同层面具有直接的决定权力和推动力，因此和另外两个经济增长的驱动力相比，投资是更容易由政府把控的经济增长的发动引擎。

当然，中国政府已经意识到投资拉动经济的局限性，及其可能对长期经济发展所带来的扭曲和负面影响。

首先是投资的收益率问题。自从中国在 2009 年全球金融危机之后实行了 4 万亿财政刺激政策，中国企业的投资收益率从金融危机之前的 20% 左右下降到不足 15%，而且下降的趋势在过去 10 年还在继续。[11] 很多人认为，中国逐渐降低的投资收益率是停滞不前的劳动生产率和不断扩大的投资规模所带来的自然结果。

和企业投资收益率相比，更让人失望的可能是中国国有企业的运营效率。虽然中国国有企业在运营效率和投资收益率上都远远低于私营企业与国际上的其他国有企业，但其规模却获得了高速发展。

在 2008 年之后推动中国高速发展的还有基础设施建设和房地产开发。在过去一段时间里，中国地方政府在修建新城、旧城改造、建设工业园区方面投入了大量资金，希望随着地方经济的发展可以推动地方房价上扬，通过在今后获得更高的土地出让收入来弥补自己的投资成本。

然而，2016 年开始实施的新一轮房地产调控政策打乱了很多地方政府的预期。虽然很多地区的房价目前还没有出现明显下降，但是地方政府的投资收益已经受到明显的负面影响。因为地方政府的很多基础设施和房地产项目本身的投资收益率相当低，因此必须通过房价上涨才可以持续。而中国房地产市场的整体不景气，使得地方政府不得不支付更高的融资成本，更多地依靠外来资金，特别是通过地方政府融资平台和信托产品来筹措急需的资金和支付更高的融资成本。

又由于基础设施投资的一个重要特点是资金的使用和回收在时间上明显不匹配，因此很多地方政府愿意以长期负债和长期财政稳健为代价，获得短期内的高速增长。一旦全国各地方政府都学会了这种利用长期借债来推动短期经济发展的增长模式，那么，在国内很长一段时间里存在的以 GDP 为官员主要考核目标的行政体系下，就会有越来越多的地方政府通过举债进行大规模、激进的基础设施建设和房地产投资，就此形成恶性循环。

大量借债推动发展的增长模式的一个直接后果就是，中国在不到 10 年的时间里出现了大量"鬼城"。内蒙古鄂尔多斯的康巴什新城在建成几年之后，虽然所有的房地产项目都已经售罄，但即使是在白天和工作日也见不到多少行人和商业活动。[12] 鄂尔多斯在 2011 年一年之内，房价几乎翻了一番；只不过在两年之后，翻了一番的房价又因为煤炭价格下降和当地自住需求不足下跌了 50%，回到 2010 年的房价水平。和鄂尔多斯的情况相类似的还有很多其他城市的新城和新区。[13] 特别是在 2021 年之后房地产行业出现持续下行的态势之后，之前十多年里，以房地产为代表的基础设施投资拉动经济发展模式的缺点和风险，才得以暴露得更加清晰。

随着投资收益率的下降，基础设施的投资项目融资成本却在上升。为了筹措到足够的资金进行新一轮的投资，很多地方政府和企业都不得不进行新一轮融资。又由于中国传统银行体系已经逐渐接近国际清算银行巴塞尔银行监管委员会《巴塞尔协议Ⅲ》要求所设的资本充足率的下限而不能再进行大规模放贷，开发商等处于产能过剩行业的企业和地方政府因此转向创新型融资方式与影子银行，以筹措更多它们所急需的资金。

即使在政府显性或者隐性的担保之下，这些融资项目的融资成本也很快达到让企业和政府担忧的水平。在很多领域，影子银行的融资成本可以达到传统银行借贷利率的 200% 甚至 300%。在房地产价格停滞不前的大环境下，投资于房地产及其相关领域的借款方很快就发现，高昂的融资成本根本难以覆盖融资压力，随时有可能引发明斯基债务研究框架里面所讨论的庞氏借款（借款人的还款能力完全依靠资产价格的持续上涨）和金融危机的爆发。[14]

由此可见，"鬼城"现象的实质是中国房地产行业产能过剩的冰山一角。如果中国居民不把房地产当作一种消费手段，而当作一种投机工具，那么全社会的资金都将涌入这一高度投机性的领域。房地产短期内令人难以拒绝的高收益率将导致其他行业放弃自己的主营业务，进入房地产和股市这样高度投机的领域。这种资金上的分流又会进一步加剧产能严重过剩领域的流动性不足的问题，对这些行业造成更大的冲击。

为何要如此之快

中国的经济究竟为什么要如此高速地发展？即使中国经济以每年7% 或者 7.5% 的速度增长，其增长速度在所有主要经济体里也是最快的，依然是美国、日本、德国这三个全球最大的经济体的两倍以上。

高速经济增长和让广大居民过上更幸福、更体面的生活，无疑是中国共产党给全国人民许下的诺言。发展才是硬道理。中国共产党正是通过给广大人民传递这样鼓舞人心的信息，成功地率领全国人民走上了民族复兴的富强之路。

与此同时，国家每年有数千万的应届大学毕业生，他们需要一个高速增长的经济环境来为他们提供就业和创业的机会。经济停滞和高失业率会让年青一代产生强烈不满，还可能会因此动摇社会的稳定。因此，中国政府有非常强烈的意愿来保证经济稳定增长。

一旦中央政府确定了经济增速的目标，地方政府的 GDP 锦标赛就开始了。根据新加坡国立大学的一项研究，如果一个地区的经济增速比全国平均水平高 0.3%，那么当地领导获得晋升的可能性就会提高 8%。[15] 地方政府领导当然非常了解地方经济增长对其仕途的重要性。而由于中国地方政府官员在任何一个岗位上的任职期限是有限的，一般不超过 10 年，而在过去一段时间里，地方政府的债务问题又一直没有被纳入地方政府官员的考评体系，因此，绝大多数地方政府官员都学会了通过大量借贷来提振短期经济增长的模式。房地产行业是 GDP 锦标赛的直接受益者。

这种保增长、促增长的心态在经济相对欠发达的时候，非常有助于激发劳动力的积极性和创造力。但是，当中国经历了过去二三十年的高速发展之后，中国政府对于这种 GDP 锦标赛的心态必须也必然给予重新正确对待。令人欣慰的是，在《刚性泡沫》出版之后，政府一系列对于官员考评体系的调整和对于官员违规举债行为终身追责政策的推出，之前很多扭曲的行为和引发的风险正在逐渐得到控制和化解。

随着中国房地产绝对价格逐渐超过很多收入水平比中国高很多的发达国家的房地产价格，中国的政策制定者开始意识到，房地产投资里很大一部分并非是所谓的刚性需求，而是投机或者投资性需求。但是由于房地产行业对中国地方经济增长的贡献度如此之大，政府将不得不在稳定房价和保障 GDP 增长之间进行痛苦的抉择。

中国政府可以在调控房地产市场的同时，保证中国经济相对稳定地增长。然而，随着房价的持续上涨和民众对于高企的房价的不满，房地产价格的走势变得不明朗了。相应地，中国的银行体系也面临非常大的改变和挑战。而受到房地产价格的影响，中国居民家庭在教育、工作、婚姻方面的决定也面临深层次的改变。

从这个意义上讲，中国经济增长速度放缓未必是一件坏事。只有通过放缓增速，中国的经济才能成功地实现增长模式的转型。只有当中国经济增速放缓的时候，中国的居民家庭才有可能对中国的资产升值速度和他们所进行的投资的回报率，进行现实和准确的估计。经济增速的放缓也可以帮助中国把更多精力放到经济增长的质量上。

根据政府相关规划，中国经济增长将更多地关注民生和给广大人民带来满足感的领域与方面。这是一个非常鼓舞人心的变化。与此同时，全社会对于环境保护、医疗、社会保险体系的关注，也会为中国经济带来新的增长点和更可持续的、更稳定的推动力。

在中国目前的经济增长速度和经济体量下，增长的可持续性很可能比经济增长的速度更为重要。目前关于中国经济发展的很多预测，都基于中国经济持续稳定发展这一重要基础。

纵观历史，没太多的国家能用计划经济增长速度的方式达到想要达到的目标，中国的邻国日本可能是其中不多的一个例外。虽然日本的经济规模和人口总量都明显地少于中国，但是在 20 世纪 80 年代晚期，日本曾经一度有超越美国经济体的趋势，成为全球关注的焦点。然而遗憾的是，日本没能够成功地解决经济发展模式转型和可持续性的问题。日本经济经历了"失去的二十年"并且被中国超过。中国在自身的经济发展规划和实施过程中，也应该对此引以为戒，对经济增长模式转型和经济增长可持续性给予更多的关注。这一点，在当前中国不断攀升的劳动力成本、不断下降的资本回报率、不断膨胀的债务水平和不断恶化的自然和工作环境的现实下，显得尤为重要。

归根结底，发展不是百米赛跑，而是马拉松。经济发展不应该只是一个简单的 GDP 数字，而应该是一个能被全社会各个阶层感受到和享受到的社会发展进程。在中国目前仍然能够保持相对较高的经济增长速度的前提下，中国政府应该对经济增长的质量和可持续性进行更多的思考。

中国经济在 2009—2016 年的高速甚至超高速增长，不但为今后增长带来了结构性的问题和挑战，也一定程度上限制了今后经济增长的速度和质量。正是基于这种现象，本书上一版做出了关于中国经济增长速度将逐步放缓的预判。这种放缓，一方面是长期经济增长规律的表现；另一方面，则是协调经济发展模式、预防系统性金融风险，以及化解刚性泡沫的需要。本书上一版出版后数年内的一系列政策和经济发展态势，其实和之前笔者的判断和政策建议不谋而合。

新时代高质量发展转型

十九届六中全会通过的《中共中央关于党的百年奋斗重大成就和历史经验的决议》强调，"必须实现创新成为第一动力、协调成为内生特点、绿色成为普遍形态、开放成为必由之路、共享成为根本目的的高质量发展，推动经济发展质量变革、效率变革、动力变革"。[16]

实现高质量发展是我国经济社会发展历史、实践和理论的统一，是开启全面建设社会主义现代化国家新征程、实现第二个百年奋斗目标的根本路径。和过去十几年乃至几十年狭义强调增长速度有所不同，高质量发展包含的内容和涵盖范围都比较广泛，除了像过去单一地追求经济增长的速度，高质量发展很可能更加关注整个中国经济长期增长的可持续性、包容性和普惠性，以及绿色环保、降低排放等经济增长和环境的协调与统一。

针对 2015 年股灾后中国经济面临的挑战，政策制定者实事求是地决定采用更加长期和可持续的视角与评价标准。对于中国这样一个达到中高收入水平的巨大经济体而言，后疫情时代中国经济发展的核心矛盾，很可能已不再是过去 40 年里高速或者超高速的发展模式，而是提升经济增长的质量和创建可持续性的高质量的经济增长模式。这很可能也就是为什么在 2020 年新冠肺炎疫情暴发之前的几年时间里，我国政府已经开启了一系列推动经济增长模式转型的政策，逐步引导经济增长朝着高质量、可持续的模式转型升级。这种高质量、可持续的发展模式的转型，一定程度上就是对于后金融危机时代我国高速、超高速经济增长模式的适时和必要的调整，也是对之前政策后遗症的客观面对和积极化解。

从2016年开始的宏观去杠杆和一系列系统性金融风险的防范，其实是为了化解之前政策所带来的潜在系统性金融风险，并且增强中国经济增长的韧性和可持续性。2016年提出的"房住不炒"和2018年推出的资管新规，旨在逐步化解中国经济中普遍存在的"刚性兑付"现象，通过逐步引导和端正市场预期，防范和化解资产泡沫和债务危机。

2020年提出的碳达峰和碳中和与之前提出的"绿水青山就是金山银山"、节能减排等观念一起，都是为了进一步协调中国经济增长和生态环境乃至全人类生存条件的关系。这些先进的提法，不但能够保证中国经济的可持续发展，而且彰显了中国作为大国的国际担当，并把中国的经济发展目标和全球的可持续发展目标紧密统一起来。

2021年提出的共同富裕理念，是一种更加强调包容性的发展观念。共同富裕强调能够让整个经济发展得以在全社会的各个主体、各个阶层之间得到分享，能够让更多的人参与和享受整个经济增长带来的福祉。这不但和我国经济发展的现阶段现实紧密相关，也对后金融危机时代全球出现的贫富差异加大、社会矛盾尖锐的普遍趋势做出了有力回应。

这些高质量发展思路的提出，进一步凸显了中国经济处在非常深刻的变革过程之中。中国经济从低收入向高收入的发展过程，从依赖外贸出口向逐渐依赖国内消费市场发展的过程，从简单的加工制造向更多的中国设计、中国品牌的产业升级转型过程，这些重大变化，对于中国经济、企业和政府政策提出了一系列新的挑战，同时，也为中国经济的长期健康、高质量、可持续发展孕育巨大的机会和指明潜在的发展方向。在这一转型升级的关键时期，中国经济增长的可持续性可能比中国经济增长速度更加重要。如何能够在经济发展过程中协调好改革和发展之间的关系，国内和国外之间的关系，国内的资本和劳动力之间的关系，资产泡沫和债务压力之间的关系，都是后疫情时代中国经济增长面临的关键问题。

经济刺激政策

2020 年新冠肺炎疫情暴发，对全国的经济活动和社会生活产生了严重冲击。之后两年新冠肺炎疫情反复和疫情防控措施升级，也对中国经济的平稳复苏带来不可避免的影响。无论是因为疫情和疫情防控对旅游、餐饮、娱乐等行业消费场景的影响，还是对国内产业链乃至全球产业链供给侧的冲击，还有对投资者和消费者预期，以及投资和消费信心的影响，都对短期的经济增长造成一定的压力。

但是，中国的经济在经过了 40 年的长远发展，取得了巨大的成绩。中国已经成为全球第二大经济体，人均 GDP 也已经超过了中等收入国家的水平，经济总体环境和对应的经济政策都发生了巨大和深远的变化。在目前中高收入水平的经济发展水平之上，中国经济的长期增长和发展，已经不再是单纯的 GDP 增速高低，还要兼顾经济发展的质量、韧性和可持续性。因此，这一次政府调控和刺激的政策，显现出了难能可贵的定力，既没有像很多发达经济体那样实施极端的非常规货币政策，也没有实施大水漫灌的财政货币刺激。这一轮经济刺激政策，没有像过去的刺激政策一味简单地刺激以"铁公基"为代表的基础设施建设，也没有重新把经济增长的压力转移到房地产行业。

相反，疫情期间的经济政策，比较好地把握了经济增长和高质量转型之间的平衡，将政策发力的重点，从外贸出口和基础设施建设，逐步转为居民消费。回顾过去几年的中国经济，消费增长放缓成为经济增长失速的一个重要原因。基于全球主要经济体经济发展的经验，当一个国家的人均GDP超过1万美元进入中高收入水平，消费增长对于经济增长的贡献往往会持续提升。中国经济在2020年新冠肺炎疫情暴发之前，也大体经历了类似增长动力的切换。

由于新冠肺炎疫情的暴发不但对于居民家庭的就业机会和薪资增长带来了高度的不确定性，而且对房地产价格和消费者的消费信心，也带来了重大的冲击，因此如何提振消费，成为后疫情时代中国经济健康反弹的重要问题。

自从2020疫情暴发以来，笔者一直主张"新民生"的刺激理念，即通过直接发钱、发消费券来达到改善居民的生活条件、促进居民消费的目的。为了支撑这种融资，政府可以突破3%的财政赤字红线，同时允许地方政府发债。当然，不同于2009年4万亿刺激政策，地方政府在债务发行过程中，一定要坚持市场化发行机制，打破在地方政府债务和地方政府融资平台债务领域所普遍存在且根深蒂固的刚性兑付问题。一旦出现财政压力，地方政府要对自己的财政负责，高一级的地方政府，包括中央政府不应该对省一级或者地区级的政府提供刚性兑付和担保。

从中长期来看，后疫情时代经济增长的主要矛盾集中在消费增长领域。保增长重在保消费，促增长也重在促消费。近期消费增长乏力的主要原因，除了新冠肺炎疫情对于消费场景和消费环境的影响，主要还是因为消费者对未来预期不明，消费信心和消费意愿下滑。即使是在居民家庭收入持续增长的大背景下，居民家庭的消费增长仍旧落后于收入增长。储蓄增长则超过收入增长，一定程度上印证了居民家庭防御性储蓄上升，而消费意愿下降的判断。因此，今后财政刺激的重点，要更加倾向于在长期投资于民生和社会安全，缓解"新三座大山"（医疗、教育、养老）和房地产业行业给居民消费意愿带来的压力与挤出效应。只有在逐渐夯实医疗、教育、就业和养老等公共基础，切实落实"房住不炒"和"居者有其屋"的住房保障的前提下，居民家庭的消费意愿和消费信心才能得以有效释放，居民家庭才会更愿意为未来消费，为未来投资。

第六章

产能过剩

过犹不及。

——《论语》

2008 年全球金融危机爆发之后，为了减缓中国经济下滑的速度，中国政府在 2009 年推出了 4 万亿的刺激政策。很多人猜测，跟随中央政府的政策，在 4 万亿的带动下，地方政府也实行了财政刺激政策，银行贷款随之扩张，最终形成了 20 万亿~30 万亿元规模的天量刺激。[1] 也就是说，中国的 4 万亿刺激政策最终带来的流动性的增加，和美联储的量化宽松（资产购置）政策的规模接近。

与美国不同，中国政府刺激政策所释放的流动性去向都局限于中国国内。如此大体量的资金直接导致了 2009 年之后的几年，中国出现严重的通货膨胀，以及资产价格的快速上涨。全国很多地方的房价在短短两三年的时间里上涨了一两倍。中国国内的房价上涨得如此之高，以至于有越来越多的中国人选择把国内的房子卖掉，转而在海外置业，并且全家移民。越来越多的中国公民开始移民到美国、加拿大、澳大利亚、新西兰等国以及几乎其他所有的全球主要城市。

4万亿刺激政策的另外一个直接后果，就是固定资产投资的快速上升。到2011年底，中国经济中的产能过剩问题，已经开始清晰显现。随着中国经济增长速度从2013年以来开始放缓，越来越多的人逐渐意识到，中国的产能过剩问题可能比之前所预计的还要严重。

如果考虑到在产能如此之高的情势下，仍然有许多的投资和在建项目正在进行，那么等到这些项目完成的时候，中国的产能过剩问题将变得更加严重。有些行业的产能过剩如此严重，以至于中国政府已经开始限制化工、钢铁、水泥、多晶硅、风能发电机、平板、玻璃、造船、电解铝和油粕压榨等行业的新投资与新贷款。[2]

如果看一下那些面临严重产能过剩的行业，人们就会意识到中国的产能过剩问题确实非常严重，而且发展非常迅速。中国2022年全国钢铁需求大约是9.52亿吨，而目前中国的钢铁产能大约是10.18亿吨，而且还有几个大规模的钢铁厂正在建设之中。[3]

即使是在前几年基础设施建设和房地产高速发展的过程中，中国的混凝土行业仍然面临着超过30%的产能过剩。随着2015年房地产调控政策的执行和基础设施建设的放缓，混凝土行业的产能过剩问题变得更加严重。

值得指出的是，中国目前的产能过剩问题并不局限在上文提到的那几个行业，而是一个广泛存在的全局性的经济问题。现在中国经济不光在传统行业和基础设施建设领域面临严重产能过剩问题，在很多新兴的而且曾经一度非常有希望的产业，也开始出现大量的产能过剩问题。

汽车行业，一度被国家发展改革委当作能够推动中国经济发展的下一个战略性发展行业，但在2015年左右，中国汽车行业面临严重的产能过剩。中国当年的汽车需求量大约是600万辆，但全国的产能大约有 1 000 万辆，产能过剩率超过 40%。据乘联会统计，截至 2021 年底，全国乘用车产能为 4 089 万辆，产能利用率为 52.47%。虽然高于 2020 年的 48.45%，但还是处于产能严重过剩区间。

当然，在关于产能的统计中，不排除有企业为了阻碍后进入厂商的投资而虚报产能的可能性。但是，这仍然不能解释为什么中国的产能过剩问题，在如此短的时间里变得如此严重。根据瑞银的一份基于统计分析、田野数据调查以及与企业高管的访谈研究报告，中国很多行业的产能利用率，从 2007 年开始出现迅速下滑。在 2007 年以前，中国工业的产能利用率还能接近 100% 充分利用水平，到 2012 年，很多行业的产能利用率已经下跌到 70%，也就是说产能过剩的问题达到 50% 左右。[4]

虽然伴随着"一带一路倡议"在全球的推动，以及在 2016 年"三去一降一补"政策和 2017 年"供给侧结构性改革"等政策纠偏的影响下，国内很多行业的产能过剩问题得到了一定的关注和改善，但是如此严重的产能过剩问题，势必会带来一连串严重的后果。首先，随着产能的迅速提升，某些行业的竞争日益恶化，行业企业盈利水平迅速下滑。

随着产能过剩和盈利能力下滑，投资者的投资收益和给这些企业提供贷款的银行的资产质量很快就受到了影响。经过全球金融危机之后连续 5 年超过 100% 的投资增长，太阳能光电板制造行业的贷款和投资给全国几乎所有的大中型银行带来了严重的风险敞口。由于很多产能过剩行业的企业现在面临严重亏损，越来越多的银行开始担心不能按期收回贷款的利息和本金。这种失败的投资会导致这些行业逐渐失去获得新一轮投资和资本的机会，从而无法完成未来的产业升级和技术更新。更让人担心的是，上一轮投资糟糕的业绩会使银行和投资者在投资于这个行业时会三思而后行，这会限制这些行业未来的可持续和健康发展。因此，虽然短期的疯狂投资和高速增长看起来非常有吸引力，但是它们也会带来难以处理的长期问题和严重后果。

问题如何发展到今天的地步

当然，产能过剩，在很多国家的经济发展过程中都曾经出现过。中国目前产能过剩的问题主要集中在产能过剩情况在极短的时间里出现了严重恶化。那么，是什么原因导致中国出现如此严重的产能过剩问题？我们从以下三个层面加以讨论。

政府层面

首先，产业政策对于中国严重的产能过剩负有直接责任。伴随着每一个五年计划的颁布，都会有一批重要支柱性产业的规划出台。2009年4万亿刺激政策确定之后，十大产业振兴计划推出，表明中央政府明确鼓励和引导地方政府在某几个特定的领域进行大量投资。政府的鼓励政策和与之相配套的宽松资金来源，使得某些新兴领域或者曾经被忽视的领域，在非常短的时间里集中涌入了大量的投资和项目。

为了推动地方经济快速增长，地方政府是不会错过中央政府提出的各种重要战略性行业的发展机会的。国家发展改革委所提出的一系列产业规划政策，也使地方政府某些新的投资项目立案更加容易通过，并且可以比较容易地获得银行贷款和财政资金支持。但问题在于，几乎所有的地方政府在同一时间里的想法都是一致的，而缺乏相应的协调和约束。这些地方政府竞相努力，想抓住这转瞬即逝的疯狂投资机会，在很短的时间内，会发现中国所有的地区都在对有限的几个领域进行疯狂的投资。这种做法，很快就会导致这几个产业出现严重的产能过剩问题，而这些行业中的企业，最终不得不通过激烈的价格竞争才能存活下来。

这和传统博弈论经典的囚徒困境有异曲同工之处。由于缺乏信息的沟通和相应的协调机制，原来非常有潜力的战略新兴产业，在集中投资的诱导下，很快变成了灾难性的产能过剩行业。2009 年 4 万亿刺激政策之后，国有银行为了响应中央政府对于推动经济发展的号召，又进行了一轮大规模的、非常激进的放贷活动。由于产业规划引导银行积极配合地方政府推动战略性新兴产业，这直接导致这些产业在政策和资金上得到倾斜性支持，得以高歌猛进地发展，最终也导致这些产业严重的产能过剩。

企业层面

企业自身也必须对目前严重的产能过剩问题负责任。

对经济刺激政策和扩张型商业周期的预期

在过去 20 年里，所有的企业管理者都预期中国的经济会不断地扩张，因此会不断激进地扩张自己的产能。即使在经济增长下滑的时候，中国政府也一次又一次地向全国和全世界证明了自己维持中国经济高速增长的决心与能力。在这一大环境下，企业都会尽可能地筹措资本，进行更大规模的投资，以期在今后的经济增长中获益。由于通过借贷和投资进行增长比通过提升企业的研发能力和管理水平的增长方式更加容易，因此很多中国企业逐渐形成通过扩张产能、进行激烈的价格战以获取竞争优势的竞争战略和思路。

对某些行业提供的鼓励政策和担保，更是进一步支持了这种激进冒险的投资行为。历史上很多次政府对于投资、投机行为及其文化的支持和鼓励，最终都引发了泡沫和金融危机。17世纪，荷兰郁金香泡沫破灭期间，郁金香的最终买主只要支付合同价格的3.5%，即可终止合同。正是因为政府向投机者提供担保的做法，才导致郁金香泡沫的形成和最终破灭。

400多年以后的2008年金融危机也与这种隐性担保有关。由于大量金融机构购买了可以帮助其对抗高风险的信用违约互换（CDS），因此，它们在进行与房地产及房地产有关的次级债相关金融工具投资的时候，变得更加不注重管理风险。这一对待风险态度的转变，最终导致美国房地产泡沫的崩盘。

由此可见，由政府或者市场以隐性或显性方式给投资者提供担保，会令投资者对于风险的判断产生扭曲，因此导致更加严重和激进的市场投机行为。

对资产升值的预期

中国货币供应量在过去20多年间从2000年的13.28万亿元，增长到2007年的40万亿元（在8年里增长了3倍），到2013年则达到120万亿元，2022年达到265万亿元，创造了全球金融市场货币供应量增长速度和规模的奇迹。

如果某个企业的经营者预计货币供应会越来越宽松，那么他一定能预测到，资产价格会在今后出现明显上涨。在对国家的通胀水平和资产价格上涨有这样一个理性预期之下，企业经营者合乎逻辑的做法就是尽可能多地借入大量债务，扩张自己的资产与产能，以期待在下一轮资产泡沫过程中获利。很多开始时被认为是非常激进的投资举措，随着资产泡沫的快速扩张，事后都被认为是非常明智的，甚至是非常神圣的。这种成功地押宝经济扩张和资产价格升值的经历，导致很多企业家越来越有信心进行尽可能多、尽可能快的固定资产投资和产能扩张。[5]

对于大而不倒和政府救助的预期

在很多领域非常狂热的投资和产能扩张的背后，有明显的大而不倒的心态和预期。在《财富》世界500强排名中，中国企业取得了举世瞩目的进步。2008年，中国有29家企业上榜，2010年这一数字上升到54家，2011年是61家，2012年是79家，2013年到了95家。到2014年，这一数字终于达到100家，并在2022年达到145家，超越美国成为拥有全球《财富》世界500强上榜公司最多的国家。

几乎所有中国上榜公司都是国有企业，而且很多中国公司都处在能源、运输、通信这样的垄断行业。国有企业规模增长之所以如此之快，背后的一个重要的原因是国有企业的整合。在过去10年国资委关于国有企业要做大做强的号召下，国有企业为了收购兼并其他企业，不被其他企业兼并，在短时间内对企业规模进行了大幅扩张。由于国有企业自身激进的规模扩张，加之国资委所主导的收购和兼并推动，中国企业的规模在过去几年取得了如此迅猛的发展，这也解释了为什么中国企业在《财富》世界500强上榜的数目增长如此之快。由此可见，政府对于企业的行政指导，会达到政府最初的政策目标，而且可能会导致很多事先意想不到的结果。

在国有企业规模逐渐扩大的同时，很多民营企业也在积极地扩张规模。除了刚才提到的对于经济周期和资产升值的预期，还有一个很重要的原因，就是民营企业也逐渐意识到，企业规模变大了，就更有可能获得政府的各种支持和救助。高调的公共形象和对当地财政的贡献，以及为当地劳动力提供就业机会，成为民营企业在地方政府面前讨价还价最有力的资本。随着企业规模的扩大，及企业在资本市场和全国知名度的提升，某些企业会逐渐成为一个地区的名片。一旦这些企业发生任何问题，当地政府就有较强的动机来维护和救助这些企业。

金融层面

最后值得指出的是，中国的金融机构对中国的产能过剩问题也负有不可推卸的责任。由于中国金融体系是以银行为主导的金融体系，因此如果能够获得信贷支持，那么企业可以迅速获得资金进行新的投资，从而发展壮大。由于银行贷款流程对于企业的规模和抵押品的价值都有比较严格的要求，而且偏向大型企业，因此一个企业获得银行贷款和能够接触到金融市场的能力，很大程度上取决于企业的规模。为了能够获得银行贷款和资金支持，又由于银行贷款是中国最廉价、体量最大的融资方式，因此一个企业能否获得银行贷款，成为决定其竞争能力的一个重要因素。这一动力机制的存在，也从客观上解释了即使是中国的民营企业，也有非常强的扩大企业规模和产能的动机。

随着中国金融改革的推动，随着利率市场化和民营银行等改革的进行，中国企业应当凭借自己的创新和管理能力，而不是自己的规模，去接触金融市场并获得市场融资。随着企业债券市场和上市公司收购兼并和退市制度的不断完善，中国的企业也会越来越多地意识到，企业规模的扩张并不总会带来好的结果，有的时候会带来更高的成本甚至是巨大的风险。

破产制度，退出的缺失

另外一个造成产能严重过剩的原因，是有效退出机制的缺乏，企业不能通过破产以去除过剩的产能。破产，在中国一直是个禁忌。我国 1986 年颁布《破产法》，其后的 30 年，中国每年的破产案件数量还不到欧洲某些中等国家破产法庭一年所处理的案件数量。[6、7] 破产是不光彩的，破产是失败的，破产应该尽可能避免，这是国内大部分官员、学者、商人都广泛接受的观点。

诚然，破产对于遭遇破产的企业和企业家来说，必定是痛苦的经历。但是，作为市场经济的一项重要创新，破产这一概念及其操作在西方经济过去两个多世纪的发展中发挥了重要作用。

破产，说到底，是一种保护，是对企业的保护，也是对创业的保护。过去没有破产的时候，欠债的人或是进了监狱，直到偿清债务才能出狱，或是逃债到他乡。试想一家企业因为还不上贷款，管理层就得锒铛入狱，企业怎么能稳定发展，谁还有心思创业？正是因为有了破产法，尤其是有了对债务人越来越友好的破产文化，越来越多的人才才会决定加入创业大军。[8]

破产是对资源的重新配置。企业因为各种各样的原因，经营不下去了，但其实还聚集了很多对社会有价值的资源。厂房设备可以拍卖给同行其他企业，有技能的员工可以去其他公司另谋高就，公司的商标和商誉仍能吸引其忠实客户，股东和债权人的资金在清偿债务后可以投入其他更有希望的项目，创业者或职业经理人也可以放下包袱，从头开始。企业破产固然不光彩，但苟延残喘、终日亏损地维持就更好吗？破产企业的员工下岗分流的确痛苦，但在半死不活的企业身上捆绑一生，也未必是他们价值的体现。

所以，维持经营不善的企业，是对社会资源的浪费。而破产，充其量是对资产和负债，在股权人、债权人、债务人及其他利益相关人之间的一次重新分配。当然，在厘清这些大的财务利益相关人的关系时，一定要关注几个原则。

首先，无论是清盘还是重组，都要严格依照法律程序和原则。各利益相关方只有在其合法权益得到充分保障的前提下，才有可能在破产法规定的框架里合理地协商和讨价还价，才能保证企业最有价值的资产能吸引出价最高的买主，为现有债权人和股东谋得最大权益。同时，在破产过程中一定要保证各方面利益相关人受到法律同样的保护。要避免公司高管或大股东通过对公司的实际控制，利用信息不对称，达到假破产、真逃债让其他利益相关方为自己的贪婪或经营失误买单的目的。

其次，在破产过程中要保障国家利益和保护弱势群体利益。在西方的破产法律里，债务人在清偿其他债务之前，首先必须保证支付其员工合理金额的遣散和安置费用，同时保证那些和企业有业务往来的企业，尤其是小企业的应收账款支付。同时，企业在清偿债权人和成功完成重组之前，也必须补缴其所欠的各种应缴税费。必须保障这些，才能防止企业为逃避债务和社会责任而破产。

最后，行政机关应尽力保障法律得以严格地遵守和实施，但应该避免直接干预破产谈判过程和结果。破产本身最有价值的一点，就是让市场决定哪些企业可以存活而其他的不行，哪些资产还有再利用的价值而其他的没有。如果地方政府基于维护自身利益或保障当地就业等短期利益，强制主导某些破产结果，有可能导致资源配置的进一步扭曲。结果可能是经历了一次破产的企业，很可能会再次陷入困境，需要经历又一次破产才能重组或解困。前一段时间，欧美各国对某些金融机构的救助，一定程度上就反映了政府在救助受困企业过程中的局限性。[9、10]

破产是重要的价格信号。只有允许破产，资本市场才有可能区分高风险和低风险企业，才有可能对高风险和低风险企业给予不同的信用评价、不同的贷款标准和不同的利息水平。只有允许破产，企业才会更关注自己经营决策中的风险。只有允许破产，公司股东和债权人才会受到激励对公司进行有效监督和治理。只有允许破产，才能淘汰那些不再适应经济发展的企业和商业模式，才有可能为新一轮经济增长和新商业模式的发展提供必需的资源。

所以，在中国经历了多年"不公正"的待遇之后，破产这一概念应该得到政界、商界和学界更多的关注与思考。破产制度，既可以帮助债务人进入新的人生阶段，找到新的创业机会，也避免了经济中大量"僵尸企业""被执行人"存在，既可以避免对社会和经济资源的扭曲和浪费，又可以避免对消费和创业这样有利于经济发展的活动的压制。

破产之于企业，有点像死亡之于人生，不同之处在于破产企业仍能不时上演凤凰涅槃。譬如苹果公司就在短短 10 多年的时间里，从濒临破产发展成全球市值最高的企业。由此可见，破产并非洪水猛兽，有时候也可能成为改变历史的催化剂。

套用一句曾经非常流行的乔布斯的名言，"死亡是生命最伟大的发明"。

应该如何刺激

中国所面临的产能过剩问题，对于中国政府来说并不是什么新的问题，只不过是过去 30 多年中国政府经济政策的集中反映。在过去的 30 多年里，由政府主导的投资和新兴产业扶植政策，曾经对改革之初的中国经济发展，起到了重大的推动作用，也有助于中国摆脱传统的计划经济进入新兴的市场经济。

随着不断地向市场注入新的流动性，以及隐性担保市场的投资收益率和投资安全，中国政府成功释放了中国居民强大的创业精神，并且通过恢复长期被扭曲的产品和要素价格，创造了巨大的生产力。随着进一步的改革深入，政府应该允许市场经济进入更多的经济领域，而不是持续通过财政政策、货币政策和信用扩张，给经济提供更多的流动性。在过去30多年里，中国的改革措施有助于降低整个市场的交易成本，提升经济的效率和竞争力。正是过去30多年成功的改革，造就了中国举世瞩目的经济增长奇迹。

中国经济在进一步改革过程中的一个重要的攻坚战和瓶颈，就是金融市场的改革。由于利率、汇率和风险对于每个国家的金融体系与国民经济的各个领域，都有着非常深远的影响，因此中国金融改革的步伐，到目前为止一直是非常慎重和稳健的。

与此同时，金融改革一定程度上也是由经济和金融环境里的内生因素所决定的。不进行深层次的金融改革，确实可以在短期回避金融改革有可能引发的风险和挑战。但同时必须看到，推迟这种风险的爆发，并不代表中国能够在长期完全回避这种风险的积聚和爆发。反之，有可能越是推迟金融改革的步伐，就越有可能令现有的矛盾变得更加尖锐，使得现有的风险逐渐积累，变得大到难以控制。因此，金融改革牵一发而动全身，宜早不宜迟。

中国之前在某些领域取得的成功经验表明，随着改革的推动，原来存在的某些资源配置缺乏效率或者扭曲的方面，会逐渐在改革过程中实现自我修正。换言之，随着中国经济规模的扩大和改革的深入，原来存在的一些问题和矛盾有可能在改革过程中变得不像过去那么尖锐，正所谓"船到桥头自然直"。然而，与这些领域不同，金融领域的问题牵涉到一个国家目前和今后的平衡，牵涉到目前收益和今后风险之间的平衡。这种平衡，很有可能非但不会随着时间的推移而化解，反而有可能因为激励机制的进一步扭曲，而导致风险的加剧和进一步放大。

国际金融理论明确指出，严格的资本管制将导致资金和资本在全球范围内的错配和扭曲，导致市场将无法最大限度地发挥其配置资源的作用。如果中国经济和金融体系中的风险不能得到正确的评价和补偿，那么将会导致风险在中国经济和金融体系内部逐渐积累，而不能得到相应分散和释放。因此，中国如果不能有效地进一步推动其金融体系改革，那么累积的风险将有可能在未来的某一天以危机的形式爆发，造成比目前更加难以处理的状况。

中国金融体系存在的一个严重问题就是在政府的担保之下，企业和个人投资者对投资没有一个合理预期。为了完成短期目标，中国政府可能采用大量的刺激政策、宽松的货币政策、积极的财政政策来维持经济增长。由此，在很长一段时间里所有市场参与者便以为中国政府在向他们传递一个一致的信号，那就是中国政府会采取一定手段保证经济增长达到一个可以接受的水平。从历史上来看，这一可以接受的水平就是年化经济增长率达到 8%（也就是说，每 9 年就可以实现经济规模的翻番）。

在这样的增长环境和政府引导下，可以想象一下地方政府、企业和金融机构，会对这样的信号做出什么样的反应。

如果全国都提出经济增长速度要达到 8%，那么地方政府的官员会清楚地意识到，他所管辖的地区经济增长速度必须超过 8% 才能增加自己晋升的机会。因此，地方政府肯定会非常高兴地利用宽松的流动性和积极的财政政策，来推动本地的投资和经济增长。这种做法最直接的后果，就是在特定时段唯 GDP 论英雄。在这种考评体系下，地方政府不但会使尽全力让经济发展达到最高速度，而且会不惜以牺牲今后增长速度和可持续性为代价，进一步把地方经济增长推到不切实际的超高速。

越是有危机出现，地方政府越是有合理的理由不惜一切代价以扩大投资为主要手段，推动本地经济的发展。战略性产业规划，给了这些积极寻求投资机会的地方政府绝佳的借口和机会，在已经出现产能过剩的领域进一步追加投资。

为了给这些投资筹措资金，地方政府或者通过土地出让收入，或者通过其他不同途径来融资和借款。为了增加自己土地出让的收入，政府有非常强的动机推动本地的土地价格和房地产市场价格。

这一做法直接导致中国各地的高房价。当土地出让收入本身还不足以满足地方政府的投资资金需求的时候，地方政府不得不借助地方政府融资平台，用这种创新型的融资方式和融资平台，筹措更多的资金。直到有一天，这些影子银行的融资成本变得如此之高，以至于有的地方政府已经无法通过影子银行的渠道来进一步融资。

更糟糕的是，在投资狂热的时期，地方政府相信一旦经济出现下滑，上级政府和中央政府一定会对自己进行救助。例如，在无锡尚德破产重组过程中，当地政府在无力挽救公司倒闭和破产时，曾经希望上级政府会对地方政府提出更多的支持和帮助，类似情况在江西赛维公司的破产过程中也曾发生过。2021—2022 年，很多房地产企业在面临债务违约时，也曾经认为，中央政府一定会为它们在省内进行的大规模冒险投资买单，就像 20 世纪 90 年代初和 2013—2014 年，海南省在房地产泡沫形成过程中，海南省政府希望中央政府会出手救助一样。在有中央政府或者上级政府提供显性或者隐性的鼓励和担保之下，中国经济的每一个参与者，都有很强的动力去冒更多的风险，而不是保持慎重的投资理念。那么下一个关键问题在于，这样无风险意识的投资狂潮，到底能持续多长时间？

从这个意义上，中国的产能过剩问题，其实只是每一个行业板块杠杆率过高的直接反映。各个行业的高杠杆最终传导到中国金融行业，导致全国负债水平和杠杆率的不断提升。产能过剩问题，归根结底还是中国天量的流动性、过度积极的投资和资产价格持续攀升的预期造成的。

正如本书上一版指出的，在2015年左右，产能过剩对于中国经济宏观负债率、系统性金融稳定、企业国际竞争力都产生了重大影响。伴随着决策层对于这一问题的日益重视，以"供给侧结构性改革"为代表的一系列政策，比较及时和有效地化解了当时困扰中国经济的严重产能过剩问题。当然，在解决这一重大问题的过程中，所引发的资本市场的大幅波动和房地产市场再一次逆势上涨，也给中国经济的高质量转型和系统性稳定带来了新的挑战与风险。

三去一降一补

为了化解中国经济当时所面对的产能过剩和债务高企的挑战，2015年底中央经济工作会议提出了"供给侧结构性改革"和"三去一降一补"；三去指的是去产能、去库存、去杠杆；一降指的是降成本；一补说的是补短板。2015年，由于国内国外各种原因，国内企业处于债务快速上升、利润快速下降的挑战期。导致企业面对挑战的一个重要原因，是当时国际能源和大宗商品价格低迷与国内众多行业产能过剩所导致的产品价格持续下跌。在2015年底，媒体曾一度曝出一吨钢铁或煤炭换一吨白菜的新闻。

由于原材料市场价格下跌严重，国内很多原料型大型国有企业不堪重负。以去产能领域的重点行业煤炭、钢铁、水泥为例，2015年，这些行业的央企年报90%出现了严重的亏损。为了扭转这一局面，"三去一降一补"中的去产能是通过行政命令手段，通过强制限制产能的方式，推高能源原材料的价格，并扭转市场对于价格持续低迷的预期。而和去产能大体同期进行的全国环保大检查，也间接配合去产能政策，达到在很多中上游行业，通过执行环境保护要求的方式，淘汰低端落后产能的目的。

在淘汰掉低端落后产能，保留高端、高效、清洁环保的产能的过程中，大量中小民营企业因为在资金和技术上的劣势，被逐渐淘汰出市场。与此同时，国有企业利用其体制机制上的优势，顺利度过了去产能的痛苦阶段，并且随后享受了产能下降、原材料价格大幅攀升后的红利。2016年，市场上原材料因为供求关系开始出现明显上涨。到2016年底，超过八成煤炭企业开始盈利。截至2017年底，钢铁、水泥、煤炭企业全部开始实现稳定盈利。时任国务院副总理刘鹤在2018年世界经济论坛发言表示："中国推进供给侧结构性改革，已经取得了阶段性成效。2016年以来，中国已减少钢铁产能超过1.15亿吨，取缔1.4亿吨地条钢产能，减少煤炭产能超过5亿吨。我们通过市场出清调整了供求关系，带动了部分领域的价格回升，全要素生产率增速在2016年出现了由降转升的拐点，这件事已经产生全球的正面外溢效应。这项工作，我们将继续坚定不移地做下去。"

行政化去产能

在短期取得去产能成果的同时，行政去产能也带来了一些难以避免的问题。由于补偿资金落地难，企业参与的积极性不高。另外，地方政府在压降产能的过程中有非常大的操作空间，压谁不压谁欠缺公平透明，这些政策因素也引发了一些新的问题。还有业内人士表示，2017年钢铁市场好转，如果不被强制去产能，企业的经营状况和盈利能力都会出现明显好转。反之，一些钢企因为去产能，产能规模急剧缩小，行业排位退步，引发银行抽贷，反而引发了对企业和行业的冲击。再者，由于行业周期将在2020—2025年进入装备集中淘汰更新期，钢铁行业产能用力过猛"急刹车"，有可能导致今后出现产能不足。而且搞"一刀切"式的去产能，不利于有选择性地去产能，不利于鼓励企业多生产、加工高科技含量的产品、高效率和高效益的产品，而压降各种没有科技含量和技术水平、投入产出效率极低、能耗过大的产品。

由此可见，过去几年中国经济在化解很多由政府刚性兑付所引发的产能过剩问题上，取得了重大成绩，也成功地化解了由此引发的潜在风险。正如在经济政策的其他领域一样，如果能够在实现政策目标的过程中，更好地运用市场化手段，用市场手段和价格信号对企业形成倒逼机制，很可能既能够压降产量、淘汰落后产能，又能够提升质量，增加先进技术，达到供给侧结构性改革最终促进中国经济高质量转型升级的目的。

第七章

"被担保"的国有企业

> 人们犯的最大的错误之一，就是以政策的目
> 的，而非真正的结果，来衡量政策的好坏。
>
> ——米尔顿·弗里德曼

2022 年 8 月，美国《财富》杂志发布了世界 500 强排行榜。这一年，145 家中国企业上榜，排名全球第一。[1]

中国企业规模增长之快，究其原因，可能有以下几点。

首先，宏观经济的决定性因素。在中国经济过去 30 年高速发展的大趋势下，中国消费者对高科技、高附加值产品的需求推动中国企业持续升级其产能。中国企业的规模也随着消费者的购买力相应地高速发展。

其次，国家政策的导向。国资委对中央直属国资企业的指导方向是减少国企数量，扩大国企规模。在国有企业做大做强的发展方针确定后，国有企业的数量按照既定的方针逐渐减少。与此同时，国有企业改革采用的主要是国企之间的合并和改组，而非面对社会剥离非相

关和非核心资产，吸收民间资本进入。结果是大型国有企业在改革过程中，资产规模越来越大，业务条线越来越多，资本市场却越来越不认可。[2] 随着中国逐渐进入中等收入国家之列，经济和企业增长的来源应该更多地依赖企业质量和盈利能力的提高，而非早先相对简单的资产规模和投资规模的扩大。

2012 年世界银行对中国经济可持续发展做出的报告《2030 年的中国》也特别指出，改革国有企业经营模式，提升国有企业盈利能力和削减国有企业规模，对中国经济的进一步改革具有重大意义。另一方面，有观察家指出，西方国家的企业规模在过去 10 多年并没有出现特别大的增长。反而有些规模庞大的企业经历了重组、剥离、拆分等资本运作后，其规模比以前小了。

在这种反差的背后，一定程度上反映了管理学界也开始反思先前关于企业规模的思考。20 世纪六七十年代，随着西方经济从战后的高速发展进入经济结构调整，很多管理学专家和公司高管都把扩大公司规模、推动企业纵向或是横向一体化作为提升企业竞争力的一个主要路径。与此相对应的是在 20 世纪七八十年代，出现了众多一体化兼并的案例。经过一系列兼并和收购活动，一些历史上规模最庞大的企业和企业集团诞生了。当今《财富》世界 500 强排名靠前的许多企业，都是通过一系列的兼并和收购活动，在相对短的时间达到目前的庞大规模的。与此同时，综观国际上市场发达国家和地区，如美国、欧洲、日本，在过去 30 多年都经历了大型多元化企业集团逐步向业务集中度高的专业化企业转型的进程。撇开技术进步和产业结构变化的背景，很多企业的管理层和股东都把释放公司核心价值和提升公司股价作为公司专业化变革的主要考虑因素。

非但在国际市场，中国 A 股市场也表现出对专业化企业的青睐和对多元化企业的不解。根据笔者研究，如果把沪深300成分股企业按照业务板块的数量分类，那些主营业务只有一项的企业，比主营业务超过五项的企业，无论是在总资产收益率和净资产收益率方面，还是在资本回报率和股东回报率方面，都有很大的优势。[3]

投资者和资本市场为什么不喜欢大而全的多元化企业呢？首先，是因为投资者相信，在大多数情况下，资本市场能比普通企业更好地发现信息和决定最优的资本配置。大公司内部的资本市场，则有可能受到公司战略和主管人员的短期目标和主观判断的影响。其次，基于公司治理的考虑，投资者担心管理层把公司创造出的自由现金流浪费到不能最大化股东权益的"帝国建设"之中。公司的规模越大，可供管理层浪费的资源就越多，公司的投资和运营效率就可能越让人担忧。最后，一体化集团强制投资者必须按照集团公司的架构在各个不同板块之间进行多元化风险分散。如果每个板块单独上市，那么投资者在配置资产时将会有大得多的灵活性。

国内有一种看法，认为吸收社会资本进行国有企业的重组改革和国有企业非核心资产的剥离，会导致国有企业控制权丧失和国有资产流失。其实不然。国有企业完全可以在保持控制权的前提下进行各板块财务绩效的分别考评。在公开透明的板块运营和财务信息的前提下，企业内部才能更好地评价各个板块对公司总体利润的贡献度，投资者才能充分了解企业各板块的优势和价值，并给予公司公正的估值。

只要在资产的剥离、拆分和重组过程中，交易能够以基于市场决定的公允价格达成，那么这类交易非但不会导致国有资产的流失和缩水，反而会因在重组过程中提升了公司核心价值、吸收了社会公众资本，而帮助国有企业在保障效率的前提下扩展规模，真正做到国有企业的做大做多、做强做优。[4]

《财富》世界 500 强的挤出效应

更让人担心的是在越来越多的国有企业上榜《财富》世界 500 强的喜讯下，存在另外一个当前政策没有给予足够关注，经常被大家忽略的问题，就是经济学里面经常谈到的"挤出效应"。

"挤出效应"最初是经济学家对于凯恩斯学派利用政府消费和政府刺激来推动经济发展的主张提出的质疑。很多经济学家指出，政府通过政府消费和投资刺激经济，固然可以创造一种新的需求，在短期推动经济发展，但是，在政府提供大量的投资和刺激之后，会对原来存在于经济中的私营经济或市场经济中原有的需求和投资的力量，形成一种压抑和挤出效应。有可能因为政府进行了大量投资，导致社会利率水平上升，导致很多原本可以进行投资和生产的民营企业，因为成本上升而决定不再进行投资和生产。还有一个可能，就是随着政府投资企业提供越来越多的产品，导致私营企业的发展空间受到挤压。

"挤出效应"问题的核心，在于无论对于一个企业的发展，还是一种经济增长模式，如何给出一个全面和正确的评价，我们不能只看到一个经济里面某一部分的高速发展，就盲目地认为这一定是一件好事。因为很可能从总体经济的角度看，随着经济中某一部类的发展，可能会替代经济中其他部类的发展，甚至有可能阻碍或者破坏经济发展的可持续性。

国有企业的发展壮大，也有可能给中小企业带来挤出效应。在现实中很直观的一点，就是在过去几年大家常说的"国进民退"的现象。在这个过程中，很多国有企业利用资源、资金、监管上的优势，占据了大量本来属于私营企业或中小企业的市场份额。

不但如此，很多大型国有企业利用它们在行业里的垄断地位和优势，利用它们在垄断领域里获得的高额利润，补贴它们进入那些原本竞争比较充分的领域。久而久之，一些政府投资和刺激行为，就会逐渐把那些原本竞争比较充分的市场和领域演变为垄断性领域，从而进一步挤占民营企业和中小企业的发展空间。

在这个过程当中，全社会可能不得不付出代价。首先，垄断领域的消费者往往要支出更高的价格。随着挤出效应的发生，原来竞争性的行业逐渐演变为垄断性行业，企业和行业的效率也随之下降。更让人担忧的是，随着垄断行业里的企业变得越来越强大，它们开始进入那些原来由民营企业主导的竞争性市场。由于垄断企业可以利用其在垄断行业的优势，比如它们在人才、原材料和经营场地方面的优势，它们会给那些没有垄断资源和优势的企业的发展和存活带来巨大挑战。

2013 年年中的"钱荒"，2011 年前后以温州企业为代表的中小企业融资难，以及房地产调控过程中银行贷款的流向，都是挤出效应在金融领域的表现。大型国有企业的规模越来越大，银行也越发觉得给这些企业的贷款安全。所以，银行更加愿意给这种大型企业贷款，而不愿意给中小企业贷款，这进一步加剧了中小企业融资难。所以从这个角度来讲，大企业发展的挤出效应并不仅仅局限在价格信号和需求环节，而是很可能在各个不同领域潜移默化地产生影响。

总而言之，我们看到大型企业尤其是大型国有企业的发展壮大不可避免地会有两个不同方面的后果。大企业的发展自身当然是一件利国利民的好事，但是与此同时，我们必须认识到，这些大型企业的规模扩张和实力的增强，会对民营企业和中小企业的发展不可避免地形成压制，甚至是产生阻碍。究竟是应该鼓励大型企业还是应该鼓励中小企业的发展，很大程度上取决于一国经济发展所处的阶段和下一时期经济发展所选择的模式。

这里必须要提出的一点是，随着中国逐渐进入中高收入水平的经济发展阶段，大企业和中小企业对经济发展的贡献也随之改变。根据发达国家的经验，随着 GDP 和人均收入的提高，中小企业无论是对于持续推动一个国家的经济发展，还是对于一个国家的就业增长，抑或对于商业模式创新和技术进步的推进，都可以起到大型企业所不能起到的贡献和作用。

同时，由于中小企业规模相对比较小，所以它们与所处的社区及当地联系更加紧密。因此，中小企业往往对自己所在的社区、所处的社会回馈度更高，其员工对自己工作的满意度及对企业的忠诚度也更高。

正因为如此，中小企业的发展对于小额贷款，对于社区金融，对于互联网金融模式的创新和探索，会给予更大的支持和帮助。而这种本地化的经济发展，可以促进很多地区可持续性的就业和产业升级。从这个意义上说，中小企业的发展可能是推动中国下一步城镇化发展的一股重要动力。因为中国下一阶段城镇化的重心，不是建造更多的城市或者更大的城市，而是要把原来的乡村和城镇变得更像城市。让原来的乡村和城镇人口在不背井离乡的前提下，也能享受到现代城市的生活水准。国际和国内经验表明，中小企业在这一过程中可能会起到举足轻重的作用。

中国现在有越来越多的企业变得更大更强，跻身于《财富》世界 500 强榜单，这无疑是一件大好事。但片面地追求规模，追求排名，追求业绩，不论对企业本身，还是对整个社会，或是对那些受到企业扩张影响的其他企业，都会产生始料不及的后果。所以，我们在关注上榜企业的同时，一定要保持经济理论中的"均衡"理念，综合全面地考虑任何一个事件对经济和社会整体带来的影响与冲击。

最后，根据经济学的研究，政府行为的挤出效应在不同历史时期和不同经济环境下的影响是非常不同的。研究表明，政府消费和刺激在经济远远不能达到完全产能水平的时候，可以进一步提升整体经济，产生较正面的影响。但是如果经济已经处于接近社会产能的水平，在接近产能极限的情况下再利用政府刺激，无论是通过财政还是货币政策，都很难产生更多的社会总需求。结果往往只是把原来由民营企业或者市场经济所提供的产品和服务，以另外一种方式，通过政府的投资和刺激手段提供和替换。这样的政府行为对于经济发展的正面贡献就会非常有限。再者，基于国有企业效率低于民营企业这一国际经验，在解决社会产能水平的前提下，进一步大力推动政府消费和国有企业发展，有可能对整个社会的经济福利产生负面的冲击。

反观中国 2015 年的经济状况，几乎在各个主要的产业都出现了明显的产能过剩。也就是说，按照合理的评判标准，我们的经济在当时很可能已经运行在合理社会产能水平左右，甚至已经超过正常的社会产能水平。在这一前提下，进一步的经济刺激政策或是推动国有企业的规模发展，会不可避免地导致两个后果：一是对提升社会总需求，特别是有效需求，并没有特别大的帮助；二是随着政府刺激政策的推出，政府消费和国有企业的高速增长势必会抑制整个经济体中民营企业和中小企业的发展。这一点对于中国下一步经济增长模式的转型、下一步的城镇化，以及继续充分发挥市场力量的经济金融体系改革，都可能带来不利影响。

这也正是为什么我们在为中国有越来越多的企业入选《财富》世界 500 强的排名欢欣鼓舞的同时，也应该对大企业发展背后的代价和影响，给予同样清醒的思考。

非财务考虑

如果单纯从财务考虑，只有当一笔投资的预期收益率超过融资成本的时候，企业才会决定进行投资。但是有很多研究指出，许多国有企业的投资收益率明显低于它们的融资成本，甚至低于低廉的银行贷款利率。[5]

2008 年以后，在 A 股上市的中国国有企业上市公司的资本回报率就一直持续下降。与此同时，国有企业的杠杆率在持续上升。2009 年，国有企业的利润在其融资成本高达 27% 的时候，仍然可以覆盖企业的财务成本。但到了 2012 年，由于国有企业债务规模的扩张和融资成本的增加，当企业的融资成本上升到 11.5% 的时候，国有企业当年的经营利润就不足以覆盖其财务成本。在这一点上，国企和私营企业的表现形成明显反差，即使在 2012 年，民营企业的利润也能够承担高达 35% 的融资成本，而没有出现亏损。[6]

当然，随着过去数年经济政策的调整和疫情的冲击，民营企业的盈利也出现了逐步下降的趋势。2022 年，全国规模以上工业企业实现利润总额 84 038.5 亿元，比 2021 年下降 4.0%（按可比口径计算）。

2022 年，规模以上工业企业中，国有控股企业实现利润总额 23 792.3 亿元，比 2021 年增长 3.0%；股份制企业实现利润总额 61 610.9 亿元，下降 2.7%；外商及港澳台商投资企业实现利润总额 20 039.6 亿元，下降 9.5%；私营企业实现利润总额 26 638.4 亿元，下降 7.2%。

那么国有企业为什么要进行一些明显不会形成利润的投资？在上一轮国有企业的兼并收购和整合过程中，几乎所有的国有企业都希望尽可能地扩大规模，收购企业，避免被别的企业收购。随着国有企业投资规模和资产规模的扩张，投资收益率也自然而然地降低了。

同时，与民营企业不同，国有企业兼有企业职能和政府的部分职能。在过去几年里，各个国有企业严格遵照国资委提出的国有企业做大做强的方针进行兼并和扩张。很多国有企业也相信，国有商业银行作为金融行业的国有企业，一定会给国有企业发放贷款，并且在国有企业面临财务困境的时候出手援助。因为无论是国有企业还是国有银行，都是以中国政府提供的隐性担保为前提而存在的，因此即使企业真的面临债务危机，最终的债务承担者也将是中国政府，而非企业本身。

当然，国有企业债务和它们的政府职能也有很直接的联系。因为国有企业的一部分债务，其实是用来帮助地方政府实现经济发展的。越来越多的地方政府官员意识到地方经济发展是他们业绩考评中最重要的因素。越来越多的地方政府发现，通过短期借款拉动投资是推动当地经济发展最简单、最迅速的方法。只要地方政府可以提供足够的激励和足够的隐性担保，很多国有企业都非常愿意借入大量的债务，投到那些虽然回报率很低，但是可以让地方政府高兴的项目上。

其实不只是地方政府，中央政府有时也会为追求高经济增长速度的目标给国有企业布置任务。在过去 30 多年里，每当中国经济增长速度出现下滑的时候，中国政府就会实施逆周期的货币和财政政策来刺激与拉动经济。每到这些时候，国有企业和国有商业银行就会成为中央政府刺激与拉动经济最重要的手段及渠道。

就像 2008 年全球金融危机中，几乎全球政府都增加了公共部门的杠杆用于挽救私营部门的金融机构那样，中国政府在金融危机过程中也出台了大量的刺激政策。但是即使在 4 万亿刺激政策出台之后，中国公共部门的杠杆率也没有出现明显上升。中国政府是怎么做到这一点的呢？有专家猜测，这很可能就是通过地方政府融资平台和地方政府所属的国有企业增加杠杆来实现的。这也是中国国有企业的杠杆率在 2009 年的 4 万亿刺激政策之后，出现如此大规模上升的原因。

政府担保

比国有企业日益膨胀的债务更加令人担心的是债务问题的核心——预算软约束问题。一方面，国有企业作为企业有盈利的硬诉求；另一方面，国有企业也帮助政府承担大量的社会责任，如基础设施投资、社会福利、就业、医疗，甚至是社会福利保障。因此，国有企业和不同的政府部门有着非常紧密的联系。

国有企业，特别是央企，可以非常容易地从银行获得贷款。也就是说，不同部门的政府，可以通过银行帮助国有企业缓解其债务压力和降低其融资成本。而国有企业一旦出现严重的问题，政府会毫无例外和毫无悬念地介入，利用政府财政和信用来挽救并帮助受困的国有企业。

一个明显的案例就是地方政府融资平台。由于地方政府不能直接融资，因此地方政府设立地方政府融资平台帮助政府为基础设施建设和早期房地产开发筹措资金。地方政府融资平台之所以可以存在，就是因为有政府和政府今后的财政收入支持。根据本章之前引用的中国人民银行的统计报道，国有企业债务在整个中国企业债务总量的比例，可能高达 90%。即使是在经历了一系列压降工作之后，国有企业债务在中国企业债务总量中所占的比例也大大高于 50%。而其中很大一部分债务是用于支撑地方政府的债务和基础设施投资的。在透明性更强的公司债市场里，地方政府融资平台债务占整个公开交易的公司债市场规模的 20%，而几乎所有的地方政府融资平台的债务，都是为了支撑地方政府的行政职责和支持发展地方经济的需要。[7]

那么下一个自然的问题就是，如此高负债率的国有企业和地方政府融资平台，在完全的市场经济里面可以存活吗？答案是可以的，但是必须得到政府的担保和支持。而作为对政府担保和支持的回报，国有企业也要帮助政府分担众多的社会责任，或承担为政府提供相关资源的重任。

首先，政府会说服或者引导银行给国有企业贷款。由于中国金融体系金融压抑的普遍存在，与很多其他发展中国家一样，一旦某企业可以获得银行贷款，那这个企业一定可以顺利地发展。由于可以获得国有银行慷慨和廉价的贷款支持，国有企业可以轻松地利用它们获得的资金，在资金紧张的影子银行领域再把资金放贷出去，并由此获得高额的投资收益。很多国有企业更是渐渐专职扮演起了资金掮客的角色，把从银行廉价获得的资金，以更高的利率贷给那些迫切需要资金的中小企业，这一交易的利差有时高达 10% 左右，远远高过国有企业主营业务的利润率。

由于国有企业非常自信，无论自己的经营状况和财务状况怎样，银行都会给自己提供充沛和廉价的资金，所以国企乐于获得尽可能多的资金来帮助地方政府实现经济增长的目标。由于地方政府显性或隐性担保的存在，银行也更愿意把资金贷给这些愿意为地方政府服务的国有企业。这种政商共生的独特国有企业运营方式，决定了国有企业的很多行为不能简单地用市场规律来解释。

国有企业真正面临财务困境的时候，也是政府隐性担保的价值得以体现的时候。有时，政府会把它所提供的隐性担保转换成显性担保，直接用政府的财政收入帮助企业偿还债务。[8] 有时，政府会通过政府采购的方式，为企业提供非常宝贵的订单支持，以助推企业的利润增长。还有时，地方政府可以通过减税，或者财政补贴的形式，直接从财务上帮助企业实现盈利和美化资产负债表。总而言之，只要有了政府的担保，国有企业就根本不需要担心自己的资金来源和资金成本。有时，国有企业甚至会通过撮合与自己有业务联系的企业跟银行之间的业务，从中获取相应的费用。由于有政府隐性担保的存在，这些中间业务，看上去是一种好得难以置信的安排，既给银行带来了新业务，又帮助需要借款的第三方企业获得资金，还给国有企业本身带来了丰厚的利润，因此一度成为国有企业最为关注的发展领域。

在极度宽松的货币政策和通货膨胀的大环境下，中国的真实利率接近零，甚至为负，国有企业进行了一轮又一轮的投资和资产购买，进一步推动了资产价格的上涨和泡沫化，这一原因再加上其他几种原因，导致严重的产能过剩问题。[9、10]

与此同时，所有的政府担保和软约束都可以使中国公司债务问题得到控制或至少是拖延。尤其因为中国的金融部门大体仍然是国有企业，而且中国居民家庭和政府部门的储蓄率也相对比较高，因此现在对国有企业的债务问题进行解决和改革，仍然有一定的操纵空间和时间。

无论是政府担保还是预算软约束，好处和风险都在于公共部门和私有部门在风险上面的分担与风险在两者之间的转移。历史上曾经有很多成功的公私合营、混合所有制的案例，但是这种成功也可能带来国有企业更进一步的风险增加和导致中国经济未来更大的危机与风险。因此，也不能排除在整个混合所有制改革的过程中，风险从私有部门转移到公有部门。由于中国国有企业和政府之间的界限比较模糊，因此也很难界定国有企业的借款上限和中国政府的债务上限究竟在什么地方。所以，对于国有企业债务进行分析的核心，在于政府最终是不是有足够的资源来处理这些债务。第八章将对这个问题进行更深入的讨论。

其他形式的担保和支持

政府对于国有企业财务上的担保，可能是中国政府给国有企业提供的多种担保中最明显也最重要的一种。但其实政府还通过其他方式向国有企业提供不同的担保和支持。

在2014年《财富》世界500强上榜的100个中国企业里，有16家处于财务亏损状况，所有这16家中国企业都是国有企业。和这一情况形成鲜明对比的是，美国128家上榜企业，只有4家亏损。[11]

另外，中国企业家协会的问卷调查也发现类似的趋势。中国最大的500家企业里，43家在2014财年出现亏损，这43家企业里，有42家是国有企业。这种对比再一次表明，中国企业的高负债率和亏损情况，不是某个企业的个例，而是一个普遍现象。

2022年中国145家企业跻身《财富》世界500强榜单，名列全球第一。全球范围内，有24家上榜《财富》世界500强的企业亏损，其中有9家中国企业。随着中国越来越多的企业跻身《财富》世界500强榜单，在扩大规模的同时，提升国有企业的盈利能力，应该成为国有企业下一阶段发展的更重要的目标和考评标准。

与其他国家的国有企业不同，中国国有企业不但由国家持有大部分股份，而且还和政府有千丝万缕的联系。首先，很多国有企业的核心竞争力来自政府的支持和垄断领域的准入权。中国最大的一些央企，如中国石油、中国石化、国家电网、中国移动等，都存在于国家严格监管的领域。中国最大的商业银行都是国有银行，因为金融领域也是一个需要准入审批的领域。一旦没有政府准入上的支持，那么很难讲国有企业是不是能够比民营企业更有竞争力，是不是有能力创造出它们目前创造的大量利润。

其次，地方政府也采取不同的方式，对地方国有企业提供支持和担保。在地方企业开发房地产成功之后，地方政府往往都是最先搬进新开发的商业区以继续推动当地的经济发展。

在钢铁、风能、太阳能、建筑这些于 2014 年前后出现严重产能过剩的领域，很多地方政府通过政府直接采购的方式，对地方的国有企业提供支持，并且持续加大对于新能源、大数据、人工智能等领域的投资和扶持，让人担心当年在传统行业出现的严重产能过剩现象，会不会在这些新兴领域重现。还有很多地方政府通过减免企业地方税收，或者向企业提供税收返还和财务补贴的方式，帮助地方国企改善业绩，并最终上市。有些情况下，财政补贴对于国有企业利润的贡献度甚至达到企业利润水平的 50% 以上。[12]

再次，除了经济和财务上的支持，国有企业还享受明确的社会形象和法律上的优势，比如很多重点项目的投资，以及涉及国家安全的投资，只有国有企业才被允许竞标和参与。由于在很多高度垄断的行业只有国有企业被允许进入，因此为了进入某些领域，私营企业不得不和国有企业组成合资企业，以获得市场进入，或者回避市场中的隐形天花板。

当然，地方政府有时候也会寻求国有企业的支持和帮助。由于国有企业相对封闭，决策相对不透明，因此存在很多政府和国有企业之间的关联交易，其中不乏利益输送的情形。在过去几年发生的国有企业收购和兼并浪潮中，有的案例对于外界来说很难评价，国有企业很多商业活动的成本和收益也很难评价，一定程度上是因为国有企业和政府之间的关系难以明确界定。

最后，很多国企的领导本身也是官员，属于公务员行列，今后有可能再转回政府工作，因此国企领导和政府官员之间的界限其实是非常模糊的。由于今后转回政府工作可能性的存在，许多国有企业的领导会认为，自己工作的目标并不一定是所管理企业的利润最大化。另外，由于很多国企的高管自己是官员，关注自己的仕途，因此很多地方国企在领导的偏好驱使下，在商业活动中也会不自觉地偏向国有企业。

如何改革

即使是在中国目前负债率高度上涨的大环境下，并不是所有的专家都认为中国的债务问题已经严重到无法控制的地步。2014 年中国人民银行的官方统计表明，中国的国家负债率达到 183%。2022 年疫情之后，国家负债率达到 280% 左右 [13]，但相比日本、澳大利亚等发达经济体，中国的国家负债率并不是世界最高的。另外，由于中国对很多国家，尤其对美国是净投资方和贷款方，因此中国的国家信用和外汇储备，也有助于中国政府更好地处理国内的债务问题。[14] 但是随着中国经济增速的放缓和房地产市场的冷却，地方政府纷纷发现自己不再有过去那么丰富的资源可以支持面临困难的地方国有企业。房地产行业和地方政府融资平台这两个传统意义上给国有企业带来丰厚收益并给地方政府带来资金的领域，现在反过来成为国有企业最需要面对和解决的两个挑战与难题。[15]

因此，中国政府也致力于推进深层次的国有企业改革，以提升国有企业的竞争力，推动下一轮经济增长模式的顺利转型。那么如何更有效地改革国有企业，成为中国经济改革下一阶段转型非常重要的一个问题。[16]

去杠杆

为了化解逐渐膨胀的债务问题，企业必须要削减其债务规模。有专家认为，一个迅速去杠杆的过程，对于国有企业的改革非常不利。国有企业债务的问题，发展到现在并非一日之寒，一旦突然要求国有企业削减债务，可能会导致很多适应了宽松资金环境的企业的现金流突然出现严重问题。

由于中央决定不会再进行如 2009 年那样大水漫灌似的刺激政策，很多国有企业不得不在相对比较中性的货币政策及经济增速放缓的环境下，调整自己的经营能力和竞争实力。随着利率市场化的进一步深入，很多企业特别是国有企业，必须要逐渐面对更加严峻的融资环境和更高的融资成本。

利率市场化改革

由于廉价银行信贷是政府向国有企业提供隐性担保中最重要的一个部分，中国人民银行加紧推动的利率市场化改革，对国有企业的进一步深化改革提供了非常强大的动机刺激。而一旦国有企业真正开始面临民营企业所面对的融资难和融资贵的问题，那么国有企业所进行的很多低效率和低回报的投资项目，就不再会被采纳。这不但会帮助国有企业进行更加安全和有效的投资，也会帮助逐渐降低高速增长的中国国有企业的杠杆率。

由此看来，利率市场化改革，将会为中国民营企业和国有企业公平竞争创造一个公平的环境。一旦两种企业开始面临类似的融资环境，那么无论是国企还是民企，都会在这一过程中发挥自己的竞争优势，提升自己的竞争力，同时更好地定位于服务自己的目标客户。这对于中国经济的运行效率和消费者福利的提升，无疑都是一件好事。

信息披露和考评机制

和解除管制紧密相连的，是国有企业需要对它们的运营效率和财务表现提供更多的信息披露。国资委对国有企业的考评，主要关注其规模，而非其运行效率、盈利水平和盈利能力。这种考评机制，对于国有企业盲目扩大企业规模而不关注其运行效率和财务稳定性负有直接责任。更加透明的信息披露和更加合理的考评机制，将会有助于堵住地方政府和国企经营管理上的漏洞，防止国有企业接受地方政府提供的隐性担保，并借此进一步借入更大规模的债务。[17]

另一个值得改善的领域是公司治理。由于很多上市国有企业都是大型国有企业集团的子公司，因此这些企业都频繁地和这些国有企业集团及其子公司进行关联交易。上市公司的母公司有时也会在上市公司需要帮助，或者面临财务困境的时候，向其提供必要和及时的帮助。这一做法使外界更难估计国有企业的真正债务规模和它们真实的运行效率。外界也因此很难判断，政府对国有企业提供的隐性担保究竟是有助于国有企业的发展，还是不利于国有企业的发展。

随着信息披露和公司治理的提升，国有企业的债务规模和增长速度能够变得更加透明，也可以有更强的动机来管理它们的债务。

法制改革

由于国有企业和中央政府、地方政府之间千丝万缕的联系，改革很大程度上取决于如何更好地厘清市场和政府的关系。因此，必须进行更加深层次的法制改革，以明确政府、国有企业和市场各自的界限究竟在哪里，社会大众如何分享国有企业经营的成绩和利润，全民所有的自然资源和垄断资源如何能够在国有企业和社会其他部门之间分配。如何从法律上回答这些问题，将直接决定中国国有企业今后的改革路径、运行效率和最终命运。

一定程度上像本书上一版中所建议的，自从 2015 年以来，国有企业的债务问题，通过供给侧结构性改革和混合所有制改革得到了一定缓解。

供给侧结构性改革推动中的一个重要组成部分，即通过行政手段减少产能取得了明显成效。在行政去产能的过程中，上游原材料价格暴涨，中下游企业的盈利空间受到挤压，在供求关系变化，产业链利润分配，企业投资预期和行为等方面，都给中国经济带来了重大变化。其中比较确定的一点，就是给更侧重中上游的国有企业带来了急需的市场优势和利润，也直接缓解了一些国有企业的债务压力。

与此同时，自 2016 年国家发展改革委、国资委牵头开展国企混改试点，已先后推出 4 批共 208 家试点。截至 2021 年底，其中近 100 家试点已经完成引入战略投资者、调整股权结构、优化公司治理、深度转换经营机制等主体任务，共引入外部资本 2 000 多亿元，补充了国有企业的资本，也间接达到化解国有企业债务的目的。

但即使是在这样的大环境之下，由于存量债务的累积，以及偿还债务的流动性压力，国企债务问题在过去几年不但没有得到缓解，反而有愈演愈烈的趋势。

2020年6月18日晚间，青海省投资集团有限公司（以下简称"青投集团"）在港交所公告称，债权人以公司不能清偿到期债务，并且明显缺乏清偿能力为由，向西宁市中级人民法院申请对青投集团进行重整。资料显示，青投集团是地方国有企业，实际控制人是青海省人民政府国有资产监督管理委员会。至此，陷入债务危机长达3年的青投集团债务解决方案尘埃落定。

作为青海资产规模最大的城投公司，2021年12月23日，青投集团发布《青海省投资集团有限公司等十七家企业重整计划（草案）之出资人权益调整方案》（以下简称《调整方案》）。隔日，西宁中院裁定批准了青投集团等17家企业的破产重整计划。

《调整方案》的核心是：原股东共计100%股权全部调整，权益清零；战略投资者国电投旗下黄河水电出资43亿元获得转股平台（青投本部）42.24%股权，剩余57.76%股权以及项下权益归债权人所有。据悉，将有332.49亿~495.66亿元的债权进行债转股。

东北特钢是我国北方最大的特钢企业，也是一家"百年老店"。2016年，受需求疲弱、盈利能力不足等因素影响，东北特钢陷入巨额债务违约泥潭，成为我国首例地方国企债券违约案主角，甚至一度被称为"违约王"。此后，辽宁华晨控股、河南永煤控股等省级AAA国企，北大方正、清华紫光等高校校办企业债券纷纷违约，进一步暴露出地方国有企业的债务压力。

作为一种特殊形式的地方企业，不同地区和层级的地方政府融资平台在过去数年中发生了多次债券违约事件，某些省份甚至出现省级平台债券违约的情况。由于地方政府融资平台和地方国有企业之间的界限相对模糊，地方政府融资平台违约事件也进一步凸显了地方政府国有企业流动性紧张和债务问题的累积。虽然"三去一降一补"政策在短期缓解了国有企业的债务压力，但是由于盈利能力差、投资回报低、期限不匹配等问题，流动性问题仍然困扰着广大国有企业。

由于大量于2016年金融去杠杆和2017年地方隐性债务严监管之前发行的非标产品在之后3年集中到期，使得大量城投企业在从紧环境下续债困难，也更加加剧了城投企业的偿债压力。自2018年以来，随着监管部门对隐性债务管控从严，城投非标违约已屡见不鲜，而且偶有城投债券技术性违约案例。

值得欣慰的是，随着"三去一降一补"政策和资管新规的推出，资本市场和投资者都逐渐调整了原来认为地方政府一定会为下属国有企业提供刚性兑付的预期，或者说这种预期已经不再能得到地方政府的关注和保障。市场投资者不但开始甄别城投企业自身的资质，而且对城投企业的上级政府对于下属国有企业违约的救助意愿和救助能力，也开始进一步关注。随着2022年"河南永煤"事件的爆发，地方政府投资平台和地方政府国有企业政府担保信念进一步被打破，由此也对地方政府财政和国有企业运营的财务纪律性提出更新和更严格的要求。

第八章

地方政府债务风险

长期来说，我们都会死的。

——凯恩斯

前文描述的各种隐性担保，很大程度上都取决于政府自身的财政状况。如果单从中国政府目前的财政状况来看，政府尚未面对严重的债务危机；然而，若是考虑到政府为各种金融项目提供的隐性担保、未来经济增长模式的转变、地方政府财政模式的转变，以及缺乏一个关于中国各级政府的债务水平的精确数字，那么中国财政的可持续性存在重大变数。

地方政府债务

审计署在 2013 年下半年公布，中国政府的债务达到 30.23 万亿元人民币，其中，地方政府债务达到 17.9 万亿元人民币，债务规模和增长速度都让很多人高度关注。2022 年左右，中国政府总债务达到 60 万亿元人民币，其中地方政府债务也大体翻番，超过 35 万亿元人民币。即便如此，有些专家指出这个统计数字本身也存在很多问题。首先，地方政府通过一些地方国有企业在资本市场上借债，因此很难准确地区分政府债务和企业债务；其次，地方政府通过土地抵押或者提供信用担保等方式，承担了许多或有责任（隐性责任），这种"债务"很难通过具体的财务报表估算出来。

地方政府所提供的隐性担保性质非常模糊。这些债务既不完全是合法的，也不完全是非法的，因此有时候也很难说清到底在多大程度上受到法律的保护。而且全国也曾出现过因地方财政收入捉襟见肘导致原来的承诺不再有效的个案，曾经用于担保和抵押的土地也难以进入拍卖程序变现。因此，政府债务的真实水平，尤其是隐性担保的规模，也很难得到一个准确的数字。

此外，地方政府债务水平的地区分布不均也尤其令人担忧。东部较发达地区的地方政府的财政来源比较丰富，基础设施建设也达到一个相对成熟的阶段，所以财政压力相对较小，债务占整个财政收入的比例相对较低。而中西部欠发达地区通过发展基建推动经济增长的积极性较高，财政收入却相对薄弱，债务在整个财政收入中所占比例畸高。

至于一些学者提出的"中国负债模式不同于西方，主要是投资性而非福利性负债，因此不存在多大的偿付风险"的说法，不仅是在国内，在国际上也引起了激烈的争论。投资性负债和福利性负债的偿债能力当然是不一样的，福利性负债确实没有机会产生现金流，但至少融资用途和融资成本是透明的，因此这类债务的规模很难超过一定限额。而国内的地方政府投资性负债，则在很大程度上是投资在和房地产相关的基础设施建设领域，我们必须要看到，很多基建项目本身同样是不带来任何直接收入的，而是必须依靠土地增值，通过对土地的拍卖、出租，才能够产生现金回报。而中国的房价，包括二、三线城市的房价，与世界横向对比都已经属于全球最高水准了。在这种情况下，基础设施建设是不是还能够像过去十几年那样有效地实现房产和土地的升值呢？答案并不乐观。一旦中国的房价上涨停滞，房地产泡沫破灭，这些投资性负债能否产生健康的现金流来偿还债务，的确很难说。

另外，这些债务并没有计算中央和地方社会保障基金的资金缺口。由于统计口径、养老责任假设和对今后人口走势的不同预计，对于社会保障体系的负债和资金缺口一直有不同的估算方法与迥异的估算结果。

第一，社保资金缺口涉及的问题很多，其中最让人担忧的就是，目前很多省份尤其是中西部欠发达省份的社保基金完全处于空转，未来的社保开支没有实际支持。第二，随着我国人口结构的改变，老龄化和少子化的趋势将对我国今后社会养老福利带来巨大的压力。虽然近年出台了一系列鼓励生育和包括养老第三支柱在内的多元化的养老模式改革，但是老龄化、少子化这两个困扰几乎所有发达经济体的重大经济问题，也势必随着我国人均收入的持续增加，对我国财政、经济、社会的很多方面带来前所未有的影响。第三，还有很大数量的农村人口没有纳入社会保障体系。如果把社保的这些责任或者说"负债"也考虑进政府负债，则这是一笔不仅规模庞大，而且未来完全不会产生任何现金流的福利性债务。虽然社会福利保障体系资金缺口已经成为一个全球性难题，因而各国也不同程度地采用了延迟退休或者削减养老金的方法来缓解这方面的压力，但同时也必须清楚地意识到，这样的政策将有可能引发社会不满，滋生社会不稳定因素。

地方政府融资平台

根据《中华人民共和国预算法》，未经国务院特批，地方政府无权发行地方债（获得国务院特批，试点发行地方债务的地区有北京、上海、浙江、广东、深圳等）。因此，为了获得推动基础设施建设的资金，地方政府发起设立了很多地方性融资平台，用以筹措资金。这些融资平台几乎完全是建立在地方政府自身信用的基础上的。虽然地方政府并不直接拥有这些融资平台，但是市场上的投资者都知道，这些平台是为地方政府融资的，同时也受到地方政府的支持和担保。

根据财政部预算司统计，截至 2022 年底，我国地方政府债务余额为 35.1 万亿元，其中，一般债务 14.4 万亿元，专项债务 20.7 万亿元。加上 25.6 万亿元中央政府国债，我国政府债务余额合计超 60 万亿元。自 2017 年以来，地方政府债务余额以年均 16.3% 的速度快速增长，远高于同期名义经济增速的 7.8%，导致负债率攀升、债务风险不断累积。

截至 2022 年末，在不考虑转移支付的情况下，债务率指标靠前的省份主要有宁夏（939%）、吉林（585%）、黑龙江（499%）、甘肃（470%）、云南（468%）、青海（464%）、天津（381%）、新疆（369%）、辽宁（357%）、广西（342%），债务率水平大幅超过警戒线，也远远超过全国平均水平 125%。

如果将转移支付纳入考量，则天津、吉林、云南、辽宁等省市的债务率则排名靠前，其中天津（296%）、吉林（173%）、云南（172%）、辽宁（168%）、河北（167%）、重庆（162%）、陕西（156%）、黑龙江（151%）、内蒙古（143%）、广西（142%）、宁夏

（141%）、新疆（141%）、贵州（140%）。[1]

相比之下，广东、山东、江苏、浙江四大经济强省的债务率均值仅为110%，负债率均值仅为22.2%，远低于全国平均水平。不过，这四大省的地方债务余额规模总量并不低，截至2022年末，四省地方债务余额规模已超过2万亿元，但因为四省经济表现相对活跃、财政收入较高，所以衡量债务水平的相对指标低于警戒线。

根据2013年审计署的报告，地方政府融资平台募得的资金构成了地方政府债务的40%左右，是地方政府最重要的融资途径和手段。在包括江苏、海南、重庆在内的几个省市里，地方政府融资平台对地方政府融资总额的贡献度高达50%以上。湖南省的地方政府融资平台规模更是达到当地政府债务的63%，在全国各省市中名列第一。值得指出的是，地方政府融资平台对地方政府债务增长的贡献，已经比2010年审计时的情况有了明显改善。2013年各地方政府融资平台对地方政府债务的贡献比例已经明显低于2010年审计时的47%。

除了地方政府融资平台，地方政府部门和机构是地方政府融资的第二个途径，在陕西、新疆和宁夏等省区，地方政府部门和机构的债务占地方政府总债务规模的比例超过50%，甚至超过地方政府融资平台的重要性。此外，地方国有企业则是地方政府融资的第三大重要来源。平均而言，地方国有企业对地方政府债务的贡献率为30%左右。福建省地方国有企业对政府债务的贡献最大，达到地方政府债务总规模的50%。最后，经费补助事业单位债务对地方政府债务的贡献率为15%左右。北京市是所有省市中，经费补助事业单位债务对地方政府贡献最大的，贡献率达50%。另外像河南、广东和内蒙古等省区的这类借债主体所借债务的占比也在20%~25%。

2020年7月，贵州省独山县因一部名为《独山县烧掉400亿》

的纪录片被推上了风口浪尖。视频中主持人质疑，只有一个街道和 8 个乡镇的独山县，到"十二五"期末，贫困村超过 50%，贫困人口占总人口超过 15%。这个摘帽不久的国家级贫困县，却借了 400 亿元债务打造景观和各类投资项目，相当于独山县 2018 年财政收入的 40 倍，平均每个乡级行政单位负债 44 亿元，每个独山县人负债 11.2 万元。这些债务绝大多数融资成本超过 10%，也就是说，独山县一年需要支付的利息比财政收入还要高 4 倍左右。

据该县新闻传媒中心 2017 年的一篇报道透露，独山县共有融资平台公司 36 家，其中，总资产规模达到 60 亿元以上的 5 家、30 亿～60 亿元的 4 家、10 亿～30 亿元的 10 家、10 亿元以下的 16 家。

如此巨大的规模被广泛用于众多不切实际的投资建设项目，其中最为外人所津津乐道的是独山县举债近 2 亿元打造的"天下第一水司楼"，该建筑于 2016 年 9 月开工兴建，是一座总建筑面积 60 000 平方米，高 99.9 米，进深 240 米，共 24 层的大型全木质框架榫卯结构建筑。因此该大楼还申报了"世界最大牌楼"、"世界最高琉璃陶建筑"和"世界最高水族、布依族、苗族民族元素建筑"的吉尼斯世界纪录。建筑虽然很漂亮，也创造了一些纪录，但现实很骨感。

这座建筑因为政府拖欠施工工人款项，长期处于烂尾状态，一直未能竣工，外表虽然好看，但里面却堆满了垃圾和建筑材料。

当然，该县借债的主要负责人——时任县委书记潘志立最终也受到法律的严惩。但是发生在独山县的这场债务危机，不但彰显了基层地方组织运行过程中的重大漏洞，也突出了众多基层地方政府财政纪律意识淡薄，以及无节制借债导致债务严重扩张这一在全国相对普遍的现象。

更加多元的融资渠道

在 10 年前的 2013 年审计署关于地方政府债务的专项审计报告就发现，从 2010 年开始，中国地方政府的债务来源已经变得愈加多元化。

在西方国家，一般地方政府的债务中，不超过 20% 来源于银行贷款，剩余部分大都通过债券市场融资，但由于中国债券市场不够发达，地方政府不能够通过债券市场发行公开债券来筹措资金，因此主要依赖银行贷款。

地方政府债务依赖银行贷款的主要风险在于，一旦地方经济增长速度下滑导致地方政府债务出现违约，这种违约风险将会在整个中国的银行体系和金融体系中传导。因此中央政府一直在引导地方政府寻找多元化的融资途径。同时，在帮助政府债务增长的过程中，商业银行逐渐意识到地方政府的还款能力逐渐恶化，因而对地方政府的信用也越来越担心，因此对地方政府放宽贷款的意愿也比原来有了明显下降。2010 年地方政府债务中，银行贷款占 80% 左右，到 2013 年 6 月，这一比例已经下降到 57%。

之后，随着中国债券市场的发展，二级市场债务（大约 1.8 万亿元）已经逐渐发展成为地方政府融资渠道的一个重要补充，尤其是经济发展相对落后的西部省份，例如甘肃、青海、宁夏等，债券发行有的时候可以构成地方政府债务总规模的 20%。

BT[①]（约 1.5 万亿元）是地方政府债务的第三大融资方式。全国地方政府 BT 融资占比平均达到 8.3%。其中贵州省 BT 融资占比高达

---

① BT 是政府利用非政府资金来承建某些基础设施项目的一种投资方式。——编者注

30%。四川、福建、海南、广西和广东的占比也较高，均在 13% 以上。

信托融资是第四大融资渠道，全国平均占比为 8%。其中山西省信托融资占比最高，达到 26%，另外重庆和浙江也分别达到 15% 和 14%。

应付未付款项是第五大融资渠道，全国平均占比为 4.8%，宁夏和内蒙古占比分别高达 47.2% 和 23.7%，在国内名列前茅。[2]

近年经历了一系列改革措施和专项整顿之后，地方政府融资平台多元化融资渠道的现象得到了有力改变，地方政府专项债券发行的规模逐渐加大，地方政府债务变得更加显性和透明。但与此同时出现一个新的现象是地方政府专项债发行量大幅扩张和利息支付压力不断加大。2022 年地方政府债券支付利息 1.12 万亿元，较 2021 年同比增长 20.8%，较 2018 年付息翻了一番，首次突破 1 万亿元。近几年存量地方债平均利率基本保持在 3.5% 左右，2022 年平均利率小幅下行至3.39%。考虑到地方政府利率并未上升，因而债务规模扩大直接导致了付息支出的激增。2020 年新冠肺炎疫情暴发后，专项债结存限额被使用，各地专项债发行放量增长。2022 年地方政府发行专项债规模首次突破 5 万亿元，创历史新高，较 2019 年发行规模翻了一番。近期媒体爆出的某些地方公务员编制清理、国有企业薪酬削减、公关服务暂停，其实都是地方政府财务压力增大的不同体现。

直接债务和或有债务

2013 年的审计报告引入了"或有债务"这一重要的关于地方债务的新概念。或有债务是指除了地方政府负有直接偿债责任的债务，还有一些在主要偿债人不能履行责任的时候，地方政府仍然负有清偿责任的债务。根据 2013 年的审计，地方政府担保的各种债务总额达到 2.93 万亿元，或有债务的总规模达到 6.65 万亿元。由于或有债务和隐性担保的规模都很难进行准确的估计，因此很多专家认为，地方政府在这一领域的债务规模很可能会远远大于审计署公布的审计结果。时至 2022 年，全国仍然没有权威的有关地方政府或有债务准确规模的估算。

或有债务是一个很宽泛的概念，它对于研究中国政府财政和债务问题有特别重要的意义。或有负债（contingent liability），是指因过去的交易或事项可能导致未来所发生的事件而产生的潜在负债，例如，过去已存在的交易或事项导致诉讼的发生，而诉讼的结果又须视法院的判决而定，故未决诉讼便具有或有负债的性质。一般而言，或有负债的支付与否视未来的不确定事项是否发生而定。

和很多商业问题一样，所谓合理的估计，其实在很多时候既不合理，也很难估计。由于各级地方政府对所提供的担保和其他或有债务披露的信息相对有限，因此即使是进行了全国统一的审计之后，大家也很难估计地方政府的或有债务究竟有多少。因此，把这种隐性的担保公之于众不但能够打消国内外关于中国地方政府债务问题严重性的很多猜测，也可以敦促地方政府尽力改革和明确自己所提供的隐性担保的界限。

信息披露的透明度

由于债务问题日益严重，很多地方政府已经开始通过更富创新性的融资渠道进行融资，因此有专家认为，即使是审计署的审计报告，也很难准确估算中国地方政府的债务总规模和整个债务的构成。地方政府的总债务中，究竟有多少是地方政府负有直接清偿责任的？有多少又是出现突发事件之后地方政府负有担保责任的？因此，很多观察家对于 2013 年这样大规模的地方政府审计工作的结果，仍然持保留和怀疑态度，认为这可能只是中国政府债务的一个最低估计。[3、4]2023 年 9 月财政部发布的《2023 年 8 月地方政府债券发行和债务余额情况》显示，截至 2023 年 8 月末，全国地方政府债务余额 387 480亿元，控制在全国人大批准的限额之内（421 674.3 亿元），其中，一般债务 149 314 亿元，专项债务 238 166 亿元，均比 2013 年审计结果出现了大幅上涨。而且根据多项统计，中国地方政府有息负债总额很有可能超过 60 万亿人民币。

很多发达资本市场解决地方政府债务的通常做法是发行地方债。在德国，地方政府市政债券占到地方政府债务总额的 50%，在美国和澳大利亚占到 60%。中国的情况与此形成鲜明对比，地方政府的总债务中公开发行的债券所占的比例不到 10%，而大部分的融资都是通过那些不那么透明、不那么市场化的渠道来完成的。

按照发达的债券市场的国际惯例，一个地方政府必须透明地披露其财政状况，并在此基础上通过在公开市场上发行债券的方式来筹措资金，化解地方政府债务问题。在发债的过程中，地方政府必须完全披露发债用途、金额、成本、承销商等信息。由于市政债券发行过程中要求发债者披露大量信息，因此，这自然而然成了一个最简单有效的监督地方政府的方式。然而由于中国地方政府的大量债务不是通过透明的市场发行的，因此地方人大和相关机构缺乏对于地方政府债务最起码的了解和控制，也很难判定地方政府的财政状况和财政可持续性。所以，信息披露和制衡的缺失将不可避免地导致地方政府债务额在缺少监督的前提下，持续攀升。

与此同时，地方政府官员为了能在短期刺激本地 GDP 增长，他们有非常强的动机靠大量举债推动地方经济增长。在这一动机的驱使下，地方政府官员不但没有任何动力披露当地的债务规模和增长速度，甚至还可能会隐藏数据，美化政绩。关于这方面的内容，本书会在第九章中详细讲述。

高度集中的风险

由于中国债券市场的发展相对滞后，只有少部分地方政府可以通过债券市场融资；此外，由于资本项下管制，中国的地方政府也不可能去国际资本市场上借债，这使得银行贷款成为中国地方政府最重要的融资渠道。虽然近些年随着中国影子银行和信托产品的发展，地方政府严重依赖银行贷款融资的局面有所改善，但是正如我们前面所提到的，越来越多的信托产品是由传统商业银行打包、分销甚至担保的，因此很多地方政府债的风险，仍然聚集在中国的传统银行领域。

这种依靠银行的融资方式可以帮助地方政府更有效地管理其债务，同时，国有银行并不担心地方政府的偿债能力，不会在短期内对地方政府提出强烈的还款要求，这样看来短期内不会引发债务危机。但是，短期的宽容有可能造成另外一种隐性担保，从而变相鼓励地方政府借更多的债务，进行更多高风险的投资。

在中国的银行变得大而不倒之前，中国的地方政府已经抢先一步，自己先变得大而不倒，从而绑架了银行不得不继续给地方政府提供贷款。一旦中国经济出现增速放缓，就有可能引发地方政府系统性的债务违约，而集中度如此之高的债务，将可能迅速牵连整个中国的银行系统和金融板块。自从 2021 年房地产行业经历调整、经济增长速度放缓以来，中国地方政府出现的降薪、辞退社会招聘人员、减少公共设施提供等现象，都反映出地方政府债务所带来的巨大压力。而与此同时，很多金融系统理财产品的违约和债务的爆雷，又和地方政府经济增长速度放缓和流动性紧张之间存在千丝万缕的联系。

除了要担心违约风险所引发的系统性金融风险，中国银行业还要担心地方政府债务的期限结构。国外的市政债券还款期限较长，往往有10年甚至更长时间的还款期，以保证市政建设项目可以有足够的时间来产生现金流和偿还债务。但是中国地方政府债务的还款期往往在3年之内。债务到期的时候，地方政府将不得不通过借新还旧的方式，把现有的债务还上。这意味着中国地方政府现在所投资的基础设施项目将不能在短期内偿还本金或者利息，而导致今后可能会面临更大的流动性风险和资金面风险。

中国地方政府的土地出让收入在2011年、2012年和2013年分别达到2.69万亿元、3.15万亿元和3.91万亿元，对地方政府财政收入的贡献率分别达到41%、27%和35%。如果包括和房地产直接相关的5类主要税收来源，土地出让收入和相应的房地产相关税收构成了中国地方政府财政收入的46%。2021年全国一般公共预算收入202 539亿元，全国31个省、自治区、直辖市（不含港澳台地区）财政收入共计111 248亿元。同年，全国土地出让金收入87 051亿元。土地和房地产交易产生的相关税收部分，2021年契税7 428亿元，土地增值税6 896亿元，房产税3 278亿元，总计104 653亿元，几乎达到地方政府财政收入的90%。由此可见，中国地方政府对房地产行业的严重依赖。[5]

过去十几年，高速上涨的房价和高速升值的土地价格使得地方政府丝毫不担心现金流问题。但自从2016年"房住不炒"政策实施以来，全国多个城市房地产价格明显下跌，很多地区2022年的土地出让收入比新冠肺炎疫情之前还要低，直接导致了很多地方政府财政上的困境。[6] 面对房地产价格走势如此不确定的局面，很多人开始怀疑地方政府是不是还有能力在今后以更高的价格出让土地，因为这是维持地方政府财政可持续性的一个重要前提条件。

这也是很多地方政府不得不转向融资成本更高、风险也更大的影子银行和信托产品的原因。但是由于许多信托产品成本比银行贷款成本高很多，因此，通过这些途径进行融资的地方政府将不得不面临更大的财务压力，也会进一步增大今后的财务负担和违约风险。[7]

在西方国家，地方政府债券和市政债一般被认为是有风险的投资。例如，在 2008 年全球金融危机之后的 5 年里，美国每年平均有 4.6 笔市政债出现违约。而在过去 40 年的历史里，美国一共有超过 50 起没有得到信用评级的地方政府债务出现违约。[8]

和美国的情形形成鲜明对比的是，直到 2020 年新冠肺炎暴发之前，中国地方政府债务几乎没有出现违约的情况。正如前文所述，由上级政府或者中央政府提供的隐性担保一直在支撑着地方政府的债务发行和信用评级。但是，随着经济增速放缓、财政土地收入下降、债务规模不断膨胀等原因，过去几年，中国地方政府债务，特别是地方政府平台债务的违约逐渐成为一个全国，乃至全世界都高度关注的话题。

由于所有市场参与者都深信中国政府一定不会让地方政府债务违约，因此地方政府的违约风险被大打折扣，甚至完全被忽略了。这样一来，地方政府债务违约的风险就被人为压低了，相应地，和违约风险紧密相关的地方政府的融资成本也被人为压低了。目前，银行贷款仍然构成地方政府融资平台的主要融资途径，而银行之所以愿意把低息贷款贷给地方政府和地方政府融资平台，很大程度上出于寻求地方政府支持的考虑，更是因为银行认为地方政府一定会获得中央政府的信用支持，因此不会出现违约风险。

当然，过去几年，越来越多的银行和投资者开始高度关注地方政府的资产质量与资产流动性。根据《中国国家资产负债表研究》一书，很多地方政府的绝大部分财政收入来自土地出让和地方国有企业的资产。[9、10] 而这两项重要资产的价值很大程度上都依赖于一个地区的经济增长速度和前景。一旦一个地区经济增长速度出现下滑或者放缓，那么流动性的缺失和系统性风险的集中释放，将可能导致一个地区的资产价值的骤然下降和地方政府融资困难的集中显现。因此，即使在目前地方政府的资产负债表看起来安全和健康的情况下，由于地方政府的融资来源过于集中，一旦出现系统性的经济增速放缓，将会给地方政府的财政带来沉重打击。[11]

房地产市场、A股市场、影子银行的信托产品和国有企业，这些在前面几章讨论的话题都有一个共性，那就是它们都是在政府隐性担保的支撑下度过了自己最艰难的时期，而且在此之后获得了高速发展。如果没有政府的支持，很难想象这些行业今天的状况。在过去30多年，经济的高速增长为中国政府积累了丰富的财富和信用，这些财富和信用支撑起了一个个公司、地区和行业的发展。

但是，自从2009年4万亿刺激政策出台之后，情况发生了重大的改变。在此次刺激过程中，中央政府本身的债务水平也出现了明显的提升，因此全球开始对中国政府的债务问题越来越关注。一方面，中央政府自身的债务问题很大程度上取决于其向中国经济提供的各个渠道、不同方面的隐性担保的安全性和或有债务的规模；另一方面，中国经济的增长速度、地方政府的财政状况、楼市和股市泡沫的软着陆等在很大程度上又反过来依赖于中国政府所提供的隐性担保的价值和力度。因此，上述问题只是中国政府财政问题的冰山一角。[12]

中央政府的担保

然而，并不是所有的地方政府都对此担心。由于地方政府并没有自己单独的资产负债表，因此也就不需要对自己财政状况的稳定和可持续性负责。中央政府对地方政府提供的大量隐性担保和信用提升，让地方政府没有很强的动力来约束和改善自己的财务状况。

2012年，上海、浙江、广东、深圳四地被允许试点发行地方政府债券进行融资。一方面，这是中国地方政府财政改革过程中的一个重要突破；另一方面，有趣的是，这几个地方政府债券的收益率一度甚至比中央政府国债的收益率还要低，反映了市场上对于地方政府债务安全性的信心。分析人士认为，之所以出现这种局面，是因为市场上的投资者聪明地意识到，即使地方政府发行的债务出现违约风险，中央政府也一定会对其债务提供担保，因此地方政府债务不但得到了中央政府财政的支持，更有地方政府的财政支持，双重保险，更加安全。

中央政府的财政状况确实可以给地方政府提供相当的信用支持和提升。第一，中国国有企业的总资产规模在2013年达到约104万亿元（其中48.6万亿元归属于中央政府，55.5万亿元归属于地方政府），比2009年的53.3万亿元的规模增加了一倍左右。[13、14]国务院关于2021年度国有资产管理情况的综合报告显示，2021年，中央企业（不含金融企业）资产总额102.1万亿元、负债总额68.3万亿元、国有资本权益20.7万亿元，平均资产负债率67.0%。2021

年，地方国有企业（不含金融企业）资产总额 206.2 万亿元、负债总额 129.6 万亿元、国有资本权益 66.2 万亿元，平均资产负债率 62.8%。汇总中央和地方情况，2021 年，全国国有企业（不含金融企业）资产总额 308.3 万亿元、负债总额 197.9 万亿元、国有资本权益 86.9 万亿元。如果再包括金融企业和国有事业单位形成的资产，中国政府的总资产和资本权益，实力显然相当雄厚。第二，中国政府拥有高达 3 万亿美元的全世界最大的外汇储备规模。第三，随着中国经济的增长，中国政府的财政收入也在逐年增加，更进一步提升了中国政府的融资能力。第四，经过 20 多年的发展，中国的储蓄率和居民自有住房保有率也都达到了较高的水平，因此私有部门也有比较强的能力应对债务。第五，随着中国资本市场的进一步改革和发展，资本市场将会为中央和地方政府的融资提供更多更可持续的渠道，这也可以进一步缓解地方政府的债务问题。[15]

但是，随着中国经济增长速度的逐步下滑，中国政府的财政可持续性问题，也出现了一定程度的改变。2012 年，《政府工作报告》里有两个值得关注的变化趋势。首先，财政收入和财政支出的增长速度（12.8% 与 15.1%），明显低于 2011 年的 24.8% 和 21.2%，以及之前很长一段时间里中国财政收入增长的速度。其次，财政支出的增长幅度，远远地超过财政收入的增长速度，导致中国财政赤字规模大幅增加。到 2015 年，财政收入的增长速度更是进一步放缓到 7% 左右，财政支出的增长速度也进一步放缓到 10.5% 左右。由此，中国政府的财政赤字规模也从 2011 年的 0.8%，上升到 2012 年的 1.5%，2014 年的 2.1%，2015 年的 2.3%，2016 年的 3%，并最终在之后几年稳定在 2.5%~3%。

由于中国政府对于改善医疗、环保、社保、保障房等重要民生领域的改革决心，财政支出的增长速度势必在今后进一步持续增长。因此，在短期之内，中国政府将不得不进一步扩大其财政支出规模。

而在财政支出扩张的同时，财政收入增速的减缓，将会引发一系列经济和社会问题。在过去很长一段时间里，中国财政收入的增长速度一直高于中国经济的增长速度。也就是说，在过去一段经济发展的过程中，有更高比例的财富从私人领域流入非私人领域。另外一个看问题的角度，是居民家庭收入在 GDP 中所占的比例，从 1985 年的56% 下降到 2010 年的 40% 左右 [16]，远低于发达国家 50%~65% 的平均水平，进一步显示了中国财政税收的压力和征收力度在全球范围内已经不低了。[17]

随着居民家庭收入增长速度的放缓，中国收入分配不平等的情况也随之逐步恶化。这也导致社会中的一些不满情绪。人力资源和社会保障部的官方报道指出，中国收入最高的 20% 的家庭的平均收入，是收入最低的 20% 的家庭的收入的 19 倍，收入最高的 5% 的家庭收入入是收入最低的 5% 的家庭收入的 234 倍。[18、19] 这一趋势，虽然在近年，特别是"精准扶贫"和"共同富裕"政策推出后，得到一定程度的缓和，但随着经济增长速度的放缓和资产价格的波动，社会各阶层财富分配差异巨大的现象，仍然需要得到关注和处理。和国际局势类似的是，随着公司高管薪酬的高速增长，高管和普通员工收入的比例差距越来越大，造成年青一代工作人员的不满加剧，也造成了像占领华尔街这样的社会运动。

与此同时，中国政府也要面临自己的挑战。随着财政收入增速放缓，可以用来刺激经济增长和提供公共产品的资源，也将遇到更多约束。

政府将不得不在放缓财政支出的增速和扩大财政赤字之间，进行艰难选择。而且，值得指出的是，政府在今后一段时间在很多关键领域进一步推动改革，也需要很多财政资源支持。

社会保障体系

根据 2013 年审计署的报告，中国政府的总债务为 30.23 万亿元人民币。考虑到中国的国有资产规模、外汇储备规模和经济增长速度，中国政府的债务规模看起来完全可控，无须担心。[20]

但是，根据国际投行的研究，中国政府的总债务规模可能远远超过审计署公布的数字，而达到中国 GDP 总量的 80%~120%。[21、22]如果这一情况属实，那么意味着中国今后的财政可持续性可能会变得非常不确定。

退一步讲，即使人们相信官方公布的数据，中国社会保障体系资金不足的问题也会是今后中国政府债务问题里最重要的一个不确定性。根据国际投行和国内金融机构的研究，中国社会保障体系的资金缺口问题非常严重。这些研究报告指出，社保体系的资金缺口在 2010 年达到 6.48 万亿元，2013 年达到 18.3 万亿元，几乎占同期中国 GDP总量的 1/3。[23、24]让人担心的是，随着时间的推移，社会保障体系资金缺口问题变得越来越严重了。

即使使用官方数据，自从 2013 年开始，社保基金就已出现收支不相抵的情况，之后赤字规模逐年扩大。2019 年，收支缺口 1.07 万亿元。2020 年受疫情影响，扩大到 2.35 万亿元。2013—2020 年，社保基金累计结余的规模总计增长 110.6%，同期财政补贴规模增长185.1%，社保基金对于财政补贴的依赖程度不断提高，目前财政补贴占社保基金总收入的比例为 27.7%，比 2013 年上升 7.2 个百分点。

在逐渐老龄化的人口结构、不断攀升的通货膨胀和投资收益不确定的大环境下，有研究指出，到 2033 年，中国社会保障体系的资金缺口将上升到 68.2 万亿元，占同期 GDP 的 39%，到 2050 年将达到同期 GDP 的 50%。甚至可能有一天，社保体系的资金缺口将比国有企业资产规模这一中国政府最重要的资产规模还要大。

另外，人口老龄化的速度不断加快也给社会保障体系的资金缺口带来了更严重的挑战。中国 60 岁以上的人口将从 2023 年的 2.6 亿上升到 2050 年的 5 亿；80 岁以上的人口将从目前的 3 600 万上升到 2050 年的 1.5 亿左右。与此同时，中国家庭的规模已经从 1990 年的 3.96 人 / 家庭下降到 2020 年的 2.62 人 / 家庭，进一步增加了年青一代照顾年老一代的经济和社会压力。[25、26]

从全球的角度来看，挪威拥有全世界最充分的养老准备，其社会保障资金储备占全国 GDP 的 83%。日本和美国的社会保障储备则要低得多，分别是同期 GDP 总量的 25% 和 5%。而我国目前的社会保障体系的资金储备只占同期 GDP 的 3.21%！

在一些养老体系更加市场化的国家和地区，例如美国、新加坡和中国香港等地，除了政府提供的社会保障体系，绝大多数居民还会分别购买由私人企业提供的补充性养老保险计划。例如，美国居民家庭退休计划中，既包括社会保障体系，也包括补充性退休计划、个人存款和保险金，这些社保体系之外的养老金计划总额在 2011 年达到 17.9 万亿美元。如果把美国居民家庭所有养老计划的资金储备加在一起，总量比美国同期的 GDP 总量还要多，但在这一点上，绝大多数的中国居民都没有做好准备。[27]

2002 年，中国社会保障体系在 31 个省级行政区划（不含港澳台地区）中的 29 个不能做到地方养老体系的资金平衡。即使是在经历了 10 多年的深层次改革之后，2015 年左右在 31 个省级行政区划中仍有 14 个没能达到地方社会保障体系收支平衡的目标。到 2020 年，全国仅有 6 个地区职工养老保险基金的收支差额为正，收不抵支已成为普遍现象。我国政府自从 1992 年开始就下决心要设立个人养老账户，至今 30 多年过去了，这一任务距离在全国范围完成，仍然有很大的距离。中国社科院的一项研究调查表明，70% 接受调查的人认为政府没有为社会保障提供足够的资金和解决相应的问题。[28]

中国社会保障基金理事会前党组书记戴相龙早在 2010 年就对中国社会保障体系所面临的严重资金短缺问题表示担忧，并且呼吁尽快通过推迟退休年龄、改变国有企业分红机制和国有企业股权划拨等方式，解决中国社会保障体系所面临的资金缺口问题。[29]

透明化、独立化可改善债务风险

2022 年，中国财政收入和支出的增速均较前一年放缓，而支出的增长大大超过了收入的增长，赤字扩张的趋势正逐渐形成。从当时的趋势推断，整个中央政府的赤字规模肯定会继续扩大下去。为了应对新冠肺炎疫情的冲击，中国政府的赤字水平在这几年停留在 3% 左右的历史高位。

政府扩大赤字本身未必是一件坏事，从中央政府的财政状况来讲，无论是超过 3 万亿美元的外汇储备，还是估值达上百万亿元的国有资产，整个中国政府的举债能力和财务安全其实还是有很大保障的。社会之所以如此关注政府债务，正是因为它的不公开、不透明。前面提到的或有债务对整个中央政府的信用评级，对下一步财政的可持续发展都有很大影响。政府破产的风险虽不大，但必须考虑一个问题：

还有多大的空间可以延续这种政府举债式的发展。如果不可以继续，就应及早做出改变。

这并不是不允许地方政府举债，只是有两个前提。一是希望地方政府的举债过程能做到透明化，整个负债项目的标的、财务稳健程度等重要信息应该被公开审核。二是希望在改革过程中，通过债务清偿或其他途径，能够保证中央政府和地方政府确立一个相对独立的财权和事权。如果是地方政府举债，地方政府要表明什么是财政项目，什么是基建项目。如果还像以前那样，地方政府对地方国有企业或者地方基建项目提供一个隐性的信用担保，同时中央政府又对地方政府提供一个隐性的信用担保，这种连续的、不透明的信用担保会给整个金融系统带来很大问题。

财政转型应当提升效率

在未来，财政支出的方向和方式很可能会发生重大转变。财政支出的方向会从目前的积极财政、确保经济增长的方向，转向社会公共服务和社会福利保障。而财政支出的方式，也会变得更透明、更科学，一个项目的目标与规划都将在事前公开并讨论。

从 2012 年全国人大会议提出的财政预算就可以看出，政府在教育、福利保障、医疗等方面的支出都在大规模增加。当然，在教育领域财政支出的过快增长是否真的有利于教育领域的改革，能不能很好地发挥效果，目前还很难说，但财政支出转向的趋势已经变得非常明显。随着 2020 年新冠肺炎疫情的暴发，财政支出应该更多关注教育、医疗、养老等民生领域的呼声，再次得到社会各界的响应。

很多国家的转型经验都为中国提供了借鉴，它们大多把基建投资方面的公共财政放到更透明、更市场化的层面来实施，而政府主要的财政支出则集中在提供公共品和基本的社会保障等方面。的确，社会保障方面的财政支出很难在短期内起到推动经济增长的作用，因此很难衡量它的投资效果，但这一点在世界各国都是一样的。在让市场最大限度地发挥资源配置的作用的前提下，保障公共领域起码的公平和稳定，是一个经济相对成熟的政府应该做到的。

至于财政转型对经济增长的影响，目前来看还很难做到"不牺牲经济增长速度去转变经济增长模式"这类提法。必须看到，现在中国经济增长结构转型所面临的一些问题和困难，恰恰是因为中国在过去对经济增长速度的过分追求造成的。但这种增速放缓的高质量增长模式，可能恰恰是我们期待的、能够帮助中国经济实现可持续发展的"新常态"模式。中国财政收入和支出模式转型后，中国经济增长的速度可能会降下来，但增长质量却可能得到很大改善，增长模式会变得更可持续。

至于未来中国的福利开支压力，只要财政收入和财政支出是对等的，为社会提供的公共品是比较公平的，就不会有太大问题。在福利开支增长的过程中，有两个问题亟待解决。一是整个预算使用的公开性，即要杜绝承诺的费用被一小部分人拿去满足个人私利而没有用于公共福祉。第二个问题也是西方发达国家正试图解决的，那就是公共品由政府直接提供还是借助市场力量来提供，因为这两者之间的效率将完全不一样。从这个角度来讲，不应该只关注福利开支的增长，更要关注福利开支的使用效率。同样的开支水平，一些开支方向就不如另一些方向来得公平；即使很公平，效率也完全不同。例如我国的红十字会以及其他一些非营利机构的运作水平一度还是相当落后的。如果能够改善它们的管理水平，同样的财政拨款将收到完全不同的效果。

新冠肺炎疫情下的地方政府财政压力

新冠肺炎疫情暴发以来，不但对各地的经济生活和经济发展形成了重大冲击，而且对于地方财政收入，特别是严重依赖土地出让收入的地方财政收入，造成了严重的冲击。不但传统接受中央政府转移支付的中西部欠发达地区的地方政府财政赤字进一步恶化，很多地处东南沿海的经济相对发达地区，也面临短期的财政压力。即使在预算外专项债加速发行和2023年专项债额度提前使用等一系列积极财政政策的推动之下，很多地方仍然出现了政府投资项目上马推迟，公务员及国有企业事业单位员工薪酬福利下调，公共服务设施提供延缓取消，以及罚没收入大幅增加等致力于短期平衡地方财政收支的现象。这些措施虽然有利于在短期尽可能缓解财政流动性压力，平衡预算，但是其对劳动积极性和企业家精神的影响，有可能会对后疫情时代经济复苏和持续发展带来不可避免的伤害。

由此可见，在货币宽松政策广泛推行、边际效应逐步减弱的背景下，单纯依靠宽松的货币政策，很可能已经不足以推动经济稳定可持续发展。如何更好地协调财政政策和货币政策的关系，如何能在保持财政可持续的前提下进一步推动积极的财政政策，如何能逐渐通过减弱刚性兑付对中央和地方财政状况的约束与限制，充分发挥积极财政政策应有的功能，不失为进一步化解刚性兑付和刚性泡沫，深化财政体系改革，并保障中国积极高质量可持续发展的一个重要组成部分。

第九章

"体面"的数据

如果你花足够多的时间折磨数据，它一定会招出你想听到的任何供词。

——罗纳德·科斯

1980 年，老布什在和时任美国总统里根进行竞选辩论的时候，曾经指责里根所奉行的在供给经济学理论指导下的经济政策是"巫术经济学"。时至今日，当外国媒体遇到它们看不懂的经济数据和经济现象时，仍然会用"巫术经济学"一词来描述。个别媒体由于看不懂中国的统计数据，便借用这一概念，称中国的统计数据是"巫术统计学"。

2014 年初，在全国还有 3 个省没有汇报 2013 年 GDP 数据的情况下，其他已经公布数据的 28 个省级行政区划的 GDP 总和，已经超过国家统计局所发布的 2013 年全国 GDP 总量。

并不只有 2013 年这样，事实上，自从国家统计局 1985 年开始发布全国和地区 GDP 数据以来，地区 GDP 数据的总和每年都会超过全国的 GDP 总量，最多时甚至会超过全国 GDP 总量的 10% 左右。

两者之间的差异在 2009 年是 2.68 万亿元，2010 年是 3.2 万亿元，2011 年是 4.6 万亿元，到了 2013 年更是增长到 5.76 万亿元，增长幅度基本和同期全国 GDP 的增长速度持平。更令人咂舌的是，2013 年全国 31 个省级行政区划（除港澳台地区）中，除了北京和上海，各个地区的经济增长速度都高于全国的经济增长速度。这在统计学上几乎是不可能的。虽然中央和地方统计局所使用的统计口径之间有一定差异，但也不至于总和远远大于全国的 GDP 总量。第四次全国经济普查后，相关部门对 2018 年及以前年度的地区生产总值历史数据进行了系统修订，从而使得这种差异有所减小，但是以往来看，这种差异是不断扩大的。

这一现象非常难以用统计学理论来给出一个合理解释。或许是因为地方政府官员想高报数据，让自己的业绩好看些，以达到通过考评和仕途升迁的目的。在过去几年里，国家统计局曾经调查和通报了多起地方政府伪造、篡改重要统计数据的事件。

例如，2013 年 6 月，国家统计局点名批评了广东省中山市在统计数据采集过程中的造假行为。在中山市的一些区县，大部分统计数据都是由当地政府工作人员伪造或编造出来的，地方政府甚至派专人伪装成地方企业的工作人员登录统计局的统计收集电话咨询中心，以高报当地地方经济规模。在极端情况下，有些区县的经济总量从 20 亿元虚增到 84 亿元，高报幅度达到 300%。

为了能够让数据看上去更体面，有些地方会把统计数据收集人员引导到经济相对发达的地区和行业去采集样本，以此抬高整个地区经济增长速度和经济总量的数据。还有些地方政府由于考虑到用电量和运输总量与 GDP 之间的密切关系，为了让用电量数据和 GDP 数据一致，它们竟然要求办公楼和商场在下班与休息的时候仍然开着灯、空调和电梯，以推高当地的用电量数据。

其至还有传闻，邻近地区的党政一把手领导一般都会在私底下共同商量好每一年的经济增长目标。这样的协调，确保了没有一个地方会因自己区域的经济增长速度达不到周边地区的水平而在政绩考评中落后。

虽然国家统计局曾经三令五申地强调统计数据的重要性和法律的严肃性，但是伪造和虚报统计数据的现象几乎每年都会以不同的方式重复上演。正因为 GDP 增速对于地方政府官员的升迁之路是如此重要，所以他们很快就发现篡改统计数据是一条捷径。而那些原本应该花费在真正解决环保、教育、医疗等民生问题上的精力和时间，却被用在了研究统计方法和篡改统计数据上。[1]

GDP 数据造假

在新冠肺炎疫情之后的三年里，由于新冠肺炎疫情的扰动和经济形势日益复杂，官方统计数据和民间估算测试之间的差距，也越来越大。例如，国家统计局官方数据显示，2018 年中国经济较好地实现了增长 6.5% 左右的目标。不过，被视为世界顶级经济研究机构和企业会员制组织的世界大型企业联合会的同期数据显示，中国经济增长减缓的情形要比官方数据表述严重，2018 年的经济增长只有 4.1% 左右。

2022 年 3 月 15 日，国家统计局公布 1~2 月宏观经济数据。社会消费品零售总额、固定资产投资、工业增加值同比均大幅高于预期，经济形势似乎明显好转。然而，通过对细项数据的挖掘，不少专家认为就业数据疲软与消费数据增长之间，家电零售反弹与房地产销售下滑之间，原材料产量下降与投资回升之间，房地产投资反弹与拿地、销售、资金同比下降之间，建材行业增加值回升与类似用途的水泥、玻璃产量下滑之间，存在诸多明显背离。

当然，经济活动错综复杂、变幻莫测。经济数据在一定时间里与预测和经验发生背离，原本是普遍和正常的现象。但是，如果统计数据因为经手人员有系统、有组织地篡改乃至虚构，将有可能严重地干扰正常的经济政策制定和误导经济运行的方向。

2022年5月31日下午，中央纪委国家监委网站发布消息，江苏省委原副书记张敬华严重违纪违法被开除党籍和公职。此次通报称，张敬华除了"大搞权钱交易，非法收受巨额财物"，还被批"政绩观偏差，为谋求个人进步搞经济数据造假，违规干预插手市场经济活动"。值得注意的是，这既不是媒体第一次报道地区统计数据造假，也不是第一次违法违纪官员被发现经济数据造假。

2017年初，辽宁省公开承认此前数年经济数据连续造假，造假行为和违法违纪的时任省领导可能有千丝万缕的联系。2018年，内蒙古、天津、云南、湖南、吉林、重庆等省市区也相继自曝或被曝存在经济数据造假问题。

2022年，国家统计局发布了《关于河北省、河南省、贵州省有关地区统计违法案件的通报》（以下简称《通报》）。《通报》表示，根据群众举报，国家统计局执法检查组分别于2020年和2021年对河北省邢台市，河南省焦作市，贵州省毕节市、安顺市有关县（区）进行了统计执法检查，发现存在不同程度统计违法问题。河北省、河南省、贵州省有关方面共对126名责任人给予党纪政务处分和组织处理。《通报》重申了国家对于统计造假、弄虚作假行为要始终坚持重遏制、强高压、长震慑，发现一起，查处一起，绝不姑息，也再一次提示了统计数据造假案件并非孤立，而是很可能对于宏观统计数据，以及基于宏观数据的经济政策制定，产生重大影响乃至扰动。

消费价格指数

CPI（消费价格指数）可能是一个国家里最受民众关注的统计数据之一。CPI数据反映了一个国家经济中的物价上涨和下跌的情况，以及通货膨胀和通货收缩的趋势。由于价格水平的变化会严重地影响到居民家庭以及企业家对于经济运行的预期，所以通货膨胀数据对于家庭消费行为和企业投资决定有着重要影响。

这一点在中国也不例外。和其他国家不同，中国并不发布CPI数据是如何编纂和收集的。这不但让很多想获得经济价格变化趋势的企业难以了解经济的真实情况，也让国际投行的经济学家和国际学者不得不通过一些更有创意的方法进行侧面推定。

随着越来越多的研究者开始关注中国CPI数据如何编纂和收集这一问题，大家达成一致意见：中国的猪肉价格对于CPI数据有着严重的影响。甚至有经济学家开玩笑说，中国的CPI并不代表消费价格指数，而是代表中国猪肉价格指数。虽然这种说法不免夸张和搞笑，但事实确实是，虽然猪肉在整个CPI编纂过程中占比不过3%左右，但由于猪肉价格波动幅度很大，所以有的时候猪肉价格的变化能够影响甚至左右中国CPI变化的50%。

猪肉价格对于中国CPI的重要性，并不只是反映在猪肉在居民消费中所占的比例，更反映在猪肉价格的明显波动上。按照经济学基本原理，任何一种商品的价格，主要是反映经济和社会对于这一商品的供给和需求的不断变化的预期。虽然目前中国对于猪肉的需求，除了在农历新年左右出现明显的波动，大体相对比较稳定，但是农民却要面对原材料价格频繁变化的现实，因此不断调整自己的养猪决策。而又因为影响生猪供应的很多因素如气候和疾病等很难预测，因此生猪供应量往往会呈现明显波动，随之带来猪肉价格的明显波动，所以才会对中国的 CPI 数据造成不成比例的影响。

有研究发现，中国政府为了稳定 CPI 和通货膨胀数据，采取了一些人为手段来稳定猪肉价格。虽然猪肉可能对中国家庭的消费确实有很重要的影响，但是仍然很难理解为什么中国的统计部门能够让这样一种单一产品的价格，对一个国家的通货膨胀数据甚至相应的货币财政政策产生如此巨大的影响。为什么不能直接向市场公布 CPI 统计数据的编纂方式，然后由市场自己来决定如何解读这些统计数据？这样做既减小了统计部门的工作量，增加了数据的透明性和可靠性，也能够使市场参与者对中国经济有一个准确的把握。[2]

于是，这直接导致市场参与者对这一问题的疑惑：究竟应该由经济的真实运行情况来决定统计数据，还是应该由统计数据来决定大家对于目前经济的理解和判断。必须指出，虽然政府可以积极和人为地调整猪肉价格，但是居民家庭完全有可能因为猪肉价格的波动而选择消费其他肉类。由于其他肉类的价格没有被计入数据统计口径，所以这种明显带有目的性的数据管理做法，显然会扭曲中国通货膨胀数据的准确性和相应政策的可靠性。[3]

因此，中国的 CPI 数据可能并不能够真实准确地反映中国整个经济中物价水平的变化趋势。让人更加担心的是公众的质疑。由于通货膨胀数据掺有水分，统计方法也一直没有向社会公布，越来越多的市场参与者和社会大众开始质疑 CPI 数据的可靠性。当然，一个一成不变的统一口径可以保证历史数据的一致性和可比较性，但与此同时，统计当局必须不断地根据居民家庭消费方式的调整和改变，及时调整统计数据的编纂方法。即使只是为了保证历史数据的一致性，统计当局也可以考虑公布基础数据和多种不同通货膨胀率的统计方法，以保证数据的透明和公开。

有人猜测，通货膨胀数据之所以被低估，是因为地方政府官员的考评标准中最重要的一点就是地方经济的增长速度。而地方经济的增长速度等于地方经济的名义增长速度减去通货膨胀指数（真实 GDP 增长率 = 名义 GDP 增长率 – CPI）。由此可见，为了使 GDP 数据好看，通货膨胀水平当然是越低越好。换句话讲，地方的通货膨胀数据有可能因为地方官员提升政绩的诉求，而被人为地压低了。如果地方官员真的有如上所分析的动机，那么篡改通货膨胀数据就是更方便、更难被人发现的提升业绩的途径。

随着中国居民家庭消费状况在过去 20 年中发生的翻天覆地的改变，很多人都认为，中国目前通货膨胀数据的编纂方式，已经难以准确地反映中国居民家庭真实的生活成本变化。各国经验表明，随着居民收入的增加，居民家庭用于医疗、教育、娱乐等方面的花销会明显增长，而这些领域的消费趋势和成本变化趋势并没有被传统的统计数据编纂方法考虑进去。又由于中国经济在过去几十年里的高速发展，中国居民家庭生活方式的转变非常大，他们现在不得不面对很多几年前完全不需要考虑的生活成本。在货币化改革过程中，居民家庭目前要面对购房成本、医疗费用、退休之后的资金来源和保障等原来由国家负担的成本领域。因此，重新选择通货膨胀数据的编纂方式，对准确反映中国居民家庭生活成本的变化来说是非常重要的。国家统计局不但需要保证数据的透明、准确和一致，也必须动态调整这些统计数据的编纂方式，以达到准确反映中国经济和社会变化的目标。

房价指数

和通货膨胀指数类似，国内房价水平的统计数据也有明显的方向性偏差。中国目前广泛使用的房地产指数是中房指数[4]，该指数基于目前主要在售楼盘的价格，以销售量作为指数编纂过程中的权重。[5]如果只是简单采用新竣工项目的均价来编制房地产指数，就会不可避免地忽略一个重要事实：目前新竣工项目的地理组成已经大大不同于10年前竣工项目的地理组成。由于新竣工项目的位置越来越远，而级差地租又导致核心地区的房价永远会远远高于周边地区，所以统计样本上的偏差会令房地产价格指数偏低，从而大大低估房价在过去10多年间的涨幅。

以北京市的房价为例，北京在城市规划上有从城中心到郊县的"环"式规划，从20世纪80年代的二环路到现在已经修到远郊区县的六环路。伴随着城市规模的不断扩大，新开工的房地产项目的选址自然也越来越远。在21世纪初还算偏远的亚运村、望京、亦庄等地，现在已然成为抢手的核心地区，10多年前在新开工项目中占很高比例的三环内的项目，现在已经是凤毛麟角。

举个简单的例子，我们假设2000年北京三环内新房房价平均为5 000元／平方米，三环至五环之间平均为3 000元／平方米，五环之外平均为1 000元／平方米。到2022年，三环内新房房价平均为100 000元／平方米，三环到五环之间平均为60 000元／平方米，五环之外的房价平均为20 000元／平方米。假设新房的分布为三环之内占50%，三环到五环之间占40%，五环之外占10%，并假设新房的分布不变，那么 2000 年北京的平均房价是 3 800 元 / 平方米（5 000×0.5+3 000×0.4+1 000×0.1），2022 年北京的平均房价是 76 000 元 / 平方米（100 000×0.5+60 000×0.4+20 000×0.1）。12 年间房价上涨 20 倍。

然而现实是，到 2022 年新房的地域分布发生了重大变化。2022 年五环外的新房占据新房总量的 80%，三环到五环之间占据 10%，三环之内占 10%。按照这种地域分布，也就是国内房地产指数的计算方法，2022 年北京的房价就是 32 000 元 / 平方米（100 000×0.1+60 000×0.1+20 000×0.8），几乎只是前一种算法的一半。按照这种算法，22 年间房价仅上涨 10 倍左右。

由此可见，国内房地产指数因为忽略了样本在时间序列上的重大变化，统计结果严重低估了房地产市场价格的上涨幅度。

即使是国内的二手房指数，也面临类似的问题。根据中国指数研究院的网站[6]，二手房指数的样本选取同样是基于"当地主要城区成交较为活跃的代表性楼盘"，原来以三环以内为主的北京二手房指数的取样逐渐被以望京、亦庄等五环附近的地区的取样代替。[7]随着新开工项目和城市人口居住地越来越向周边推进，二手房指数的样本选取偏差也越来越大，数据的准确性也越来越差，由此引发的政策误导性越来越强。

过去几年的房地产调控过程中，不乏听到地方政府通过限制高价楼盘的销售以保证房地产价格指数不会上升的做法。且不论这种做法背后的政治经济因素，单是这种做法本身就暴露了以新房销售价格和规模编制房地产的指数方法在中国目前特定的经济发展阶段与房地产调控政策下的局限性。这种测量方法上的偏差，不仅从方法论上讲缺乏科学性，从政策意义上讲更会带来很大的误导。这也可以解释为什么城镇居民对房价高企怨声载道，而官方统计数据却显示房价仍处于尚可接受的范围。

国际的房地产研究者更倾向于采用同等房屋重复销售的方法，也就是通过记录和统计二手房价格连续变化的方式，来反映房地产市场的变动，因为这种方法更加准确。笔者在耶鲁大学的导师和同事罗伯特·席勒教授就曾通过统计房地产市场重复销售的方法跟踪了美国房地产市场的 Case-Shiller（凯斯-席勒）房地产指数，成功地预测了2007—2008 年美国房地产市场泡沫的崩盘。Case-Shiller 房地产指数更是在 2007—2008 年美国房地产危机后成为发达经济体中最广泛应用的房地产指数，得到越来越多国家的采纳。

基尼系数

另外一个受到广泛争议的统计数据就是基尼系数。基尼系数是由意大利统计学家基尼设计出来的一种衡量社会收入分配不平等的指数，取值在 0~1 之间，数据越接近 0，代表收入分配越平等，越接近于 1，代表收入分配越不平等。按照国际惯例，如果一个国家的基尼系数超过 0.4，往往就意味着这个国家存在显著的收入分配不平等现象；如果这一数值超过 0.6，说明这个国家的收入不平等已经非常严重。

在主要的发达国家里，大部分国家的基尼系数在 0.3~0.4 之间。北欧国家和社会福利保障比较完善的西方发达国家的基尼系数往往在 0.3 以下，只有美国的基尼系数超过 0.4。而根据美国一些经济学家的研究，美国的家庭收入经过财政税收政策的调整之后，也低于 0.4。

中国从 20 世纪 70 年代后期开始公布基尼系数。在"文化大革命"结束的 1978 年，中国的基尼系数是 0.32。在改革开放之初，基尼系数曾一度下降至 0.24，但之后的很长一段时间，中国不再发布官方基尼系数数据。直到 2013 年国家统计局才重新开始发布基尼系数。根据国家统计局的数据，中国的基尼系数在过去 10 多年里的最高值发生在 2008 年的 0.49，并在之后逐渐下降到 2012 年的 0.47，并一直保持在这个水平。根据国家统计局的数据，2022 年全国基尼系数为 0.474，和过去 10 年水平大体相当。

这一统计数据一经发布，马上引起了社会的广泛关注和争论。因为大众觉得过去几年里中国社会收入分配不平等的现象分明是变得更加严重了，而不是得到了缓解。然而，这种印象却和国家统计局发布的数据很不一致。

与此同时，西南财经大学的一份研究报告表明，中国 2010 年的基尼系数是 0.61，远远高于国家统计局发布的 0.48 这一数字，并且成为全球主要经济体里基尼系数最高的国家之一（超过 0.6）。这表明中国确实存在严重的收入分配不平等现象。后续研究表明，随着一系列相关政策的出台，虽然收入基尼系数从 2011 年的 0.65 逐步下降至 2019 年的 0.58，但是受同期房价大幅上涨的影响，居民家庭净财富基尼系数却在同期保持在 0.7 左右的高位，这反映出全社会财富分配存在不公现象。

当然，国家统计局和西南财经大学的统计结果之所以迥异，是因为其数据分别来自不同的样本，并且采取了不同的统计方法。时任国家统计局局长马建堂也坦承，由于居民收入是一个非常敏感的话题，因此，高收入阶层在统计调查中总是得不到充分的反映和代表，由此可能会导致官方基尼系数低估了我国收入分配不平等的现象。而西南财经大学的研究由于充分考虑了高收入阶层在抽样样本上的不足这一统计上的偏差，特别在抽样时进行了方法论和样本上的调整，因此可能会对收入分配不平等现象的估算更准确，至少和公众对过去 10 年（特别是 2008 年全球金融危机和 2009 年 4 万亿刺激政策之后）收入分配不平等进一步加剧的感觉大体一致。确实，4 万亿刺激政策给因此而受益的企业和企业主带来了丰厚的财富，同时，它引发的资产泡沫也给持有大量房产的中产阶层带来了巨大的财富升值，这无疑加剧了社会财富分配的不平等。

除此之外，国家统计局的研究报告也曾坦承，中国的收入分配不平等问题，除了在数据采样上面临挑战，还面临社会高收入阶层的灰色收入问题。因此，在不能够充分测算灰色收入的前提下，无论是官方统计还是西南财大的研究，对于中国收入分配不平等的估算，都可能是比较保守的。

2020 年人口普查

中国 2020 年底完成的人口普查数据原定 2021 年 4 月初公布，但一直拖到 5 月 11 日才通报结果。这一延迟，在信息化高度发达的当下，不禁让人意外。而更让人意外的是普查结果中的很多组成部分与历史数据、其他数据之间存在不一致。

举例而言，2020 年 5 月，国家统计局人口普查结果显示，中国 2020 年总人口达到 14.1 亿，仍然是世界上人口最多的国家。普查显示，2020 年 11 月 1 日 0 时全国人口为 141 178 万人，这意味着 2020 年比 2019 年公布的 140 005 万人增加了 1 173 万人。然而，2021 年底公布的《中国统计年鉴 2021》显示，2020 年中国人口的出生率为 8.52‰，为首次跌破 10‰，人口净增 204 万人，自然增长率为 1.45%。两者之间存在明显分歧。

另外，反观过去数年人口变化趋势，2020 年人口普查关于 2020年净增人口的数据，也让人迷惑。从中国逐步放开计划生育政策，从"双独两孩"（双方独生子女家庭生两个孩子）逐步放开到"单独两孩"（单方独生子女家庭生两个孩子），年度净增人口一度快速回升。2011—2014 年，净增人口分别达到 825 万人、1 006 万人、804 万人、920 万人。2015 年，中国开始全面放开"二孩政策"，净增人口在 2016年和 2017 年再次出现反弹，回升至 906 万人和 779 万人。2018—2021年净增人口分别为 530 万人、467 万人、204 万人和 48 万人，净增人口每年都刷新了 1961 年"三年困难时期"以来的最低纪录。因此，很难理解在疫情肆虐的 2020 年，净增人口会在一个持续的下降趋势中，出人意料地大幅超过之前数年的数据。

另外，有专家指出，2020 年人口普查公布的 0~14 岁人口为 2.53亿，但是国家统计局公布的 2006—2020 年总出生人口为 2.38 亿人，两者之间存在明显差异。而且，这意味着 2006—2020 年平均每年出生 1 689 万人，也就是生育率达到 1.6~1.7。这一基于独生子女政策仍然实施前提下的生育率，不但高于不实施独生子女政策的广大少数民族的生育率，也高于日本和韩国等国在相应社会发展水平，在鼓励生育的情况下的出生率。数据的一致性和可靠性受到严重质疑。

当然，如果利用之前讨论的思路，就可以理解人口数据背后的逻辑和目标。中国人口总量，不只影响了中国的经济总量，也影响了中国作为全球最重要的消费品市场的地位和趋势。如果人口出现下降，走向负增长，那么在未来数十年里，中国的经济总量、综合国力和国际地位，都会相应发生改变。与此同时，随着中国年轻人口的持续萎缩，今后的劳动力供给、出口竞争力、房地产市场需求、社会保障尤其是养老金维系等重大经济社会问题，都将发生重大转变。但是，不尽早充分地对今后的重大人口趋势做好准备，而是通过管理统计数据的方式否认或者推迟面对并解决问题，很可能不是对待人口变化这一极其重要的长期变化趋势的正确态度。

纯属巧合？

全国经济总量和地区经济总量之间的差异，房地产指数和居民家庭对房价的真实感受之间的差异，人口变化感受和官方统计之间的差异，以上种种都反映出中国统计数据和现实生活之间似乎存在巨大差异。

更值得关注的是，以上种种差异都指向同一个方向，那就是统计数据能够起到帮助政府和政府官员辩解与开脱的目的。现实生活中的各种例子都只能让人更加怀疑和担心，并更多地猜测，统计数据的编纂和发布过程中是不是夹杂了很多官员的利益与诉求。毕竟，自私是经济学理论中最基本的假设之一。每个人的行为都是由其自身最根本的利益决定的。由此可以想象，许多地方政府官员都会乐意通过一些魔术和戏法，把自己管辖地区的经济增长速度提升一两个百分点，最不济也要比真实的经济增长速度高一两个百分点，才好给自己的职业发展和仕途升迁增光添彩。

这在经济学里被称为"委托代理"关系，这一现象在全球政府中都广泛存在。只不过在中国，统计数据的误差和不可靠很大程度上反映出多级政府对经济增长速度的诉求，和老百姓对生活质量提升的诉求之间的差异。由于许多地方政府官员一般不会在同一职位上任期很长，因此他们考虑更多的是如何在短期内提升本地的 GDP 增速，从而为自己的下一步晋升打下更好的基础。而在这种考评机制之下，每个官员都会对短期经济增长非常关注，而忽视经济增长的质量和可持续性。

因此，如果中国统计数据中的偏差很大程度上是由于多级政府的诉求和目标导致的，那么，如果政府不能够有效地改变自身目标和官员考评体系，官方统计数据中的偏差就是一个非常自然的结果。就像有些经济学家所说的，经济学研究现在已经变得越来越倾向于关注那些可以测量的问题，而不是那些真正重要的领域。由于 GDP 增速和财政收入增长速度比社会满意度与生活质量更好衡量[8]，这种带有严重功利导向的统计数据只会引导部分官员按照某些人的利益而非社会大众的福利行事。如果缺乏良好的经济发展目标，那么政府的很多决策和行为都会走上弯路。这一定程度上也可以解释为什么地方政府的债务问题在这么短的时间里突然变得如此严重；为什么在地方政府债务发展的过程中，没有充分的信息披露，没有对融资成本和违约风险的充分讨论。

某种程度上讲，地方政府融资平台的快速发展和地方债务问题的急剧恶化，和上市公司所进行的盈余管理活动有一些类似。有些公司的高管为了达到短期推升股价的目的，会进行一些非常规的借债、融资或高风险投资，并同时大规模增加自己通过股权激励计划和职工持股计划所持有的本公司股票。如果公司股价上升，股东和高管都会因此而获益；一旦这种危险的游戏失败了，那么借债所带来的高昂的融资成本和债务水平，可能会直接摧毁这家公司的财务健康和本来更可持续的投资机会。

地方政府官员的考评机制无疑在一定程度上消除了统计数据和民众的真实感受之间的差异。虽然《中华人民共和国统计法》要求每个公民都要准确地汇报统计数据，但是由于部分官员升迁的压力和动力是如此之大，他们可能会采用各种手段让地方经济增长数据更能为己所用，对自己有利。

虽然在统计数据的采集和分析过程中，研究者会面临这样那样的技术难题，但是很难相信一个成功研发了卫星、航母，建设出如此先进的高铁体系的泱泱大国，会无法克服这些统计上的难题和挑战。且不要说中国学者在统计学领域里是全球最有成就的学者，全球顶级的统计学杂志的很多主编和编委都是由华人担任的。

因此，中国政府需要在数据披露和收集处理过程中发挥重要作用，以保证关键经济信息在统计过程中的数据来源、采样方法和样本选择的科学性与准确性。只要方法和数据的细节能够更多地得以披露与公布，公众自然会找出解读官方数据的方法，也会对官方数据产生更强的信心。

正因为如此，笔者非常欣慰地看到，在过去几年中国经济高质量转型的过程中，长期地方财务状况、地方环境条件等更为广泛的发展因素，被逐步纳入地方官员的考评体系。虽然某些政策在执行过程中出现了这样那样的问题，但政策调整的大方向无疑为过去几年国内生态环境条件改善和金融风险的化解做出了重大贡献。

不可知的风险

作为现代科学的奠基石，统计学对全球企业和政府的重大政策都起到举足轻重的作用，这在全球各个国家包括中国在内都是一样适用。统计数据的缺失和偏差，可能会导致政府决策和行为的重大失误。

2007—2008年全球金融危机之前，美国政府因为没有充分地利用席勒教授和凯斯教授所研发的美国房地产价格指数，直接导致美国政府和美联储没有能够充分意识到美国新千年初期房地产泡沫的严重程度，从而造成 2008 年美国房地产市场泡沫的崩盘和全球金融危机的爆发。

类似地，2009 年以希腊为代表的欧洲主权债务危机的爆发也是由于信息披露的不完整和偏差导致的。2008 年全球金融危机期间，希腊政府在一些国际投行的帮助下，通过一些复杂衍生产品的交易，隐藏了大量政府债务，致使欧盟和国际投资者没有能够及时发现希腊和其他一些欧洲主权国家债务增长的速度与规模，最终直接导致欧洲主权国家债务危机的爆发和欧元区经济的衰退。

正如美国和欧洲的经历所表明的，有明显偏差的统计数据在西方发达国家也会带来缓慢、无效甚至错误的决策。而新兴市场国家的基础设施相对落后，政府的执政能力也相对较弱，因此，低质量的统计数据就会带来更差、更严重的后果，甚至导致重大的危机。如果这些低质量的统计数据不仅仅是由于能力和技术上的缺陷导致的，更是由于政府的考评体系所直接诱发的，那么数据偏差就很可能会带来更严重的后果，其实，这正是许多专家真正的担心所在。

可喜的是，自从《统计法》发布以来，中国各项统计数据的收集和统计方法已经变得越来越和国际接轨，也越来越准确了。在我们为这些成绩和进步感到骄傲与自豪的同时，也必须意识到，统计数据的准确和《统计法》的切实执行仍然任重而道远。虽然统计数据看起来只是一些枯燥无味的数字，但是它背后却传递了经济和社会发展的重要信息。中国政府要想进一步获得本国国民和全球对其执政能力与公信力的信心，这些看起来非常简单的统计数字可能会成为中国经济模式深化改革和决定中国命运的重要一环。

第十章

国际经验与历史教训

> 人总是在试图逃避命运的路上，遇见自己的
> 命运。
>
> ——拉封丹

正如本书之前所讨论的，隐性担保在过去30年里曾经对中国的经济发展做出了非常重要的贡献。可事实上，中国既不是隐性担保的发明者，也不是全球唯一进行大量隐性担保的国家，西方很多国家也会长期使用政府支持和政府担保来推动本国经济发展，达到解决本国社会问题等政策目标。随着过去几十年全球金融危机的相继爆发，政府隐性担保对经济增长的帮助和因此所带来的后遗症，都开始吸引全球的学者和政策制定者关注并深入研究这一现象。

隐性的担保，显性的政府补贴

美国政府1916年创建了美国农场信用系统，这是全美国第一个

政府支持企业，继而在 1932 年成立了联邦住房贷款银行，逐步发展至今，形成了房地产相关、退伍军人福利相关、农业相关以及教育贷款相关的四类政府支持型企业。[1]

维基百科透露："和住房贷款相关的政府支持型企业是美国所有政府支持企业里面规模最大的，大约持有超过 5 万亿美元的贷款资产。这些政府支持企业的主要目的是帮助更多的信用流入房地产市场，并以此降低房地产市场的融资成本，帮助更多的美国居民拥有自己的自有住房。这些企业里规模最大也最有代表性的就是房利美和房地美，还有另外 12 个地方联邦住房贷款银行，分别支撑各个地区的区域房地产市场。"[2] 房利美和房地美成立于 1929 年美国经济大萧条期间，主要是通过美国政府向市场长期提供显性或者隐性担保，以达到提升美国资本市场效率，克服资本市场上的缺陷的目的。这些企业为投资者和融资方提供了一种能让他们更加放心地投资于房地产市场的机会，借此促进美国房地产以及和住房相关的信贷资产与证券的发行及交易。

2000 年以来，美国房地产领域的政府支持型企业主要是为贷款人和借款人创建一个更加安全有效且透明的市场。房利美和房地美通过购买、打包和重新出售房地产贷款支撑的证券，可以达到提升房地产证券市场流动性，降低购房者融资成本，帮助美国居民更方便地获得更廉价的住房的目的。与此同时，房利美和房地美通过向市场提供担保，还给房地产贷款创造了非常重要的二级市场的流动性和交易便利。活跃的二级市场可以有效地帮助一级市场发行人控制风险和增加流动性，从而进一步间接地鼓励了美国房地产贷款市场和房地产市场的发展。由于这两家公司本身具有美国政府财政的隐性担保，因此由它们打包之后的资产在国际投资者的心目中更加安全，也更有吸引力，这便给全球债券市场的投资者带来了更多获利机会。认可房利美和房地美功劳的人士认为，如果没有它们的存在，美国的房地产相关的证券市场将不会获得这么积极的发展。但是，通过广泛的国际比较，加州大学的德怀特·杰夫教授对这一说法提出了质疑。他在一系列研究中指出，欧洲很多国家虽然没有类似的国家支持企业，但其实也达到了像美国一样高的自有住房拥有率和比较活跃的房地产债券二级市场。[3]

对房利美和房地美的批评主要集中在 2008 年全球金融危机爆发之前，因为事实上它们并没有对那些真正需要获得廉价房地产贷款的特定人群提供相应的帮助。根据美国国会预算办公室的报告，这些房地产领域的政府支持企业的一个很大问题，就是它们没能很好地帮助低收入阶层实现他们拥有自己住房的梦想。[4]

而更根本性的问题可能在于这些政府支持企业所获得的美国政府信用的价值及其资金来源。从表面上看，美国政府既不直接为这些企业及其债券提供担保，也不直接拥有这些企业的股份。美国两党议会和政府官员都一致否认美国政府对于房利美与房地美所提供的担保。美国民主党众议员巴尼·弗兰克 2003 年在国会做证时宣称："美国政府对这些企业既不提供显性的担保，也不提供隐性的担保。这些企业自己对自己的投资负责，资本市场的投资者既不能指望从我身上，也不能指望从美国联邦政府身上获得一分钱的支持。"

和这一宣称类似，房利美和房地美在公开场合也是这样表示它们和美国政府的关系的。《纽约时报》记者乔·诺切拉撰文指出："房利美和房地美从不在公开场合承认它们得到了美国政府的支持与补贴。但是，当这些政府支持企业和它们的商业伙伴也就是债券市场的投资人进行讨论的时候，它们就会用完全不同的方式和语言进行交流。"[5]

当时全球最大的债券投资者同时也是房利美和房地美证券最重要的投资者——美国太平洋资产管理公司的斯科特·西蒙表示："房利美和房地美在与包括我们在内的投资者进行沟通的时候，基本上都会笑着跟我们说，'你知道美国政府会给予我们支持的'。"[6]

在这种隐性担保或者隐性支持（信用评级机构的专业术语）的支持下，与其他金融机构和房地产企业相比，房利美和房地美这样的政府支持型企业无疑拥有一种得天独厚的竞争优势。一方面，政府的隐性担保使得房利美和房地美可以进入很多其他没有政府支持的企业不敢进入或者不能进入的领域；另一方面，政府的支持能够帮助房利美和房地美获得比它们的竞争对手更加安全与廉价的融资方式，获得明显的竞争优势。因此，这两家企业一度是美国股票市场上最赚钱的公司之一。[7]

房地美在其招股书中表示，"本公司的证券并不获得美国联邦政府或者其他政府机构所提供的任何担保"，如果从严格法律意义上来讲，房利美和房地美的证券也不得到美国政府所提供的直接或者间接的担保。而且，从资金角度讲，这些公司确实从未获得过美国政府任何直接的财务支持。但现实情况却是，所有投资者都认为这些政府支持企业会获得美国政府的隐性担保和补贴。而这些政府支持企业所获得的好处，只有在经济危机和市场最困难的时候，才会显现其最大的价值。

美国国会预算办公室在其报告中指出："联邦政府从来没有为政府支持企业提供过现金或者财务拨款，但与此同时，（联邦政府）确实为这些企业提供了大量无法衡量的帮助和好处。"[8]时任美国国会预算办公室负责人的丹·L.克里平在美国国会做证时曾指出，"由于市场对于政府支持的看法，使得政府支持企业的债券在市场上更有价值和吸引力。[9]因此，政府支持型企业给政府和纳税人都带来了高昂的代价，其成本可能高达每年 65 亿美元。"[10]

2008 年全球金融危机

在上市之后，房利美和房地美一直都受到社会公众股东的监督，因此也有提升利润的压力和动力。在 21 世纪的最初几年，房利美和房地美敏锐地发现了美国次贷市场的高速发展，并认为这是一个赚钱的好机会，因此激进地进入这一高风险的市场。这一做法既违背了它们作为政府支持型企业所肩负的社会责任，也背上了无法承担的财务风险，导致这两家公司的最终垮台，以至于美国政府最后不得不通过国有化的方式救助它们。

恰恰是由于政府的隐性担保，使得房利美和房地美这两家原本在房地产领域有明确政策目标的政府支持企业的规模，发展到大而不倒的地步，以至于美国房地产市场在 2007—2008 年出现调整的时候，房价的下降和房地产市场流动性的枯竭，终于给这两家公司带来了灭顶之灾。在金融危机最严重的时候，终于证明房利美和房地美的生存还是要倚仗美国联邦政府的支持，政府出手挽救和国有化了这两家企业。从这个意义上来讲，房利美和房地美也的确得到了政府支持企业的最大好处——在濒临倒闭的时候得到了政府的救助。

正如时任美国财政部长亨利·保尔森在美国国会就问题资产救助计划（TARP）做证时指出的："我们对这种损害纳税人利益的做法非常愤怒，但是自从设置政府支持企业这个制度的时候，我们就已经损害了纳税人的利益，我们（和这些机构本身）都对此负有责任。"[11]

2002 年诺贝尔经济学奖得主弗农·史密斯教授也在房地产泡沫

破裂后，把房利美和房地美归为由纳税人隐性担保的政府机构[12]，并指出美国的房地产资产证券化在之前也曾经有过几次不太成功的尝试。现在看来，房利美和房地美的失败与过去历史上的尝试及失败没有太大的不同。在信用扩张时期，金融机构都尽可能地扩张信用，并且完全不顾信贷发放标准，导致严重的资金不足和资产质量下降；在信用枯竭的时候，金融机构又争相抛售资产，导致大量信用违约。[13]公司高管之间的裙带关系、会计造假和股价操纵，乃至整个金融市场的非理性疯狂，都应该对房利美和房地美的崩溃，以及全球金融危机的形成负有责任。[14]

政府担保的价值

美国里士满联邦储备银行主席杰弗里·莱克在国会做证时曾指出："美国和其他西方国家对于大型金融机构的救助而非放任它们破产，令全球金融系统承担了严重的风险，造成激励机制的严重扭曲。"[15]

由于大型金融机构的高管和贷款人都意识到政府可能会在金融危机的时候救助这些金融机构，因此他们都希望这些金融机构能够冒更大的风险，以获得更高的投资回报。

美国国家经济研究局和国际货币基金组织的独立研究表明，杰弗里·莱克的判断是正确的。那些享有政府支持的金融机构确实在 21 世纪最初的 10 年里，冒了比别的银行和金融机构更多、更大的风险。[16、17]

美国里士满联邦储备银行的研究表明，在这项研究开始之初的1999 年，美国金融体系里隐性担保的价值是 3.4 万亿美元（占美国金融系统所有负债的 18% 和当时美国 GDP 的 27.6%）。到金融危机之后的 2011 年，隐性担保的价值已经上升到 44.5 万亿美元，占美国同期金融体系总负债的 33.4% 和同期美国 GDP 的 97%。美国金融体系里隐性担保的规模如此之大，甚至超过美国联邦存款保险公司对全美所有银行存款提供的正式的和显性的保险的规模（约 10.6 万亿美元，占美国金融系统总负债的 28.3%）。和房利美、房地美不同，美国联邦存款保险公司是直接获得美国国会授权并通过向银行征收保费为银行破产提供保险的。它所提供的保证以及收益，除了美国政府最初的授权和出资，并不需要美国政府承担任何额外的隐性担保或者成本。[18]

诺贝尔经济学奖得主、美国麻省理工学院教授罗伯特·默顿在其主持的一系列研究中发现，2008 年全球金融危机的时候，政府提供的隐性担保对于扭曲股票市场和债券市场之间的相对收益与风险，负有不可推卸的责任。这种扭曲在大型金融机构、有可能有违约和破产风险的债券、较高信用评级的债券身上表现得尤其明显。研究反映出，政府对系统重要性金融机构所提供的隐性担保，诱使这些机构和证券发生违约风险，然而政府对此浑然不觉。[19]

由于有了政府隐性担保的支撑，大型金融机构真正实现了大而不倒。它们即使是在金融危机的时候，也能获得政府廉价的资金支持，完全不需要担心自己的存活和资金来源。通过对美国 74 家金融机构的研究，默顿教授发现，通过固定利率资金和短期借贷等优势，这 74 家金融机构的股东及其债权持有人在金融危机当中从纳税人手里转移了价值 3 650 亿美元的财富。[20]

除了这些大而不倒的金融机构，房利美这类政府支持性企业也给一些金融机构带来了意想不到的帮助，使其债务人、债权人和股东都认为政府可能会在危机的时候救助它们。[21]

根据纽约大学教授韦拉·阿查里雅的研究，大型金融机构在1990—2010 年的 20 年间，每年平均享有比其他金融机构低 28 个基点的融资成本。当然，这种隐性担保在金融危机爆发的时候才会体现出其最大价值。在 2009 年金融危机最严重的时候，各国政府向大型金融机构的投资者转移了超过 1 000 亿美元的财富。[22]

和美国的情况类似，欧洲很多国家的政府在 2008 年金融危机之后也向本国金融机构提供了大量担保，以保证它们顺利渡过难关。但这种短期担保最终导致很多欧洲主权国家自身信用评级下降，以及 2009 年欧洲主权债务危机的直接爆发。[23、24]

无论我们采用哪种方式来衡量，结论都是一样的，那就是政府希望通过向大型金融机构提供隐性担保以缓解金融危机的想法和做法，虽然在短期看似有效，但是并不能真正改变这些金融机构过度冒险的投资行为，也给各国政府和广大纳税人带来了重大财富损失。[25、26]

里士满联邦储备银行主席杰弗里·莱克曾指出，政府提供的隐性担保的规模还在持续扩大。每次金融危机过后，金融救助的规模都会扩大，政府提供的隐性担保的代价也会越来越高。经过一系列危机前后的激进的收购和兼并交易，全球银行的数量越来越少，规模却越来越大。目前，全球最大的 12 家银行只占全球所有银行数量的 0.17%，但却控制了所有银行资产的 69%。[27] 这么高的资产集中度，意味着大型银行越来越难打破它们身上所享有的大而不倒的特权[28]，同时它们在和政府进行讨价还价的时候，能力变得越来越强，筹码也越来越重。我们设想一个情景，假如所有的大型银行都决定在同一时间增加它们的风险敞口，那么各国政府几乎没有任何选择，只能屈服于它们的要求，给这些银行提供更强、更有价值的担保，以保证这些银行不出问题。政府这种受到银行风险敞口绑架的局面，又会直接诱使这些金融机构冒更大的风险，最终导致新一轮的金融危机，恶性循环就这样一直延续下去。[29]

股市禁卖空与楼市补差价

随着中国国内房市限购令等一系列调控措施的出台，2013年许多城市的房价出现了一定程度的滞涨和回调。在一部分居民和投资者对楼市终于可能出现的转机而长舒一口气时，另一些在前期高位入市的买家则不可避免地开始蒙受损失，于是业主高呼"维权""补差价"，和开发商之间形成了一场拉锯战。

本书无意判断在这些纠纷中孰是孰非，只是想把房市和股市做一稍有牵强之虞的类比。当2007年股市从1 000点左右一路高歌猛进，一直涨到6 124点，虽然也有有识之士不时指出市场存在泡沫和风险，但从未出现过投资者集会请愿，要求监管层出手压制市场、缓解风险的情况，大家都乐此不疲地捞钱。

而就在短短一年之后，股指一路狂泄至1 600点，于是各种关于"护市""救市""刺激"的言论主张一时不绝于耳。其中呼声最高的，恐怕是那些在高位累计重仓的投资者。而救市与否，也就不再是简单的市场问题，甚至带上了一丝维护稳定和保护投资者的色彩。

这种情况并非我国独有。随着2009年全球经济刺激政策的推出和美国一系列量化宽松政策的实施，全球股市出现一波大规模的牛市。而后受美国国债评级下调、欧洲主权债务危机和日本地震的影响，投资者的信心受到重挫，很多国家的股市又出现大规模回落。一时间有人重谈全球金融危机，亚欧的几个市场又重现了2008年禁止卖空的局面，以防止股市进一步下跌。

禁止卖空原则上就是禁止对市场持有负面观点的人入场，不许那些愿意先卖出股票再以低价买入获利的人进行操作。这种做法本身是否合适，本书前文有专门的论述。笔者在国际一流金融期刊发表的研究文章中发现，美国股灾、1992 年存贷机构危机、1997—1998 年东南亚金融危机和 2000 年互联网泡沫破灭期间，各国都曾采用过不同程度的禁止卖空的措施。但这些措施往往只在短期内遏制了股市下跌，中长期来看不但未能维稳，反倒有时在卖空禁令解除后，引发了股市进一步下跌。

但禁止卖空究竟和楼市补差价有什么关系呢？事实上，无论股市还是楼市，金融市场归根结底是风险的市场，即投资者是否愿意为享受某种收益（例如存款利息、股票分红、房价上升空间和房租收入）而承担某些风险（例如银行倒闭、股市大跌和楼市调整）。一旦投资者对投资风险的估计出现改变，价格也会随之改变。1990 年诺贝尔经济学奖得主默顿·米勒教授早在 20 世纪 80 年代就曾指出，资本市场对于负面信息的有限反应，和对悲观的投资者对市场的负面态度的忽略，很大程度上限制了资本市场汇聚信息、发现价格的作用。

资本市场起起伏伏、波澜壮阔，任何时间点都存在看涨的多头和看跌的空头，这是一种常态，但市场上对于多头和空头的态度却总是大相径庭。投资者低吸高抛，买入之后长期持有股票并通过股价的上涨而获利，被当作投资者从股市获利的不二法门。但众多投资者往往忽略了投资其实还有另外一个不太受人关注的渠道，那就是在高价（通过融券业务）卖空，然后在今后以较低的价格买入同一资产，并通过高抛低吸的方式获利。这两种方式从本质上来讲如出一辙，无非都是利用买卖价差获利，其主要操作区别在于是先买后卖（传统买入持有策略），还是先卖后买（卖空策略）。而两者最大的区别可能就在于买入行为（先买后卖）代表了期盼股市上涨，而卖空（先卖后买）行为则预期股市下跌。

环顾全球投资界，既有像巴菲特、彼得·林奇这样慧眼独具，在早期布局具有投资价值的成长股而赚得盆满钵满的长线买入持有型投资者，也有像约翰·保尔森这样通过卖空东南亚金融危机中的亚洲国家外汇和全球房地产泡沫中估值过高的担保债务凭证、信用违约互换产品而致富的卖空型投资者。有趣的是，对于这两种不同的投资者，不仅社会公众舆论迥异，而且他们对市场的影响力也大不相同。长线持有股票且看多市场的成功投资者被社会广泛接纳为"股神"或者"预言家"，而那些通过卖空获利的投资者却往往被冠以"大鳄""狙击手""搅局者"等不太正面的称号。哪怕是与卖空相关的金融衍生产品如股指期货和个股期权也被一些人视为资本市场的"洪水猛兽"而避之不及。

关于看空者和卖空者对市场的影响的争论，一直可以追溯到世界资本市场创建之初的荷兰。荷兰股市创建之初，也曾经出现过投资者为了推动股市上涨而要求监管者禁止卖空者进行卖空交易的运动。荷兰政府也确实曾经一度限制了股市和其他投资市场（包括出现了人类金融史上第一次泡沫和崩盘的郁金香市场）的卖空行为。

这一禁令确实让荷兰股市和其他投资领域在短期内走出了一段强劲的牛市，但可惜好景不长，最终以郁金香市场泡沫的破裂和资本市场的大跌而收场。投资者和监管者希望股价不停上涨的美好愿望，终究没能扭转那些他们所限制的悲观者的预期。

对于卖空者最严厉的措施可能要算拿破仑统治下的法国。在当时的法国，投资者如果被发现从事卖空交易，将会被判刑入狱。然而可惜的是，这一堪称"史上最强"打击悲观投资者的手段也没能如政策制定者预想的那样维护法兰西股票市场的稳定，催生出一波像样的大牛市行情。

既然限制悲观情绪的做法在长期未必奏效，有时甚至会催生泡沫的形成和发展，市场为何对悲观者和卖空者如此憎恶呢？很大程度上是因为监管者和投资者都担心卖空者会向市场传递负面信息，进而压低股价或者导致其他资产价格缩水。可是并没有任何一个经济学或金融学理论宣扬股价上涨一定是好事，反倒是历史上一次又一次的经济危机和金融泡沫让越来越多的理论家与实践者意识到，吹大一个新的泡沫并不能成为治疗前一个旧的泡沫的解决方法。

当然，还有些监管者和投资者担心卖空者判断失误会误伤那些资质优良、估值合理的公司。其实，这种担心实在多余。对于那些准备持有该股票的长期投资者而言，卖空者压低股价并不是个很大的问题。短期的股价波动并不影响他们的投资决定，没准儿还给他们提供了增加仓位的机会。那些一两块钱买入搜狐股票、三五块钱买入腾讯股票的投资者，估计都会从心底感谢当年在互联网泡沫破裂后卖空这些股票的"空军"。

那么，对于那些不幸在高位买入而又不幸在低位抵制不住恐惧而斩仓出局的短线投资者呢？这恐怕只有回到巴菲特的格言，谁让你不了解你所买入的股票呢。毕竟买卖交易有双方，当一个投资者被震仓出局的同时，必定有另一个投资者正等着欣然入场。浑水公司卖空中国概念股的时候，虽然压塌了一些财务造假公司的股票，但不也为另外一些投资者提供了廉价买入蓝筹股的好机会吗？

卖空者只不过是帮助悲观者表达了自己的意见，并且帮助市场更全面地考虑所有信息而已。市场上的其他参与者完全可以通过买入股票而忽略悲观者的意见，正像悲观者通过卖空股票而忽略乐观者的意见一样。和买入者不同，卖空机制中所设定的保证金制度已经让卖空者承担了比买入者更大的风险和压力，因此卖空者在一定程度上是选择自己承担风险为市场提供信息。

故而，悲观与乐观，看跌与看涨，空头和多头，不过是在经济和市场运行的不同阶段的相对态度，并不一定有高低、好坏和善恶之分。反倒是有研究表明，那些高调反对卖空其股票的公司，往往最终被证明确实存在财务问题。安然公司和世通公司，这些一度号称要和卖空者"战斗到底"的公司，最终都被历史证明了其背后的欺诈行为。雷曼兄弟更是在其高管谴责卖空者不到半年的时间里突然宣布破产。

清者自清，如果没有什么可隐瞒的，大多数情况下，市场会给出正确的判断和公允的价格，还上市公司以公道。谴责、羞辱甚至威胁悲观者，反而会给市场传递一种缺乏信心的信号。悲观的卖空者在历史上承担了很多他们无须承担的责任，虽然很多人都不了解"空军"到底伤害了谁。

2008年的全球金融危机后，世界上很多国家相继推出了限制卖空交易的规定。这一规定在短期内确实达到了阻止股市急速下跌，稳定金融市场的目的。但事后表明，这一监管措施的推出不但在短期内严重扭曲了市场价格对真实信息的反映，影响了市场传递信息的效率，更在中长期改变了投资者对监管者作用的预期（从保证资本市场合法运行到积极主动托市，防止投资者蒙受损失）和投资者对风险的偏好。这一监管措施的改变和各国政府对金融机构的救助措施一起，被很多专家认为是金融机构越来越大而不倒、金融体系风险持续累积的一个主要原因。

在经历了大牛市之后，许多中国家庭和投资者都把房地产视为最安全的投资品。国家政策扶植、地方政府利益驱动、货币供应增加、通货膨胀高企不下、开发商囤积居奇，一条条都成为房市只涨不跌的强有力推手和证据。即便投资上出了点小失误导致出价过高买下房产，也不需要等到市场反弹，而只是通过和开发商进行交涉就有可能避免短期因房价下调带来的损失。由此看来，房市果然是和银行存款一样安全的投资。

但银行存款的年收益才 3%~4%，而房市涨幅有时可达每年 30%~40%。为什么同样的风险却有着如此不同的回报呢？关键在于预期。如果市场上的投资者都因为补差价而越发相信房地产是绝对安全的投资，那么房地产必将吸引更多投资，因此势必进一步推高房价。

20 世纪 80 年代的日本，90 年代的中国香港，新千年的美国、英国、希腊、西班牙，都经历了类似的房地产大牛市，也都不幸地以房地产市场的大调整而收场。事后，监管者、投资者都反省说，房地产市场没有卖空机制，负面看法没表达，以致泡沫持续时间过长，才导致了之后长时间的下跌。套用一句老话，"出来混，迟早要还的"，人们对投资风险的误判必然会导致宏观经济风险的累积[30]，悲观不一定是消极，乐观也并不一定是积极。通过买入赚钱的不一定就是英雄，而通过卖空赚钱的也未必是扰乱市场秩序的魔鬼。真理有时是掌握在少数人手中的，只可惜传递真实信息的信使未必总是受到欢迎。投资者总是寄希望于百年一遇的大牛市，为什么却对周而复始的泡沫置若罔闻呢？

宽松的货币政策

另一个非常普遍但不太受到人们关注的隐性担保方式，是宽松的货币政策。就像美联储前主席保罗·沃尔克所说，"中央银行最容易做出的决策，就是宽松货币"。[31] 只要通货膨胀不超过预先设定的政策目标，很多银行都不得不承认，保证和支持经济增长是中央银行另外一个有时不公开的政策目标。为了推动经济发展和就业增长，很多经济学家都认为，中央银行最好或者说最容易的选择，就是宽松的货币政策。

在 1989 年美国股灾和由此引发的美国存贷危机之后，时任美联储主席的格林斯潘通过大幅降低利率的方法，大规模地向经济体里释放流动性。由于这种宽松的货币政策在短期里并没有引发美国国内通胀，也没有造成资产泡沫，格林斯潘自信地认为，互联网的出现和全球经济一体化进程的加速，会使美国的生产力大幅度提高，因此他所推行的宽松的货币政策既不会像历史上的其他刺激政策那样推高美国物价或者资产价格，也不会造成大规模的金融危机。直到格林斯潘 2006 年（次贷危机爆发的前一年）卸任的时候，他的这种想法依然得到全球政策层的认可。世界各国的领导人都认为格林斯潘用出色的货币政策帮助美国和全球经济躲过了一次次的危机，避开了 1998 年东南亚金融危机和 2000 年互联网泡沫破灭之后经济的突然下滑，并且创造了新的经济增长点。因此，全球的经济学家和银行家都用"大师"和"伟大的金融家"的头衔来称赞他。[32]

然而，恰恰是他，把美国利率长时间设定在历史最低水平，导致美国房地产市场投机情绪的上升和 2007 年美国房地产泡沫的崩盘。极低的利率给全球投机者创造了充分的动机进行高风险投资，很多人深信格林斯潘所说的金融创新真的可以根本性地改变货币政策和金融市场的收益与风险之间的均衡，这又在很大程度上扭曲了美国和全球资本市场投资者对于风险的判断与预期，让全球的投资者都变得亢奋而疯狂，对风险置若罔闻。随着金融危机的爆发，大家才开始怀疑格林斯潘的说法和宽松的货币政策究竟是否正确，才开始觉悟到，这些年过度宽松的货币政策要对 2007 年美国房地产泡沫和之后的全球金融危机负直接责任。就像法国寓言诗人拉封丹所说，"人总是在试图逃避命运的路上，遇见自己的命运"。[33]

SIV 里的隐性担保

除了政府，一些金融机构也会提供自己的显性或者隐性担保。在 2008 年全球金融危机爆发之前，美国很多大银行和金融机构都利用表外的特别投资平台和资产证券化的方式进行融资与收益较高的投资。截至 2007 年底，资产证券化市场规模达到 9.3 万亿美元，是当时美国国债规模的两倍左右。[34]

这种被称作"结构性投资工具"（SIV）的资金池产品，往往是银行在其资产负债表外所设立的特殊投资工具。从某种意义上来说，银行和这些结构性投资工具之间的关系有点类似政府与政府支持型企业之间的关系：银行虽然并不持有结构性投资工具的股份，但市场上的投资者都普遍认为银行会对结构性投资工具的存活和信用负责。投资者之所以喜欢投资于结构性投资工具产品，既是因为这些产品的收益高于银行存款和国债收益，也是因为他们认为结构性投资工具背后的银行会为他们的资金安全提供担保，因此只要银行本身的安全没有问题，他们的投资也将会是安全的。

这不免让人想起曾经在国内非常流行的以余额宝为代表的互联网金融产品。余额宝对接的是以天弘增利宝货币基金为代表的开放式货币市场基金。类似这样的投资组合，特点就是规模大、"安全性强"。在海外，货币市场基金往往通过投资在安全、流动性好的短期债券上获得比银行存款更高的利率，也因此成为全球千千万万家庭理财不可或缺的好帮手。吸引投资者的既是因为这些产品的收益比银行存款高，也是因为几乎所有投资者都认为货币市场基金和存款一样安全。但是大家认为的安全，其实并非一定安全，或者至少是没有存款那么安全。货币市场基金就是货币市场基金，它接受的是基金法的监管，而非银行法的监管。基金管理者不需要向监管部门提交准备金，投资者的资金也不受存款保险制度保护。买过基金的投资者都知道，在基金不进行分配调整时，基金净值跌破一元后，投资者就会蒙受损失。

那么，货币市场基金自1971年问世之后，有没有货币市场基金给投资者带来过损失呢？答案是肯定的。1994年美国的一家小型货币市场基金因为投资不当，导致其净值跌至每股96美分。因为当时基金的投资者全都是机构投资者，所以没有个人投资者在这一过程中受损，整个事件也没有引起太多关注。但在货币市场基金诞生37年之后的2008年，伴随着雷曼兄弟在全球金融海啸中的破产，不止一家货币市场基金宣布，由于其持有的由雷曼兄弟发行的债券或债务随着雷曼破产而不能支付，导致基金净值跌破一美元，因不能支付基金投资者对赎回的申请而不得不清盘。市场的恐慌和投资者紧急赎回的要求，致使美国财政部不得不出面为货币市场基金兜底，担保货币市场基金的本金安全，美国金融体系才躲过一次差点由货币市场基金损失而引发的危机。

由此可见，货币市场基金虽然大体安全，但并非"刀枪不入"，它和银行存款的安全性还不能同日而语。因此，监管者既不应该向其征收准备金，投资者也不应该盲目地认为货币市场基金和存款一样安全。余额宝产品收益之所以高于银行存款利率，一定程度上就是因为投资者承担了这种客观存在但又被大多数投资者主观忽视的风险。等到真的出现流动性危机时，是由基金管理公司、互联网企业还是监管部门来为余额宝和其他类似的"宝宝"兜底，就是另外一个重要但很多投资者从未考虑过的大问题了。

和货币市场基金受到金融危机冲击而面临倒闭不同，结构性投资工具对 2007—2008 年的全球金融危机负有不可推卸的责任。

结构性投资工具主要通过销售商业票据等短期债券，购买次贷债券等长期债券，赚取之间的利差获利。所谓结构化，就是通过一定的金融工程使投资工具和分层达到结构上的提升，以实现给投资者带来更高收益的目的。相比普通的定期存款，结构性投资产品往往被认为是低风险、高收益的"创新型"产品。

结构性投资工具大多是由国际知名的大银行在考虑风险管理的前提下，在公司的资产负债表以外另外成立的基金。为了能获得低廉的融资成本，银行往往利用本身良好的信用为结构性投资工具提供背书，让这些公司能够以银行间拆借市场的低利率（一般多是以伦敦同业拆出利息率）在市场上发行商业票据，以此取得低利率的资金。在完成融资后，结构性投资工具会再把这些资金投入到比较安全的中长期债务中以谋得较高的投资利率。通过这样的资金腾挪，结构性投资工具自信可以在保证资金安全的前提下，赚取长短期的利差，也就是达到长短期限上的收益套利。更有甚者，有不少结构性投资工具为了赚取更高的收益，大量投资在当时看似安全，金融危机爆发后被证明有高度风险的"有毒资产"。

但是，金融界有句老话，叫作"天下没有免费的午餐"。收益和风险本来就是一对孪生兄弟，很难只获得前者而不承担后者，结构性投资工具也不例外。

由于结构性投资工具是借短期去投资长期，借款部分的资金需求会比投资部分的投资收益先到期，因此，产品本身从一开始设计时就不可避免地面对"流动性风险"。一般的商业票据大多是 10 天到一个月到期，而中长期债券则是从 1 年到 10 年以上都有，也就是说，如果一家结构性投资工具管理公司利用发行一个月的商业票据去筹资买入一年到期的债券，那么这家公司需要至少 12 次顺利的商业票据融资才能保证其现金流不断裂。

当市场稳定、资金充足的时候，一切都不是问题。美联储在 2000 年以后为了挽救美国互联网泡沫破灭给经济带来的冲击，释放了大量的流动性，之后结构性投资工具也取得了高速的发展。鼎盛时期全球有 30 多家结构性投资工具机构，持有的资产超过 4 000 亿美元。很多商业银行和金融机构因此赚得盆满钵满。

但是，随着 2007 年美国房地产市场颓势初现，房地产次级债务市场出现松动，许多结构性投资工具在售卖新的商业票据以代替即将到期的旧商业票据时遇到了很大的麻烦。仅花旗银行一家就在 2007—2008 年，有超过 1 000 亿美元的资金被套牢在结构性投资工具中。与此同时，由于很多金融机构所看好和笃信的"安全"的美国房地产次级债出现大幅度下跌和违约，结构性投资工具的投资标的也不再安全，非但没有给结构性投资工具带来更高的投资收益，很多甚至出现了大规模亏损。等到金融危机顶峰时，全球信用市场的枯竭更是成为压垮结构性投资工具的最后一根稻草。所有结构性投资工具都因为资金流断裂而宣告失败。截至 2008 年 10 月，结构性投资工具全部偃旗息鼓，不再进行积极的投资了。

2007—2008 年的全球金融危机暴露出结构性投资工具至少有三重风险。第一重风险是流动性风险。随着流动性紧缩，结构性投资工具平时习以为常的融资渠道突然崩塌，导致结构性投资工具整个商业模式轰然倒下。同时，流动性收紧所带来的高风险，低流动性资产（比如房地产次级债）价格的大幅下跌，也导致结构性投资工具的投资标的不再安全。"风大的时候，肥猪都会飞上天；只有在潮退的时候，才能知道谁在裸泳。"巴菲特的总结何其精辟。但美国金融危机之前几年市场上一贯的资金过剩导致金融机构明知有风险，仍然要玩火的疯狂决定。

第二重风险是违约风险。结构性投资工具买入的债券如果到期无法清偿，也会给结构性投资工具的投资业绩和资金安全带来风险。如果结构性投资工具只是买进非常安全的美国国债，那么金融危机可能也不会给它带来灭顶之灾。正是因为结构性投资工具持有的是大量看起来和美国国债同样安全的 AAA 级的"次级房贷"债券，在美国房价下跌时，结构性投资工具的投资也就完完全全失败了。而债券投资风险中最重要的违约风险，恰恰就是很多结构性投资工具早年收益不可一世的一个重要原因。是风险，迟早会出现，有时候只不过是时间早晚而已。

第三重风险是信用风险，也就是结构性投资工具的信用资质。因为结构性投资工具的信用来自背后所依靠的金融机构的信用资质，因此一旦出现风吹草动或者金融危机，金融机构本身是否有能力、有意愿来救助结构性投资工具及其投资者，也是值得投资者慎重考虑的。

综上所述，结构性投资工具遭遇风险和损失其实只不过是迟早的事，关键在于投资者是否知晓这种情况，并对此做好了充分准备。

从某种意义上讲，中国的余额宝和其他类似的"宝宝"，也是从投资者那里以短期融资的方式，把客户零散的短期资金集约起来投资在中长期的协议存款产品中以获得较高收益的结构性投资工具。当然，和加剧 2007—2008 年全球金融海啸的结构性投资工具产品所不同的是，余额宝只是初级水平的结构性投资工具，它既不通过系统性地发行短期债作为融资途径，也不在投资时通过放大杠杆率来增加风险以获取更高的收益。最重要的是，和那些投资在看似安全的 AAA 级次级贷款的结构性投资工具所不同，余额宝的主要投资标的是协议存款领域，所以相对安全。

但是，从另一个角度来看，发生在海外货币市场基金和结构性投资工具身上的风险，也完全有可能在中国上演。毕竟中国目前仍然是一个发展中国家，经济金融体系也在高速变革和发展的过程中，也会面临这样那样的风险。

作为投资者，最重要的任务是能够了解并且准确地衡量投资机会的风险。作为产品设计者和提供方，企业有义务充分披露产品背后的机会和风险。而作为监管者的政府，则有职责给所有的企业提供一个公平竞争的监管环境，并给投资者以投资者教育和风险警示方面的保护。在以上前提下，投资者的风险偏好如何，购买哪种产品，在产品出现违约后就应由投资者而非政府承担，这才是充分发挥市场作用的良好机制。违约、破产、损失都是经济金融市场发展过程中必须经历的，逃不过也避不开，只有如此，投资者才能成熟；只有如此，市场才能成长。金融危机往往并非源于金融创新，而来自促成金融创新过程中的金融扭曲。

过度慷慨的信用评级提供的担保 [35]

2011 年 8 月，全球最重要的信用评级机构——标准普尔公司和穆迪公司——受到全球金融市场参与者的高度关注。先是美国信用评级机构标准普尔有史以来第一次调低美国国债的信用评级，引发全球股市大跌和全球金融体系的又一次大幅震荡；短短几周过后，另一个重要的信用评级机构穆迪下调了日本国债的信用评级，又着实给那年夏天的资本市场吹来一阵寒风。

托马斯·弗里德曼曾把信用评级机构比作超级大国："美国可以用炸弹摧毁一个国家，而信用评级机构可以通过调低一个国家的信用评级摧毁一个国家，我不知哪一个超级大国更让人恐惧。"弗里德曼指的是一旦一家公司或者一个国家的信用评级遭到下调，那么许多投资者就会对该公司或该国偿还债务的能力产生怀疑和担忧。这种怀疑和担忧又会使该公司或国家今后的融资难度大大增加，融资成本大幅提升，导致公司运营效率的降低和国家经济发展的减缓。

然而这貌似严密的推理逻辑却并没有在当时的国家债市上得到证实。美国国债的收益率不但没有因信用评级的下调而大幅上升，反而出现了大规模下调，更是一度触及美国国债收益的历史低点。与此类似，日本股市在国家信用评级下调后只蒙受了 1% 左右的跌幅，而日本国债收益更是神奇地几乎毫发无伤。那么是理论失误了，还是市场失灵了呢？

可能都不是。过去对所有债券的评级和定价都是围绕"安全资产"也就是美国国债而制定的，即便是在 20 世纪 80 年代如日中天时期的日本国债，也曾因为日本的政治体制而被认为比美国国债的违约风险要高。如今评级和定价的标杆改变了，虽然美国国债的评级下调了，但市场认为其担任市场标杆的作用没变，所以评级下调这一事件本身并没有造成想象中那么大的影响。

再来说美国和日本两国。虽然这两国的财政和偿债能力的确堪忧，但政治、经济和外汇的基本架构仍然稳定。反观和美日两国一直齐头并进的欧元区，却不得不在处理内部经济增长乏力的同时，还要应对欧元区内大国与小国、富国与穷国、财政稳健与财政进取国家之间的矛盾和平衡，这让欧元区债务的吸引力下降，一定程度上抵消了美日两国国债的问题和风险。

特别值得一提的是，标准普尔公司有可能在这次信用评级下调的过程中从原来公正公平的地位上跌下来。先是美国财政部指出标准普尔在估算美国财政状况时犯了简单的算术错误，接着美国证监会着手调查该公司是否在进行评级下调时泄露了某些关键信息，然后又爆出该公司总裁辞职，引发人们猜测该公司是否在利用这次评级下调进行危机公关，试图挽救其在全球金融危机中给大量有毒资产提供优质信用评级所造成的名誉损失。

金融市场是信息的市场，也是信心的市场。就像投资银行家、证券分析师和基金经理一样，信用评级机构也是通过为市场提供这两种非常有价值的服务而获得丰裕的报酬的，然而，正是在丰裕的报酬面前，一个又一个金融机构倒了下去。从20世纪80年代的垃圾债券米尔肯到90年代的安然，从互联网泡沫中的证券分析师到创业板上市中的保荐人，金融机构的公信力一次又一次地受到市场的质疑。随着金融创新的不断深入和全球一体化的加深，摆在金融机构面前的是前所未有的机会和随之而来的挑战。

长久培养出来的信任可以提供很多技术层面所不能提供的信心和信息。百年老店的声誉一旦受到质疑，可能会需要下一个百年来修复，标准普尔足以以此为鉴。其经历又何尝没有给那些如雨后春笋般成立的众多信用评级机构和征信机构上了及时的一课呢？

《多德–弗兰克法案》无法解决的问题 [36]

2010年，时任美联储委员会主席的伯南克在美国国会做证时表示："如果说金融危机给我们带来了什么教训，那就是我们必须要解决大而不倒的问题。"这一说法在几年后成为全球各国监管者和学者的共识。然而，在如何解决这一问题上，目前仍普遍存在争议。无论是"沃尔克规则"还是《多德-弗兰克法案》，它们是否能真正解决这些问题仍存疑问。

整个争论的焦点，是市场上投资者的预期。众所周知，市场预期既很难证明又很难证伪。譬如，有学者认为《多德-弗兰克法案》本身应足以改变投资者的预期，使他们相信政府今后不会再为大型金融机构的愚蠢行为买单了。这种做法至少在表面上看确实是有效的，因为政府从来就没有承诺过会为受困的金融机构承担责任。

但问题的真正困难在于，如果下一次真的爆发全球金融危机，政府是不是有足够的决心按照事先承诺的那样不对金融机构进行救助。至少到目前为止，各国政府都没有给投资者和市场一个明确的交代，而还是用一种"建设性"的、含糊的做法助长市场中的不确定性。[37]就像美国在 2008 年金融危机中选择救助 AIG（美国国际集团）而没有救助雷曼兄弟一样，整件事情在事前、事中到事后，都存在大量的不确定性和不透明性，也很难让投资者对政府的救助行为做出预期。

全球的监管者其实在以前也尝试过类似的做法。早在 1984 年，全球性的金融监管机构金融稳定理事会就曾在全球范围内指定了 11 家大而不倒的银行。2008 年金融危机之后，金融稳定理事会再次出台了一份全球系统重要性金融机构的名单。但这种做法其实非常危险。一方面，名单突出了这些金融机构的重要性，让政府觉得必须要保证它们的稳定；但另一方面，理事会又说不会对这些金融机构提供帮助。[38]如此矛盾的态度，只能令投资者继续按照自己对事态的解读和历史经验行事，于是他们判断政府还是会一如既往地救助那些受困的金融机构。

问题的核心仍然在于市场参与者是不是真的相信政府会在今后的

危机中袖手旁观。对此，纽约大学的韦拉·阿查里雅教授进行了相关研究，研究假设如果政府真的想为金融机构提供隐性担保，那么市场上大型金融机构发行的证券应该会比其他金融机构所发行的证券更加安全。根据金融市场高风险高收益的原则，在其他情况相同的前提下，风险低的机构所发行的债券收益率也相对更低，风险较高的机构所发行的债券收益率就应该相对更高。由于重要的金融机构可能获得政府的担保来降低风险，因此投资者认为这些金融机构发行的债券更安全，那么他们预期这些债券的收益率也会相对较低。

通过对 2008 年金融危机之后不同金融机构发行的债券的定价进行研究和分析，纽约大学的研究团队发现，市场上确实存在风险和收益之间的正向关系。大型金融机构所发行的债券和其他金融机构所发行的债券相比，收益率确实相对较低，也就是说，大型金融机构所发行的债券的风险确实被低估。据研究者分析，被低估的一个主要原因就是投资者认为在出现风险的时候这些大型金融机构会获得政府的救助。也就是说，即使是在《多德-弗兰克法案》通过之后，市场上仍然保持对政府挽救大型金融机构可能性的信心。

盖棺定论为时尚早

自从 2008 年全球金融危机以来，全球范围内的大量争论都是关于西方各国是否应该救助在金融危机中受到重创的金融机构的，以及如何让今后的救助以一种更加透明和公平的方式进行。支持救助的论点认为，救助金融机构有利于防止全球金融和经济出现崩溃与金融市场出现大规模下滑，美联储也用这一理由作为其量化宽松政策的一个重要支持。支持者认为，事后来看，量化宽松政策和各种各样的救助、刺激对于终止全球金融市场的下滑和经济衰退确实起到了非常重要的作用。

然而，全球金融危机之后出现的欧洲主权债务危机和美国财政悬崖等问题，已经显示出主权政府在救助受困的金融机构的过程中所面临的财务困境。那么为什么短期内稳定经济和金融市场的做法却会在长期给全球金融体系带来更大的负面影响呢？

首先，通过救助受困的金融机构，政府再一次向市场参与者传递了一个信号，即确认了自己对金融机构提供的隐性担保。救助措施进一步巩固了银行大而不倒的地位，使得银行更有胆量承担高风险、追求高利润。这种担保诱发的冒险行为可能会在长期给全球金融体系带来更大的风险和冲击。

其次，在拯救本国金融机构的过程中，很多国家的主权信用受到负面影响，进而卷入了主权债务危机。而主权国家信用评级的下降又直接导致了它们对于所救助的金融机构所提供的隐性担保的价值的下降，进一步危害了它们所救助的金融机构的稳定和生存。欧洲主权债务危机的问题如此严重，以至于欧盟、欧洲央行和国际货币基金组织不得不联手挽救欧洲主权债务危机。因此，各国政府至少必须在先保证自己财政稳定和可持续的基础上，才能考虑救助金融机构，否则很可能事倍功半。[39]

因此，无论是美联储对金融机构的救助、问题资产救助计划，还是数轮的量化宽松政策，这些都无法用短期的经济稳定和恢复来证明其优劣。只有在今后继续寻求金融秩序的重塑和全球经济金融体系稳定的过程中，这些政策的长期影响才能得到最后评判。其实，根据经济学和金融学理论，这些政策的好坏已经有了非常清晰的结论，临时救市即便能够保证短期稳定，也是冒了牺牲长期利益的风险的。但恰恰因为未来一代人无法为自己的利益辩护，因此现实的政策制定者总是选择先解决短期问题而把更重要也更难解决的问题留给未来。

这种短视的行为和目前全球各国政府和政党所执行的选举政治和周期竞选一拍即合。竞选者都对选民的短期支持非常看重，因而忽略了那些长期的、战略性的决策，因此各国政府都有非常强烈的动机尽可能维护短期内经济的稳定和发展，而把更有挑战性的改革任务留给今后的执政者。

从这个意义上来讲，中国和全球其他国家所面临的挑战都是一样的。各国政要和企业高管一样，都必须清醒地在长期和短期之间进行公平、高效和可持续性的权衡，不能无限度地以牺牲长期利益作为短期获得选票的手段和代价。[40]

新冠肺炎疫情政策应对及其长期影响

自从 2020 年 1 月新冠疫情暴发，全球资产价格大幅下跌之后，以美联储为首的全球央行推出史无前例的量化宽松刺激政策。全球资产价格在大幅下跌之后，出现了一个明显的 V 形上升。很多资产的价格，包括全球很多国家的股市，尤其是股市的一些头部企业，也包括全球各地的房地产市场，特别是一些热点城市的房地产市场，都不但超出了疫情之前的水平，很多甚至连续创出了历史新高。

美国股市和楼市，更是在货币和财政刺激的双重支撑之下，屡屡创出新高。如果用历史的角度来评价，2021—2022 年无论是美国的房地产市场，还是美国的股票市场，估值水平都远远高于历史的平均估值水平。2021 年底，美国房价已经明显超过 2008 年全球金融危机之前的水平，而整个美国股市的估值也超过 2008 年全球金融危机爆发之前的美国股市的估值。

所以，从历史的估值角度来看，目前全球资产价格确实是远远高过了其基本面的价值，让人担心存在非常大的一个泡沫。与此同时，以比特币为首的加密货币，作为对传统货币体系的挑战和风险对冲，更是出现了一个明显和急剧的上涨。其中一个重要逻辑，就是全球投资者都看到了全球央行为了恢复经济增长所提供的极度宽松的货币政策的刚性支持。

由于全球新冠肺炎疫情的影响，几乎所有发达国家的经济都处在一个非常缓慢的恢复过程。正因为经济复苏和企业盈利复苏缓慢，全球的投资者才对于更多和持续的宽松刺激政策寄予更高的希望，甚至将利空当利好，把经济衰退的风险当作央行放水和股市上涨的重要推动力。正如本书上一版里所讨论的，基于2008年金融危机之后，全球的央行和政府采取史无前例的救助和刺激政策推高资产价格，全球投资者的预期都发生了深刻的改变。很多投资者虽然心里很可能都意识到自己一定程度上是在打赌，仍然押宝全球政府会在股市大跌时，通过进一步刺激来维护资产价格和经济复苏的速度。也就是说，很多投资者的心态，在2009年全球量化宽松政策推出之后，就已经逐渐进入忽视资产基本面价值，高度乃至过度关注资产短期价格波动的泡沫心态。

2018年美联储在经济复苏逐渐步入正轨之后，曾经试图退出量化宽松政策，并开启加息周期。但全球资产价格在此预期下，出现明显调整，影响甚至波及中国 A 股市场。在这种市场反应和压力之下，美联储不得不放缓，乃至最终放弃最初的退出量化宽松和加息计划。美联储这次半途而废的缩表和加息操作，不但没能打消全球投机者的投资情绪，反而进一步加剧了投资者的投机心理和市场的大幅动荡。

正如本书上一版所解释的，如果市场都对政府的救助和刺激抱有强烈的一致预期，那么，资产价格就会在短期远远高于资产基本的价值，即使所有的投资者都意识到资产价格出现泡沫，大家也会认为这是一种理性的、得到政府支持的泡沫。投资者会认为，随着进一步刺激，资产价格只会越来越高，而不可能出现明显下跌，因为无论是政府还是社会，都不能容忍和接受由资产价格大跌与金融危机所引发的对全球经济复苏的进一步冲击及影响。

但是，这一次历史并没有简单重复2008年全球金融危机之后的轨迹。从2021年下半年开始，全球经济开始逐渐企稳，但是全球资产价格，特别是对流动性更为敏感的股市价格，开始出现明显调整。其中非常重要的一个原因，就是这一次美国和欧洲发达国家都出现了非常严重的通货膨胀。2022年中期，美国和欧洲的CPI水平都达到20世纪70年代，即滞涨期以后的最高水平。而由此所引发的消费者和企业行为的改变，更是彻底改变了2009年全球量化宽松以来在全球逐渐形成的过度宽松的货币政策不会引发通胀，资产价格上涨会吸收量化宽松的流动性，因此不会引发通货膨胀的错误想法。2021—2022年愈演愈烈的通货膨胀，不但从根本上动摇了全球各国央行宽松货币政策的假设，而且更有可能从根本上打破全球投资者认为宽松货币政策没有成本，因此各国央行会将放水进行到底的假设。而一旦这一假设条件不再成立，目前支撑全球资产价格的基本逻辑也会因此受到严重挑战。

其实，通货膨胀和资产泡沫不仅会带来投机情绪高涨和资产价格大涨大跌，其更严重的后果，很可能是收入分配和财富分配的严重不均，从而加重社会不满情绪和社会矛盾。最近一段时间在很多西方发达国家极端政党和政治人物的纷纷登场，一定程度上就是因为在经济增长放缓、全球化收益分配不均的大环境下，资产泡沫所带来的中产阶级购买力下降和社会流动性减弱，这直接导致选民对现状不满和对极端政治立场盲目支持。从这个意义上来讲，刚性泡沫虽然无疑会带来严重的经济和金融风险，但其导致的很可能更严重的政治社会成本，可能需要更长时间，只有通过更加复杂的政治和社会运动，才能得以完全展现。

第十一章

潮水如何退去

只有在潮退的时候，才能知道谁在裸泳。

——沃伦·巴菲特

中国经济在过去40年取得了史无前例的发展。在过去10多年里，中国经济总量超过了英国、法国、德国、日本，成为全球第二大经济体。即使是在目前经济增速放缓的前提下，中国的经济增长速度也领先很多发达国家。中国成功地避开了2008年全球金融危机对自己经济增长的影响，更是进一步令全球投资者坚定了对中国管理自己经济和国内事务的信心。

当然，也有越来越多的专家意识到，中国的经济增长在今后10年将会面临很多新的困难和挑战。那么究竟是什么因素在不停推动中国经济增长的奇迹呢？是强势的政府，改革开放的政策？还是中国转型经济的本质？金融压抑？是被遏制太久的创业精神？勤勉工作的精神？还是高储蓄率？高投资水平？凡此种种，不一而足。

本书综合了以上几种可能，将政府担保归纳成以下三个方面。

制度和政策的保证

改革开放政策无疑对中国自 20 世纪 70 年代后半期经济活力的恢复和重启,实现奇迹般的增长发挥了关键作用。1992 年邓小平同志的南方谈话更从系统上改变了计划经济的体制,推动了市场经济的发展。这一转变更从政策上保证了中国经济增长的长治久安。

改革开放的务实精神无疑在很长一段时间里成功地帮助全社会统一了思想,为全民集中精力搞经济建设奠定了思想基础。发展才是硬道理更是统一了全社会的认识,并使中国政府明确了目标,把工作重心转移到经济建设上来。

和这些精神转变同样重要的是中国政府在经济增长中提供的制度和政策上的保障。这些制度和政策转变了国人对于财富的观念,确立了致富光荣的文化和精神,也为中国 20 世纪 90 年代发生的观念上的转变、为中国经济的增长奠定了坚实的基础。同期发生的国有企业改革不但释放了大量的国有资产,而且释放了大量有技术有经验的劳动者进入中国的劳动力大军。这一全国劳动力数量和素质的大幅提升,不但从根本上改变了劳动者对于生活的期望,而且给中国经济注入了一股前所未有的创业激情。因此,中国经济在过去很长一段时间的增长和奇迹,很大程度上都要归功于中国政府和广大人民把经济增长放到了整个社会发展最重要的地方。

这也解释了为什么在最近中国经济发展模式的转型过程中,很多政府官员依然很难转变"经济发展才是硬道理""经济增长速度越快越好"的观念。随着全球经济形势的变化和 2008 年全球金融危机的爆发,中国政府在过去很长一段时间里一直致力于避免中国经济增长速度的下滑。但是,无论是从长期的经济周期,还是从短期中国经济转型的现实来看，中国经济增长速度放缓基本上是一个不可避免的现实。

面对 2007—2008 年的全球金融危机，中国政府不愿意让经济下滑，就出台了一系列史无前例的刺激和宽松政策。无论中国经济在 2007—2008 年的增速放缓是由于结构性、周期性的原因，还是外部金融危机所致，在 2009 年 4 万亿刺激政策出台之后，很多人都意识到中国那时错过了一个促使经济转型的良好机会，而此后改革的难度和阻力都在日益增加。

为了保障和推动中国经济的增长和发展，中国政府对中国经济提供了强有力的政策和制度保障。这种保障进一步加强了全社会对借贷和投资的信心。而在 4 万亿政策之后，中国政府在推动经济发展和资源配置方面也确实扮演了更加积极的角色，与高铁、高速公路、机场等公共设施相关的基础设施建设和投资对于中国经济增长的贡献度越来越大。[1]

与此同时，很多在 20 多年前接近破产的中国国有企业现在却逐渐发展成为中国经济最重要的组成部分。目前有 145 家中国国有企业成为《财富》世界 500 强排行榜的上榜企业。中国国有企业的总收入从 2008 年的 21 万亿元上涨了一倍，到 2013 年底达到 46.5 万亿元，到 2022 年底达到 82.5 万亿元。但是，同期国有企业的利润增长却明显放缓。

经济增长速度下滑和国有企业利润增长停滞暴露出中国经济转型中的一部分问题。随着居民收入水平的提高，中国民众和社会各界对于环境保护、安全生产、食品安全、交通安全的关注，在过去几年中进一步加强[2,3]，越来越多的人认为中国经济为取得高速增长付出了太高的代价。同时，收入分配不平等问题开始越来越受到全社会关注，

即使是在经济依旧以较高速度发展的当下，国人仍对收入分配不公表示出越来越强烈的关注。[4,5]

在经济增长速度下滑和社会价值取向日益多样化的大环境下，中国经济增长模式的转换就显现得日益重要。在中国经济增长奇迹的基础上，中国领导人意识到，今后中国经济增长的重点应该集中在环境保护、财富（再）分配、教育、创业与创新、医疗、社会保障等能够给老百姓带来实惠、惠及民生的领域。如何能够逐渐退出中国政府对于高速经济增长的保证，实现以速度换质量，以时间换空间，让中国经济可以在今后很长一段时间里健康、可持续地发展，逐渐成为中国政策制定者更加关心的议题。

资本（流动性）的保证

除了宏观层面的制度和政策上的保证，中国政府在过去几十年还成功地向社会和经济提供了另外两种无形的保证方式，那就是资本（流动性）的保证和投资收益（降低投资风险）的保证。

包括诺贝尔经济学奖得主在内的国内外专家均指出过，一个国家资本的稀缺程度是阻碍一个国家经济和金融发展的重要原因。[6] 普林斯顿大学的邹至庄教授也指出，中国经济在过去40年的奇迹，很大程度上依赖于中国国内资本形成的速度和规模。[7]

通过一系列对资本市场、国有企业和国有银行的改革措施，中国迅速把大量社会资源在很短的时间内实现了货币化。从这个意义上来说，中国推动了一项全人类经济历史上前所未有的、迅速的支持新增货币形成的过程。有研究指出，中国经济过去30年的增长主要得益于劳动力和资本这两项重要的经济要素投入的高速增长，而非中国劳动生产率的大幅提高。

这就是中国经济面临增长速度下滑的原因。随着劳动力成本的逐渐上升和人口结构的老龄化，中国已经在国际贸易竞争中丧失了廉价劳动力的优势。因此，中国不得不在过去十几年更多地依赖资本和投资对经济增长做出更大的贡献。

毋庸置疑，宽松的货币政策和积极的信贷扩张为中国经济发展带来了所急需的资本投入。但是，这一看似不用直接面对国际竞争就可以轻易推动经济增长的增长方式，其实也有自己的局限和问题。就像巴菲特所说，只有在潮退的时候，才能知道谁在裸泳。他在这里所说的潮水，其实就是指流动性。水涨船高，在流动性泛滥的时候，经济很可能会取得令人瞩目的增长速度和规模。2008 年金融危机之前全球流动性的泛滥令全球所有爱冒险的投资者都获得了丰厚的收益，并自诩为投资大师，随着 2008 年以美国为首的多国房地产泡沫的破灭和全球金融危机的爆发，很多一度非常成功的公司和金融机构事后被发现都在裸泳，其中不乏因其在金融危机中所蒙受的重大损失而不得不申请破产或者被收归国有。

中国的经济可能也在经历着类似的过程——流动性泛滥掩盖下的经济增速下滑和风险的快速积累。在过去 20 年里，中国政府通过货币和财政政策释放了天量的流动性。强制结汇的政策和贸易顺差使中国积累了大量的外汇储备。中国的外汇储备从 2001 年的 2 000 亿美元增长到 2013 年底的 4.5 万亿美元，即使是在 2015 年汇改之后，外汇储备逐步回落到 3 万亿美元左右，并在最近一段时间一直保持在 3 万亿美元左右的水平，仍然远远高于全球排名第二的日本的 1.2 万亿美元左右的外汇储备。[8、9]

由于外汇兑换管制和资本流动管制，在强制结汇和外汇储备高速增长的过程中，中国人民银行必须向中国经济投放相对应的超过 20 万亿元人民币左右的货币，以冲销外汇储备增长所带来的外汇占款的影响。

除此之外，每当中国经济面临困难，经济增速放缓，中国政府总是毫无例外地通过积极的财政政策和货币政策来保证经济增长速度。其中最典型的就是 2008 年全球金融危机之后中国政府实行的 4 万亿刺激政策。根据不完全统计，中国政府在这一刺激政策中可能向经济注入了总计超过 20 万亿元人民币的新增流动性。

中国的银行特别是大型国有商业银行每次在扩张信贷规模的过程中都起到了非常重要的作用。每当中国经济增长出现下滑的时候，商业银行就会收到人民银行和银监会的窗口指令，进行积极的信贷投放，以刺激和稳定经济。这种宽松的货币和信贷政策的一个直接后果，就是中国的货币供应量从 2000 年的 10 万亿元左右增长到 2014 年的超过 120 万亿元，到 2022 年的 265 万亿元，毫无悬念地成为全球最大的货币供应国。如果考虑到中国金融体系融资模式的快速、多样化发展和中国社会融资总规模，那么新增流动性的规模可能更大。[10]

由于资本管制，这些新增的货币都被限制到中国境内，因此必须寻求在国内的投资机会。但国内有效投资渠道的缺失让中国的股票和房地产市场成为投机资金最乐于光顾的领域，同时也制造了艺术品、黄龙玉、"蒜"你狠、"豆"你玩、"姜"你军等各个领域的短期疯狂炒作起来的泡沫和最终的崩盘。

与政府制度保证相类似的就是中国政府给中国经济和金融体系提供的这些资本与流动性的保证，它们确实在很短的时间内达到了推动中国经济高速发展的目的，但随着这些保证政策的效用逐渐达到瓶颈，如果中国不能成功地减缓流动性增长的速度，那么将很可能会引发资产泡沫和崩盘，造成新一轮经济风险。

投资收益保证和投资风险保障

心理学和行为科学发现，人类的行为和决策很大程度上受到短期的、明显的和直观的趋势的影响。丹尼尔·卡尼曼在其具有开创性的研究中把这一行为称作"代表性偏差"。[11] 例如，在资产泡沫期间，日本投资者却对日本市场今后的表现极其乐观。更有趣的是，即使是在日本资产泡沫破灭之后，日本投资者也对日本股市表现得非常乐观。这说明短期的泡沫会对投资者对待投资的长期态度产生多么大的影响。[12] 另一项由美国加州大学学者所做的研究发现，那些经历过美国 1929—1933 年大萧条的人在大萧条之后一生的投资中，持有股票的可能性比较小，在资产配置时也更有可能将资产配置在比较安全的产品上，而回避投资在股票市场。[13] 由此可见，极端的市场情况会对投资者的预期产生多么强烈的影响。

美国麻省理工学院的几位教授在这一假设下构建了模型，发现在宽松的货币政策和投资者过度自信的环境下，即使是投资者预期的一个微小改变，也有可能迅速导致资产泡沫形成。[14] 大量对经济史上泡沫事件的研究表明，宽松的货币政策、新兴的事物和市场、缺乏经验的投资者和政府的推动与支持，是历史上泡沫形成的主要原因。

依照这一理论，中国过去 30 年的高速经济增长无疑坚定了投资者对中国经济持续增长的信心。而中国在 2008 年全球金融危机之后成功地避免经济增速下滑的壮举，更是让很多人深信中国的经济将会持续高速增长下去。和当年日本资产泡沫期间的日本本国投资者类似，很多缺乏经验的中国投资者都不曾意识到，经济周期是经济发展过程中难以避免的规律，无论是扩张还是衰退，都是经济增长必须经历的阶段。

投资者之所以在中国取得优异的投资回报，是因为中国的政策和制度不仅保证了过去一段时间经济的高速发展，而且还直接保证了投资者的高回报率，保证了不成熟的投资者无须面临投资风险。就像本书前面所讨论的，不论是在中国影子银行领域、房地产领域，还是原本风险应该很大的 A 股市场，很多投资者都认为自己的投资和银行存款一样安全。

这种明显错误的预期在中国却非常普遍。一定程度上是因为中国政府含蓄地对这种预期提供了保证。很多投资者都相信，为了保证社会和谐，避免不稳定因素，中国政府不愿让任何一个会导致市场崩盘或者出现大规模下跌的因素出现。正因为聪明的投资者看到了这一点，他们才敢于在中国各个市场里面无所顾忌地进行投机。一旦市场产生短期上涨的赚钱效应，就会刺激市场中那些不太了解情况的跟风者，进一步推动市场上涨，由此形成泡沫。

股神巴菲特有一句名言，"当别人贪婪的时候，我就变得恐惧；当别人恐惧的时候，我就变得贪婪。"这在一定程度上描述了市场在泡沫期间丧失理性，完全不关注风险。有人用这一标准来区分成熟的投资者和没有经验的投资者。由于中国的投资者大多在中华人民共和国成立之后出生，对股票市场的波动和崩盘没有任何经历与记忆，因此对于可能发生的金融风险和市场波动根本没有做好充分准备。

只要中国的流动性继续高速增长，中国的资本管制继续存在，那么泡沫将很有可能在很长一段时间持续下去。但是正如西方的老话所说，"不要在小鸡出壳之前去数孵出来了多少只小鸡"。如果中国的投资者不能够正确地转换他们对于政府提供的投资担保的预期，中国金融市场就有可能会在今后面临非常严重的风险和波动。

扭曲的激励机制

虽然政策担保和投资担保在过去 30 多年为中国的经济增长做出了巨大的贡献，但这一做法也可能会引发巨大的风险。这些担保所带来的一个直接后果就是扭曲了市场配置资产和资源的功能，从而导致整个经济在眼下和未来、在风险和收益之间不能做出一个正确的判断和平衡。

在中国过去几十年的发展历程之中，制度和政策让部分政府官员的关注焦点放在 GDP 的增长速度上，而忽视了经济增长的质量和可持续性。像环境保护、居民幸福指数、社区建设、教育、医疗、科研创新、社会保障等民生领域，由于对短期 GDP 的增长贡献较小，受到的关注远远不如对短期经济增长速度的关注。这种政策的一个直接结果就是很多原本应该得到关注的民生领域长期以来一直不能得到地方政府的关注。

这一激励机制的另一个直接后果就是各地政府为了在短期推动经济增长，会尽可能地举债，进行大量投资来招商引资。这一做法往往会危及地方政府今后的土地储备、财务的稳健性和推动经济增长的能力。一旦地方政府财政面临约束，就会继续大举借债来保证其投资和经济增长的速度，由此进入恶性循环。这种"今天自己投资，明天让继任者还债"的心理令中国地方政府债务问题不断恶化。

在高速增长的资本面前，中国企业家很快就发现，在真实利率为负的情况下，尽可能利用借款扩展业务和增加财富是又快又简单的方式。由于中国政府对于经济和投资者提供了上述三种担保，使得很多投资者和企业家都深信自己的投资不仅会带来很高的回报，而且是非常安全的。随着很多领域的投资收益率都迅速下降，实业资本纷纷流出实业，涌入房地产和股市这样低风险甚至无风险但高收益的金融领域。由此在资本市场形成对资本配置的严重扭曲，这种扭曲直接演化成中国一段时间以来所面临的严重的产能过剩问题。随着过去几年政策的有效调整，地方官员这种"唯增长论"的短期心态逐渐得到改变，产能过剩、地方政府债务和金融风险逐步累积的趋势也一定程度上得到限制和缓解。

中国房地产市场和 A 股市场的泡沫得到了广大居民家庭的大力拥护与支持。除了房地产市场、影子银行和股市，中国居民家庭几乎无法参与任何其他投资活动。即使是在这些本来存在风险的投资领域，广大投资者似乎也只关心投资标的的收益，而完全无视其风险。

从历史角度来看，也难怪投资者会对中国政府调控经济的能力充满信心。中国政府在过去 30 多年里都成功避免了市场出现大的波动，也避免了中国经济增长出现下滑。但是这些成功的经历也会不可避免地导致一个后果，那就是大家对于今后的经济增长、股市表现和政府的财政状况都怀有简单的、线性的推断，认为中国过去 30 多年的经济奇迹，在今后还会无限地继续下去。

增长质量和可持续性

中国过去一段时间的经济增长是通过不断增加要素的投入而实现的，这种增长模式的最终结果就是可持续性的缺失。中国劳动力成本从 2000 年到 2013 年平均每年上升 11.4%，已从 2000 年墨西哥劳动力成本的 20%，增长到新冠肺炎疫情暴发前的 150%。2022 年 12 月，众多企业纷纷加大海外投资规模，一定程度上，这也和中国劳动力成本持续提高有密不可分的关系。

在中国人均 GDP 达到 1.2 万美元这一中高收入国家的门槛之后，中国将会继续丧失其劳动力成本的优势。[15] 当中国的中产阶级规模足够大，需求也足够强的时候，中国将逐渐转变为一个贸易的净进口国，而不再是一个净出口国和世界工厂。

为了弥补因劳动力成本上升而逐渐减弱的竞争优势，中国在过去几年进行了大量的基础设施投资和房地产投资，地方政府的土地出让收入被大量用于基础设施建设和房地产投资。这些投资推动了全国房价的高速上涨和中国经济的短期快速上扬。然而，随着房价的调整和中国居民对房地产热情的减退，依靠土地出让为主要收入来源的地方政府，将再难从这一领域获得持续的资金为下一轮经济增长和房价上涨继续投资。

房地产及其相关领域对中国 GDP 增长的贡献度一度超过 20%，因此中国成为全球主要经济体中房地产对经济发展贡献最大的国家。中国的房价目前已经达到全球最高水平，依靠房地产推动经济增长的模式今后会难以为继，毕竟越来越多的人群已经拥有自有住宅，而那些还没有住房的人大多也无法承担中国目前的高房价。此外，高企的房价让住房消费和投资挤占了居民家庭原本可以花在教育、医疗、娱乐等方面的支出。随着不动产登记制度和征收房地产保有税的政策逐步提上议事日程，中国的房地产行业可能已经结束了它的黄金时代。

中央和地方政府对于房地产行业的支持，显然对中国房价上涨和楼市泡沫负有直接和不可推卸的责任。由于房地产市场中的很多需求其实是居民因为缺乏其他投资途径而进行的投机性需求，因此几乎所有相关投资者在某种程度上来看都是彻头彻尾的投机者，他们并没有真正的住房需要。这种投机行为不但使全国的收入分配问题变得更加严重，使房地产市场的风险不断累积，而且会导致实体经济的逐渐空心化。在房地产领域投机获利如此容易，让越来越多的人开始放弃原来勤劳工作的传统美德，转身投入到可以让人暴富的投机领域。因此，如何让中国房地产软着陆，而又不伤及中国经济的其他部分以及中国金融领域，将会是中国经济面临的重要问题和挑战。

如何改革

中国的经济增长，除了可持续性，增长的质量也同样重要。经济增长并不只是简单地通过 GDP 增长速度就能衡量的，而应该让社会群体真切地感受到。经济发展应真正地为老百姓的生活带来改善，为人民带来幸福感，真正让社会各阶层都能分享经济发展过程中的成果，帮助每一个中国人实现自己的中国梦。

中国居民其实并没有像地方政府官员那样高度关注经济增长的速度，他们和全世界其他国家的人民一样，更加关心自己的就业机会、社会的收入分配、社会福利和保障体系等和自己有着更加直接关系的领域。他们希望拥有一个安全、健康的生活环境，优质、廉价的医疗保险和社会保障体系，不用担心自己在疾病或衰老时的生活质量，这些恰恰是当下全世界的领导人都面临的挑战。

由于金融行业决定了整个经济领域最重要的两个生产要素——时间和风险的价格，因此金融领域的进一步市场化改革就显得非常重要。如果之前被政府担保的风险能逐渐显现和披露，那么资本市场就可以对这些风险给予公正和透明的估值。一旦这些风险从隐性变为显性，中国众多投资领域的投资者就不会像现在这样盲目投资，冒自己承担不了的风险。

如果市场真正能够在配置资源上扮演决定性的角色，那么在房地产、影子银行和股市当中的投资者和投机者的投机热情就会逐渐减退，这些领域的泡沫也会逐渐软着陆。在这一大环境下，中国的企业和家庭将会选择更加理智的、健康的、多元化的方式，在不同领域、资产类别、币种和时间上进行更加多元化的投资。

一旦投资者树立或者调整到正确的风险偏好，就会为自己的投资设立更加现实、安全、可持续的投资目标。这将会帮助中国政府和居民将更多的注意力集中到眼下最值得关注的改革、转型、创新、民生等重要领域，也会降低他们在各自领域的投机行为，从而化解目前困扰中国经济的资产泡沫、地方债和产能过剩等问题。

1. 协调好政府和市场之间的关系

隐性担保的改变需要进一步调整中国政府和市场之间的关系才能实现。中国过去30多年之所以会出现经济发展的奇迹，一定程度上就是通过从计划经济到市场经济的转型来实现的。因此，中国未来的持续和发展也必须进一步地让市场扮演更多、更有决定性的角色。

中国政府在过去十几年里一直希望通过整合国有企业、扩大国有企业规模的方式达到推动经济增长的目的。但是，由于国有企业经营效率较低、投资回报较低，加上对民营企业在资源和发展上的挤出效应，在今后几十年里如何改革中国的国有企业，将成为中国经济改革的一个重要问题。

2. 法治建设

除了市场力量的缺失，另外一个导致政府隐性担保的主要原因，就是法治建设的不健全。设想，如果市场参与者都拥有契约精神，真正做到所谓的"买者自负，卖者有责"，那么很多隐性担保和刚性兑付的问题就根本不会发生与出现。

恰恰是由于我国的法治建设仍然不够健全，因此虽然法律可能规定不允许隐性担保的存在，但是人们在面临投资损失的时候仍然会要求政府和监管者对自己的投资行为与投资损失负责。这一过程中反映出来的其实是整个社会、整个商业领域对于合同和法律尊严缺乏应有的尊重。法治精神的重建和确立可以帮助中国投资者对于自己所做投资的权利、义务和所承担的风险，界定得更加清晰。目前存在的隐性担保和刚性兑付的逐渐退出，将使投资者在法制更加健全的情况下，面对市场和风险时具有更加理性和负责任的态度。

3. 媒体监督

为了让市场发挥更有效的作用，法治建设和舆论监督必须同时得到加强。媒体在前一阶段的反腐过程中扮演了越来越重要的角色。除此之外，媒体还可以在帮助市场更好地获得信息方面做出更大的贡献，使准确和可靠的信息得以披露，帮助市场参与者更好地了解投资风险。

随着媒体监督的增强，政府和市场之间的界限也将变得越来越清晰，政府官员的行为将得到有效约束和监督，市场将可以最大限度地发挥资产配置作用。随着市场配置资源作用的进一步发挥，人们会更有动力获取信息，这会进一步推动舆论监督和法治建设的巩固与发展。

4. 退出制度和政策的担保

经济增长速度在过去30多年已经成为全党、全社会最关心的一个政治目标。这一方面带来了中国经济过去30多年的高速增长，同时也带来了政府债务、产能过剩、环境恶化、收入分配不均加剧等一系列经济和社会问题。

虽然环保、居民满足感、社会安全、收入分配、医疗、教育、社会保障等这样的经济增长的质量，比经济增长的速度更抽象、更加难以衡量，但随着中国经济的持续高速发展，也随着唯 GDP 增长考评体系的局限性越来越明显，这些多元化的发展目标也应该被逐步纳入地方政府官员政绩考评体系。打个比方，企业界目前对公司高管的考评体系越来越多地纳入了企业的长期股票表现，那么地方政府的考评体系是否也可以效仿，即对官员的考评也应该更多地关注该地的长期发展而不是短期的经济增长速度。政府应在这一过程中相应地转变自身职能，真正地做到在市场准入、价格确定、限额分配、上市标准等重要领域逐渐退出干预，最终完全放开管制。

5. 退出资本担保

政府担保在经济发展中的另外一个重要表现，就是宽松的货币政策和财政政策。在经历了长时间的高速货币供应增长之后，中国政府已经改变过去通过大水漫灌的方式向整个经济体投放巨量货币以刺激经济增长的模式。随着利率的市场化、资本项下开放、多层次资本市场的建立、自由贸易区等多项重要金融改革的逐步推进，中国政府将有更多的政策选择，而不必再一味依赖于高速的货币供应增长来推动经济发展。货币政策的逐步退出也将有助于市场对政府担保的预期减弱。

（1）货币政策

中国货币供应量（M2）从 2000 年的 10 万亿元人民币左右增加到 2014 年的超过 120 万亿元，到 2022 年的 265 万亿元。如此快速的货币供应量的增长，反映了中国经济的高速增长和中国经济货币化的进程（在改革开放之初，住房、医疗、教育等领域更多是以行政而非市场的手段分配的，因此不需要大量的货币供应来支撑）。然而，中国货币供应增长的速度可能已经远远高于中国经济的增长速度。如此高速的货币供应增长，不可避免地带来了周期性的通货膨胀、高企的房价、大宗商品领域的投资过剩和泡沫，以及崩盘。这些问题在2009年的4万亿刺激政策推出之后，表现得更加明显。因此，为了恢复市场上对于资产价格和无风险投资收益率的正确预期，中国货币供应量增长的速度必须下降到一个可以持续的水平。

（2）利率市场化和银行业改革

宽松的货币政策导致整个中国经济的流动性达到前所未有的水平。与此同时，中国的二元经济体系和金融体系导致中国的一些企业可以以非常低的、受到政府补贴的利率在资本市场和银行体系融资与借款。这种扭曲的利率水平导致资本这一中国目前经济中最重要的生产要素之一，不但没有得以合理配置，反而被人为地扭曲了，配置到了效率最为低下、投资收益率最低的领域。在很多中小企业面临融资难、融资贵的时候，很多大型企业特别是大型国有企业却获得了银行价格便宜的资金，并在资金市场上放贷获利。

因此，利率市场化改革将对中国整个金融和经济体制改革起到至关重要的作用。在中央银行设定的基准利率之上，应当由市场，而非市场中某些特定的机构和行业，来决定是否对某些企业提供资本，以什么价格、条件提供资本这样的问题。

在这种相对市场中性的利率市场化改革过程中，中国银行业可能会受到冲击并且逐渐释放风险。一方面，过去监管环境下的存款贷款利差曾经是中国银行业主要的利润来源。随着利率市场化改革的深入，利率将逐步由市场决定，其他金融机构将终于有可能和银行进行有效的、对资金运用的直接竞争，因此推高资金成本，并直接挤压银行的利润空间。

另一方面，利率市场化改革一定会给那些市场上缺乏竞争力的企业带来重大冲击。当这些企业不再能获得廉价资本时，它们的财务状况将会逐渐恶化。而这些企业的经营状况及其抵押品的价值，又将会影响到那些给它们贷款的银行的资产质量。

由于中国银行业在整个中国金融行业所处的压倒性地位，中国政府对银行的资产安全一直给予高度关注，并且通过不同的方式向银行提供显性和隐性的担保。随着存款保险制度在 2015 年正式实施，存款保险公司获得了保证中国储户资金安全的资质。就此，银行的安全将不再会直接引发民生问题和社会动荡，中国政府也终于可以逐步退出对银行所提供的隐性担保。

当然，退出担保并不意味着撒手不管，正如 2023 年出现的美国硅谷银行的倒闭和瑞士瑞士信贷公司被收购显示的，自 2021 年美联储加息周期开启以来，全球金融机构都面临资金成本增加和宏观经济放缓的双重压力，如何在压力逐步加大的外部环境中安全稳妥地推进中国金融体系的改革和风险的化解，是中国金融体系下一阶段顶层设计需要重点关重的问题。

（3）资本项下开放

由于中国资本项下没有完全开放，因此中国的金融体系目前仍没有完全融入全球的金融体系。这一方面使中国国内很多资产比国际同类资产享有更高的估值和更高的价格，另一方面这种管制限制了中国的企业和家庭在全球进行更有效的资产配置，以获得更高的收益和更好地管控投资风险的机会。

资本管制导致中国在过去为了对冲外汇储备的迅速增加，而对国内经济释放了大量流动性。大量的货币供应被人为地限制在了中国境内，而不能进行有效的、国际化的资产配置，只会给中国国内经济带来极度宽松的流动性，并导致通货膨胀和资产泡沫日益加重。

随着人民币汇率逐渐达到均衡水平，甚至有可能在今后面临一定程度的贬值，越来越多的中国企业和居民开始意识到国际化资产配置和海外投资的重要性。

生活成本和生活质量已经成为很多中国居民决定移民海外的一个重要考虑因素。随着中国居民移居海外和进行海外投资需求的不断增加，中国政府开放资本账户的紧迫性和重要性也逐步加强。在给居民带来实际好处的同时，中国政府也必须意识到，资本项下的开放也将会对国内的房地产市场、影子银行和股票市场的资金面形成一定的竞争与冲击。因此，资本项下开放必须稳步、有序推进，不能希冀一蹴而就式的成功。

但即便有这样那样的保留意见，资本项下开放的改革进程也必须加快步伐。否则，不断累积的资金"堰塞湖"将有可能在中国最终不得不开放资本项下资金流动的时候引发影子银行和资产泡沫的灾难性崩盘。因此，中国政府应该尽早下定决心，稳健、有序地实现资本账户的开放，从而达到帮助中国房地产市场泡沫和股市泡沫实现软着陆的目标。

（4）增量改革

退出资本担保对于中国经济增长模式的转型和中国的金融改革都具有非常重要的意义，而对于这一改革的步伐和力度的选择更是非常关键。

2013年6月和12月爆发的"钱荒"和2018年资管新规推出过

程中导致的股市下跌和经济增速放缓已经反映出中国经济和金融体系目前对于货币总量的增速是多么敏感。由于经济体系和货币供应量之间紧密的互动关系，随着利率市场化、资本项下开放和人民币国际化的进一步深入，如何能够保证国内在经济增速放缓的过程中可以承受金融改革所带来的影响，是今后改革过程中需要特别关注的一个领域。此外，金融如何更好地为实体经济服务，如何更好地通过技术进步、高端服务业来推动中国经济的转型和升级，也是今后经济金融改革需要重点关注的领域。

就像 20 世纪八九十年代拉美和俄罗斯金融危机时所使用的"休克疗法"并没有让这些国家实现预期的政策目标和社会安定一样，突进式的改革往往会引发一些始料不及的问题。因此，如何最大限度地"用好增量，盘活存量"，在保证货币供应有一定增长的前提下抓紧时机推动各项改革的落实，可能是中国金融改革在今后几年内必须采取的突围途径。

6. 退出投资担保

（1）房地产市场

随着 2016 年"房住不炒"政策的推出，很多一贯看多中国房地产市场的人都开始表示中国房地产市场的黄金时代已经结束。[16]房地产行业和相关领域在过去 20 年里对中国的经济增长做出了巨大的、无法替代的贡献。而一些在过去 20 年中所制造出来的房地产泡沫，在创造了财富效应和额外消费的同时，也给中国居民洗了脑，使他们都认为中国的房价会一直上涨。

但是，情况可能已经发生根本性的改变。在经历了 10 多年的高速发展和价格的大幅上涨之后，中国房地产市场所面临的产能过剩问题，可能一点也不亚于甚至大大超过其他行业所面临的产能过剩问题。一旦中国政府不再以经济增长速度作为政府执政的主要目标，不再把房地产行业作为推动中国经济发展最重要的推手，中国房地产领域的投机热情将会大打折扣，中国的房价将因此难再呈现惊人的涨幅，甚至有可能下跌。

和其他领域一样，房地产行业里政府隐性担保退出的速度和步伐问题也非常重要。如果政府退出步伐太慢，房地产泡沫将可能超出可控范围，直到泡沫崩盘的地步；但是如果中国政府的调控政策力度太大，则将有可能直接对房地产行业造成沉重打击，从而影响全国的经济稳定和发展。

为了减小房地产领域对全国金融体系的影响，中国应加快资产证券化的市场建设。随着这一市场的建设和发展，中国银行领域所聚集的受房地产行业牵连所致的风险，将被有效地分散给全国甚至是全球的金融机构和投资者，因而增加了中国银行和金融体系自身的稳定性，同时补充了中国银行体系急需的流动性。

（2）中国股票市场

中国股票市场很长一段时间里所实施的上市审批制度在全球都属罕见。就因为这种审批制度，导致很多有上市意愿的中国企业被排斥在中国股票市场之外，而很多资质不佳的公司反而通过在审批制度中的寻租和包装，完成了上市。这种逆向选择造成了中国股市和资本市场的严重扭曲。新股发行上市的节奏长期被证券监管机构作为调控市场走势和预期的重要手段。每当监管层希望市场上涨的时候，就会放缓甚至停止新股发行的步伐；反之，每当监管层认为市场过热需要控制风险的时候，就会有意识地加快新股发行的节奏，以分流市场上的过热资金。

很多投资者因此从监管机构对新股发行的步伐的调整中，感受到了政府对 A 股市场的担保和支持，因而也扭曲了自己对中国股市的预期。一般来说，中国投资者对中国股票市场的表现都抱有一种不太实际的信念，那就是中国政府一定会推动股市持续上涨。因此，中国证监会推动的全面注册制的改革，就是一项非常重要也非常鼓舞人心的改革，也是恢复市场配置资源功能，端正投资者预期和心态的正确之举。

中国资本市场的另外一项重要改革，是金融衍生产品和融资融券业务的推动与发展。2015 年中国股市的暴涨很大程度上是因为融资业务和场外配资带来的新增资金对股市的推动。而融券业务在中国市场的发展则一直比较有限，不能够更好地鼓励市场上持有负面意见的投资者通过融券或者股指期货的卖空来表达他们对于市场风险的担忧以及今后下跌的判断和预期。

股指期货、国债期货、股指期权和个股期权的逐步推出，对于进一步完善中国多层次的资本市场，帮助中国资本市场形成一个更加平衡、可持续的交易机制都非常重要。这些产品不但会令中国资本市场信息和运营效率得以提升，让股票价格更真实地反映企业基本面信息，而且可以帮助中国和海外投资者坚定对中国资本市场长久、稳定发展的信心。

除此之外，债券市场的发展也受到了监管层更多的关注、鼓励和支持。纵观全球发达资本市场，绝大多数债券市场的规模都远远大于股票市场的规模，而中国的资本市场则恰恰相反。债券市场发展不良会直接令新股发行制度改革承受压力，导致中小企业融资难、融资成本高，公司治理结构不透明，投资者缺乏有效的投资渠道等问题。因此，大力发展债券市场对于中国资本市场的改革和发展将会是一个一举多得的重大突破。

中国政府必须给证监会设立一个更清晰的目标。长久以来，中国证监会既具有保证资本市场秩序的责任，也有维护中国资本市场发展的使命。也就是说，中国证监会在中国的资本市场里，既是裁判员，也是运动员。这便解释了为什么中国证监会不愿看见中国资本市场出现大跌，也解释了为什么投资者在了解证监会使命的前提下，便会肆意妄为，冒更大的风险，进行更激进的投机。

事实上，中国证监会对于证券市场发展的责任应该被理解为更好地促进中国资本市场制度的建设和实施，而不是维护股票市场的上涨。正如人们所说，股市上涨带来的并不一定总是好消息，而股市下跌带来的也不一定都是坏消息。资本市场的监管思路和货币政策的制定都必须对市场的波动与市场自身的规律给予充分的信任及自主权。

7. 地方政府和企业的债务违约与破产

归根结底，能否让投资者相信中央政府和监管层在今后不会再为地方融资平台与国有企业的债务违约买单，是中国政府退出隐性担保过程中的一个重大挑战。而要达到这一目的，如果没有几个中国企业、金融机构或者地方政府真正尝试一下，恐怕市场上的投资者永远也不会相信中央政府会袖手旁观。

只有在违约和破产中真正遭受损失之后，投资者才会清醒地意识到企业所面临的风险是独立的，中国政府不对其他主体所欠的财务负有连带责任。而只有在投资者对企业的信用和违约风险都进行过仔细的甄别与慎重的判断之后，中国资本市场被扭曲的风险和收益之间的关系才能够得以恢复，地方政府和国有企业不负责任的借款和投资行为才会逐渐停止。

除了在国际上普遍存在的违约和破产所引发的"社会羞耻"效果，中国社会对于违约和破产特别的规避心态，很大程度上是因为中国社会是一个人情社会。将不良企业推入破产会被社会上的大多数人认为是一种非常伤害感情的行为。而且，违约和破产事件还有可能引起企业相关工作人员与投资者的强烈不满，引发社会不稳定因素。再有，由于政府在国有企业中占有大量股份，允许国有企业和地方政府破产会直接对中央政府的资产负债表与财务状况造成负面冲击，这也是中国政府非常不愿看到的。

但是，无论投资者对于政府调控经济结构的实力和能力有多么强的信任，也无论中央政府的财政有多么雄厚，我们都必须意识到，经济运行有自己的原则和规律，如果长期扭曲经济金融体系中的资产配置，扭曲风险和收益之间的关系，那么不但不能防止经济下滑，反而可能会引发泡沫、危机，以及长期的衰退和滞胀。因此，如何能够通过更好的信息披露帮助全社会、全市场和整个金融体系真正地意识到风险的存在与根源，并且通过金融改革和金融创新来化解、分散中国经济以及中国影子银行面临的风险，对于中国经济体制改革、中国经济增长模式转型、化解中国金融风险和宏观风险，都有至关重要的意义。

从这个意义上来讲，苹果公司的创始人乔布斯的一句名言可能是对的，"死亡是生命最伟大的发明"。破产和违约很可能是唯一可以打破中国隐性担保问题、拯救中国经济和金融体系的意外之选。

8. 化解刚性泡沫与高质量发展

2021 年中央经济工作会议对经济运行提出了"需求收缩，供给冲击，预期转弱"的判断。值得指出的是，由于新冠肺炎疫情所导致的外贸出口需求降低、内部消费信心疲弱、消费需求降低、全球产业链扰动、大宗商品价格上行等因素固然具有重要的疫情和国际诱因，但国内居民消费增长明显放缓，消费意愿降低，国内诸多城市的房地产市场持续下滑，开发商和地方政府面临严重流动性压力等现象，则更多是中国经济在之前多年发展中，在不平衡、不协调、不可持续的增长模式的影响下，所积累的金融风险和结构性失衡在新冠肺炎疫情冲击下的集中体现。

从宏观层面看，过去几年中国经济增长速度放缓、货币政策"避免大水漫灌"、积极财政政策发力有限、房地产行业严重两极分化、金融风险此消彼长等现象，都和本书上一版指出的政府提供的刚性兑付的运行机制有紧密关系，甚至是本书上一版预见的，在化解刚性泡沫、促进中国经济转型过程中势必出现的结果。

从微观层面看，过去几年，中国经济金融生活的很多重大历史事件，例如2015年的股灾，2016年的棚户区改造货币化安置，2018年的资管新规和科创板的推出，2020年的三条红线和共同富裕，2021年的房地产企业爆雷，2022年的新房交付困难和购房者断供，也都在本书上一版中有所预见和讨论。

与此同时，本书上一版中关于打破中国经济中普遍存在的政策担保和制度担保、流动性担保和投资担保的建议，都在2016年以来的中央经济工作会议和中央经济工作思路中得到了高度关注和具体落实。

在本书上一版出版时被认为牢不可破的政府背书和刚性兑付，如房价只涨不跌、理财产品只赚不赔、互联网金融产品高收益而没风险等不合理却广泛存在的信念，很多都在过去防范系统性金融风险政策执行的过程中被打破了。在这种深刻的变化面前，确实有很多投资者没有做好充分准备，并且承受了一定程度的损失。但是，与其说这是因为政府防范系统性金融风险的决心超出了市场的预期，不如说是在经济金融领域里的广大参与者和投资者，低估了自己的行为对于宏观经济的影响和冲击，以及刚性兑付对于中国系统性金融风险的重大影响。

毫无疑问，过去一段时间里，以资管新规为代表的防范系统性金融风险的宏观经济政策和金融监管手段，无疑在正确的方向上开了个好头，在防范和化解系统性金融风险方面，做出了重大和及时的改变。但是，要真正达到改变投资者预期和行为，根治大而不倒的道德风险，以及彻底预防或者化解刚性泡沫和系统性风险的目标，其实还有很长的路要走。

在后疫情时代全球和中国宏观经济视野之下，在中国经济增长速度逐步放缓、房地产市场经历调整和债务压力逐渐增加的现实约束之下，化解由刚性兑付引发的中国经济金融体系中潜在的系统性风险势在必行。经济增长，归根结底，是一场考验智慧、毅力和技术的马拉松，平衡好各种关系，力争做到在发展过程中不摔跟头、少走弯路，具有重要的意义和作用。随着中国经济总量和人均 GDP 都进入全球领先行列，经济增长过程中的主要矛盾和政策聚焦也应该而且必须发生相应改变和调整。因此，我们要聚焦中国经济发展中的新形势和新问题，使中国经济实现新的转型升级和高质量发展。

引言 "无可指摘"的违约事件

1. http://www.bloomberg.com/news/2014-01-23/china-trust-products-gone-awry-evoke-soros-echoes-of-08-crisis.html

2. https://baijiahao.baidu.com/s?id=1758439557098695953&wfr=spider&for=pc

3. http://finance.ifeng.com/a/20140902/13046908_0.shtml

4. http://www.zgfpbd.com/?p=5042

5. http://house.ifeng.com/column/news/yzdzq/index.shtml

6. http://house.ifeng.com/detail/2011_11_11/20582916_0.shtml

7. Some argue, though, that some of the protests were indeed staged by the developers, to put pressure on local governments for support and subsidies. http://www.zgfpbd.com/?p=5042

8. http://www.bloomberg.com/news/2014-07-01/china-developers-offer-buyback-guarantee-in-weakest-home-markets.html

9. http://www.bloomberg.com/news/2014-07-01/china-developers-offer-buyback-guarantee-in-weakest-home-markets.html

10. https://news.12371.cn/2016/12/16/ARTI1481886083189302.shtml

11 http://dealbook.nytimes.com/2011/08/26/canadian-regulators-order-sino-forest-executives-to-resign/?_php=true&_type=blogs&_r=0

12. http://en.wikipedia.org/wiki/Sino-Forest_Corporation#cite_note-nyt-7

13. http://finance.sina.com.cn/focus/ChinesecompanyinAmericastockmarkekt/

14. http://cn.reuters.com/article/chinaNews/idCNChina-1403920080612

15. http://17173.tv.sohu.com/v_102_613/NzgwMTA2OA.html

16. http://finance.sina.com.cn/zl/china/20140325/152418607856.shtml

17. Fan, Huang, and Zhu, 2013, Institutions, Ownership Structure, and Distress Resolution in China, Journal of Corporate Finance, 23, 71-87.

18. DavyDenko, S. and Franks, J. 2008, Do Bankruptcy Codes Matter? A Study of Bankruptcy in Frankce, Germany and the U.K., Journal of Finance, 63-2, 565-608.

19. http://money.163.com/14/0519/00/9SINTFNU00253B0H.html

20. It is worth pointing out that this estimate is indeed on the conservative side, according to Mr. YAO, Yudong, author of another research on the same topic, Chinese non-financial corporate leverage is as high as 140 percent.

21. http://finance.sina.com.cn/china/20140519/011719145466.shtml

22. http://finance.21cbh.com/2014/5-10/3OMDAzNzFfMTE2MTA3OA.html

23. http://www.businessinsider.com/chinas-local-government-debt-3-trillion-2013-12#ixzz3FbXvWspp

24. https://baijiahao.baidu.com/s?id=1758439557098695953&wfr=spider&for=pc

25. http://finance.sina.com.cn/money/bond/20131230/163617796897.shtml

26. http://blogs.wsj.com/economics/2014/04/28/imf-three-reasons-not-to-worry-about-a-crisis-in-china/

27. http://news.xinhuanet.com/world/2011-03/11/c_121173817.htm

第一章 "不可能违约"的贷款

1. http://www.bnppresearch.com/ResearchFiles/29697/China%20Banks-170114.pdf BNP Paribas Report: Judy Zhang CHINA BANKS: Will the implicit trust product guarantee be gone?

2. http://www.qqjjsj.com/yjbg/31729.html

3. http://en.wikipedia.org/wiki/Hyman_Minsky#Financial_theory

4. http://ineteconomics.org/%5Btermalias-raw%5D/why-did-chinese-shadow-banking-surge-after-2009

5. http://www.reuters.com/article/2014/04/14/us-china-regulations-shadowbanking-idUSBREA3D09H20140414

6. http://blogs.wsj.com/chinarealtime/2014/06/10/china-now-has-more-millionaires-than-any-country-but-the-u-s/

7. http://www.nytimes.com/2013/08/07/business/global/growth-slows-in-chinas-trust-sector.html?_r=0

8. http://www.reuters.com/article/2014/04/14/us-china-regulations-shadowbanking-idUSBREA3D09H20140414

9. http://ineteconomics.org/%5Btermalias-raw%5D/why-did-chinese-shadow-banking-surge-after-2009

10. http://blogs.wsj.com/chinarealtime/2014/05/02/a-partial-primer-to-chinas-biggest-shadow-entrusted-loans/

11. http://finance.sina.com.cn/money/bank/bank_hydt/20140516/011919123388.shtml

12. http://blogs.wsj.com/chinarealtime/2014/05/02/a-partial-primer-to-chinas-biggest-shadow-entrusted-loans/

13. http://finance.qq.com/a/20140115/008057.htm

14. Yan, Qingmin, and Li, Jianhua, 2014, A study of Chinese Shadow Banking System, Citic Publisher.

15. http://wallstreetcn.com/node/72008

16. http://bank.hexun.com/2010-08-12/124571244.html

17. http://bank.hexun.com/2013-01-19/150350052.html

18. http://blogs.wsj.com/chinarealtime/2014/05/04/securities-companies-take-a-leap-into-shadow-banking/

19. The People's Bank of China, Financial Stability Report, 2014.

20. Lin, Caiyi, Wu, Qihua, How are Chinese Shadow Banking Created, Research Report, ShenYin WanGuo Securities.

21. http://blogs.wsj.com/moneybeat/2014/01/06/few-specifics-mean-china-banks-could-stay-in-the-shadows/

第二章　不能亏损的购房者

1. http://www.realestate.cei.gov.cn/image/infopic/20050726g05.htm

2. http://finance.ifeng.com/a/20140521/12380519_0.shtml

3. http://tcgpggn.com/qiyedongtai/37799.html

4. http://finance.ifeng.com/a/20140521/12380519_0.shtml

5. http://finance.ifeng.com/a/20140521/12380519_0.shtml

6. http://finance.ifeng.com/a/20140521/12380519_0.shtml

7. http://qz.house.163.com/14/0527/14/9T8RUUQB02750A7N.html

8. http://news.xinhuanet.com/fortune/2012-03/22/c_111686393.htm

9. http://news.dichan.sina.com.cn/2014/06/07/1125025.html

10. http://www.caixin.com/2014-01-21/100631353.html

11. China Consumer Finance Survey, 2014 Southwest University of Finance and Economics.

12. China Consumer Finance Survey, 2014 Southwest University of Finance and Economics.

13. http://cdmd.cnki.com.cn/Article/CDMD-10610-2005126356.htm

14. http://news.xinhuanet.com/legal/2008-07/06/content_8497757.htm

15 http://news.china.com.cn/2012lianghui/2012-03/05/content_24808120.htm

16. http://www.zentrust.cn/jinrongshichang/20140428/4346.html, Mohican Macro Institute, 2014

17 http://news.xinhuanet.com/fortune/2014-04/12/c_1110211930.htm

18. http://blogs.wsj.com/chinarealtime/2014/08/12/property-pile-up-which-chinese-provinces-rely-most-heavily-on-real-estate/?mod=newsreel

19. http://wallstreetcn.com/node/86419

20. http://www.bloomberg.com/news/2014-06-19/property-flops-seen-as-33-billion-in-trusts-due-china-credit.html

21. China Trustee Association, 2014

22. http://wallstreetcn.com/node/86419

23. http://business.sohu.com/20111111/n325340343.shtml

24. http://ah.sina.com.cn/news/s/2013-04-16/143247768_2.html

25. http://ah.sina.com.cn/news/s/2013-04-16/143247768_2.html

26. http://www.fangchan.com/news/2/2013-05-27/347711.html

27. http://www.yanglee.com/

28. http://www.bloomberg.com/news/2014-06-19/property-flops-seen-as-33-billion-in-trusts-due-china-credit.html

29. http://www.bloomberg.com/news/2014-06-19/property-flops-seen-as-33-billion-in-trusts-due-china-credit.html

30. China Consumer Finance Survey, 2014 Southwest University of Finance and Economics.

31. http://news.sina.com.cn/c/2013-10-17/100828457741.shtml

32. http://news.xinhuanet.com/newscenter/2003-08/14/content_1026863.htm

33. www.baidu.com/link?url=yMHpw-gHcHr61jma8J9wMCWj6k_h3eiaxT1vBiYnJIwq4k hrokwnOEXEHGlV7n3d

第三章　证监会门前的示威

1. http://dealbook.nytimes.com/2011/08/26/canadian-regulators-order-sino-forest-executives-to-resign/?_php=true&_type=blogs&_r=0

2. http://en.wikipedia.org/wiki/Sino-Forest_Corporation#cite_note-nyt-7

3. http://finance.sina.com.cn/focus/ChinesecompanyinAmericastockmarkekt/

4. Bris, Goetzmann, and Zhu, 2007, Efficiency and the Bear: Short Sales and Markets around the World, Journal of Finance, 62-3, 1029-1079.

5. Bris, Goetzmann, and Zhu, 2007, Efficiency and the Bear: Short Sales and Markets around the World, Journal of Finance, 62-3, 1029-1079.

6. http://papers.ssrn.com/sol3/papers.cfm?abstract_id=486264

7. http://money.163.com/13/0722/19/94DLCCM400254ITV_all.html

8. Can the market add and subtract? Mispricing in tech stock carve-outs, Lamont and Thaler, 2003, Journal of Political Economy, 2003, 111, 227-268

9. http://finance.sina.com.cn/hy/20130601/172315666216.shtml

10. http://baike.baidu.com/view/1063724.htm

11. http://finance.qq.com/a/20140616/001895.htm

12. Liao, Li, Zhang, and Zhu, 2014, Security Supply and Asset Prices, working paper.

13. http://onlinelibrary.wiley.com/doi/10.1111/0022-1082.00079/abstract

14. http://economia.icaew.com/opinion/october-2014/chinas-financial-floodgates

15. http://www.frbsf.org/economic-research/publications/economic-letter/2012/december/external-shocks-china-monetary-policy/

16. http://baike.baidu.com/view/2867871.htm

17. http://www.hsi.com.hk/HSI-Net/HSI-Net

18. http://www.nbd.com.cn/articles/2012-03-03/638246.html

19. http://www.cbsnews.com/news/why-ipos-underperform/

20. http://www.amazon.com/Maestro-Greenspans-Fed-American-Boom/dp/0743204123

21. http://wenku.baidu.com/view/4f620c10a8114431b90dd87c.html

22. http://news.hexun.com/2013-01-10/150023967.html

23. http://finance.sina.com.cn/zl/china/20140325/152418607856.shtml

第四章　金融创新与另类融资渠道

1. http://finance.ifeng.com/a/20140313/11881567_0.shtml

2. 《环球企业家》2012 年 12 月上　作者：贺颖彦

3. 《环球企业家》2012 年 12 月上　作者：贺颖彦

4. https://www.prosper.com/downloads/research/dynamic-learning-selection-062008.pdf

5. http://www.wangdaizhijia.com/news-more-10550.html

6. http://finance.sina.com.cn/roll/20140508/122719042218.shtml

7. http://finance.sina.com.cn/money/bank/bank_hydt/20140523/021719198689.shtml

8. http://finance.qq.com/a/20140419/006172.htm

9. http://finance.qq.com/a/20140419/006172.htm

10. http://finance.sina.com.cn/money/bank/bank_hydt/20140815/135020024790.shtml

11. http://www.nbd.com.cn/articles/2012-07-04/664703.html

第五章　增速减缓的"新常态"

1. http://www.voafanti.com/gate/gb/www.voachinese.com/articleprintview/2423968.html

2. http://finance.sina.com.cn/china/20120524/022412133289.shtml

3. http://www.stats.gov.cn/tjsj/qtsj/gjsj/2010/t20110630_402735801.htm

4. http://finance.eastmoney.com/news/1350,20141018435440976.html

5. http://online.wsj.com/news/articles/SB10001424127887324474004578444090260265834

6. https://en.wikipedia.org/wiki/Tax_rate#Effective

7. http://news.sina.com.cn/c/2013-03-01/143826397583.shtml

8. http://acftu.people.com.cn/GB/14132733.html

9. http://business.sohu.com/20140521/n399855429.shtml

10. http://www.ftchinese.com/story/001052976

11. http://stock.sohu.com/20130907/n386084982.shtml

12. http://content.time.com/time/photogallery/0,29307,1975397_2094492,00.html

13. http://www.bbc.com/news/magazine-17390729

14. http://en.wikipedia.org/wiki/Hyman_Minsky

15. http://epaper.oeeee.com/A/html/2013-03/31/content_1832133.htm

16. https://www.gov.cn/xinwen/2021-11/24/content_5652964.htm

第六章 产能过剩

1. http://finance.21cbh.com/2014/5-10/3OMDAzNzFfMTE2MTA3OA.html

2. The State Cabinet, Oct, 17, 2013, "Guidance on solve the overcapacity problem"

3. http://money.163.com/13/0416/00/8SHRUOM9002524SO.html

4. How severe is the over-capacity in China ,UBS Global research, Jan 13, 2013.

5. http://m.ftchinese.com/story/001048086

6. http://www.sciencedirect.com/science/article/pii/S092911991300062X

7. http://onlinelibrary.wiley.com/doi/10.1111/j.1540-6261.2008.01325.x/full

8. Fay, Hurst, and White, 2002,http://www.jstor.org/stable/3083362? seq=1#page_scan_
tab_contents

9. M Beesley, S Littlechild , Privatization: principles, problems and priorities Lloyds Bank
Review, 1983

10. http://www.cabdirect.org/abstracts/19811874006.html?freeview=true

第七章　"被担保"的国有企业

1. https://baijiahao.baidu.com/s?id=1740123140415034099&wfr=spider&for=pc

2. http://news.sohu.com/20070302/n248450942.shtml

3. Zhu, N. 2014, On how to improve corporate valuation for Chinese companies, working paper, SAIF.

4. Franko, 2004http://www.sciencedirect.com/science/article/pii/S0007681304000473

5. http://pg.jrj.com.cn/acc/Res/CN_RES/MAC/2013/12/2/2b4632bd-215c-41f7-8d6b-2028f939b331.pdf

6. Guosen Securities, 2014, research report "The high leverage problem for Chinese non-financial companies"

7. http://www.financialnews.com.cn/sc/zq/201408/t20140823_61708.html

8. http://money.163.com/12/0720/09/86RL4DMQ002529T0.html

9. http://finance.sina.com.cn/leadership/mroll/20141112/200020799925.shtml

10. http://finance.eastmoney.com/news/1345,20131206343782477.html

11. http://finance.ifeng.com/a/20140901/13034313_0.shtml?wratingModule_1_15_108

12. http://finance.people.com.cn/stock/BIG5/n/2014/0805/c67815-25402669.html

13. http://wallstreetcn.com/node/90694

14. http://wallstreetcn.com/node/90694

15. http://business.sohu.com/20140519/n399733786.shtml

16. http://finance.jrj.com.cn/people/2013/10/28003916033335.shtml

17. http://finance.eastmoney.com/news/1344,20130513291157851.html

第八章　地方政府债务风险

1. https://baijiahao.baidu.com/s?id=1758439557098695953&wfr=spider&for=pc

2. http://ccln.gov.cn/zizheng/jingjicankao/dqjj/56366.shtml

3. http://finance.qq.com/a/20140103/009550.htm

4. http://jingji.cntv.cn/2013/06/14/ARTI1371168090591807.shtml

5. https://baijiahao.baidu.com/s?id=1723296713658533906&wfr=spider&for=pc。

6. https://www.163.com/dy/article/H3N76HPI0529LQHU.html。

7. http://house.focus.cn/news/2014-07-14/5260052.html

8. http://house.focus.cn/news/2014-06-11/5134970.html

9. http://money.163.com/14/0102/00/9HHTPE9600252G50.html

10. http://en.wikipedia.org/wiki/Municipal_bond#Risk

11. http://news.hexun.com/2012-12-14/149038432.html

12. http://www.huaxia.com/tslj/lasq/2015/01/4217940_2.html

13. http://news.xinhuanet.com/2014-03/09/c_119680243.htm

14. http://www.economist.com/news/leaders/21625785-its-debt-will-not-drag-down-world-economy-it-risks-zombifying-countrys-financial

15. http://finance.sina.com.cn/china/20140729/045919844665.shtml

16. http://news.hexun.com/2013-02-20/151259255.html

17. http://blogs.wsj.com/economics/2014/04/28/imf-three-reasons-not-to-worry-about-a-crisis-in-china/

18. http://cpc.people.com.cn/GB/64093/67507/11320557.html

19. http://news.sohu.com/20150513/n412953020.shtml

20. http://finance.ifeng.com/a/20130718/10200018_0.shtml

21. http://news.hexun.com/2014-12-21/171631247.html

22. http://en.wikipedia.org/wiki/Debt-to-GDP_ratio

23. http://asia.nikkei.com/Politics-Economy/Policy-Politics/Chinese-local-government-debt-hits-new-high

24. http://www.cs.com.cn/xwzx/xwzt/20120613yanglao/06/201206/t20120613_3370074.html

25. http://finance.sina.com.cn/china/20120706/181212500715.shtml

26. http://news.xinhuanet.com/house/wh/2014-10-22/c_1112920773.htm

27. http://news.xinhuanet.com/zgjx/2014-02/25/c_133141795.htm

28. http://www.cs.com.cn/sylm/jsbd/201212/t20121217_3782475.html

29. http://finance.ifeng.com/a/20140701/12636954_0.shtml

第九章 "体面"的数据

1. http://money.163.com/13/0710/01/93CQO7NN00253B0H.html

2. http://business.sohu.com/20140512/n399448351.shtml

3. http://www.forbes.com/sites/jackperkowski/2011/07/14/pork-prices-and-inflation/

4. http://industry.fang.com/index/HundredCityPriceIndex.aspx

5. http://industry.fang.com/index/ErShouHousePriceIndwx.aspx

6. http://industry.fang.com/

7. http://industry.fang.com/index/HundredCityPriceIndex.aspx

8. http://www.nobelprize.org/nobel_prizes/economic-sciences/laureates/1974/hayek-lecture.html

第十章　国际经验与历史教训

1. http://en.wikipedia.org/wiki/Government-sponsored_enterprise#cite_note-5

2. http://ssrn.com/abstract=2126571

3. http://www.nytimes.com/packages/pdf/jaffe_report.pdf

4. http://www.cbo.gov/publication/21992

5. http://www.northcountrypublicradio.org/news/npr/134863767/self-fulfilling-prophecy-the-bailout-of-fannie-and-freddie

6. http://www.npr.org/blogs/money/2011/04/21/134863767/self-fulfilling-prophecy-the-bailout-of-fannie-and-freddie

7. http://www.vanityfair.com/news/2009/02/fannie-and-freddie200902

8. Assessing the public costs and benefits of Fannie Mae and Freddie Mac By United States. Congressional Budget Office

9. http://en.wikipedia.org/freddie_mac/

10. Assessing the public costs and benefits of Fannie Mae and Freddie Mac By United States. Congressional Budget Office

11. "When Fortune Frowned," The Economist, October 11, 2008, p. 7.

12. Vernon L. Smith, The Clinton Housing Bubble, Wall Street Journal, December 18, 2007, p. A20

13. http://www.federalreserve.gov/pubs/feds/2010/201046/201046pap.pdf

14. http://financialservices.house.gov/blog/?postid=343018

15. http://www.richmondfed.org/press_room/speeches/president_jeff_lacker/2014/lacker_speech_20140211.cfm

16. http://www.imf.org/external/pubs/cat/longres.aspx?sk=40501.0

17. http://papers.ssrn.com/sol3/papers.cfm?abstract_id=811004

18. https://www.richmondfed.org/publications/research/special_reports/safety_net/pdf/safety_net_methodology_sources.pdf

19. http://papers.ssrn.com/sol3/papers.cfm?abstract_id=2231317

20. http://www.tsesmeli.com/JMPaper_Tsesmelidakis_Nov2011_Letter.pdf

21. http://link.springer.com/article/10.1007/BF00207901

22. http://papers.ssrn.com/sol3/papers.cfm?abstract_id=1961656

23. http://www.oecd.org/finance/financial-markets/Implicit-Guarantees-for-bank-debt.pdf

24. http://www.oecd.org/finance/financial-markets/Value_Implicit_Guarantees_Bank_Debt.pdf

25. http://www.moodysanalytics.com/~/media/Insight/Quantitative-Research/Credit-Valuation/2011/2011-14-01-Quantifying-the-Value-of-Implicit-Government-Guarantees-for-Large-Financial-Institutions-20110114.ashx

26. http://www.federalreserve.gov/events/conferences/2011/rsr/papers/Acharya.pdf

27. There were over 18,000 federally insured banks in the 1980s and 6,891 in 2010s, based on FDIC data. Among the banks that no longer existed, 17 percent collapsed and the remaining 83 percent were merged or acquired.

28. http://www.zerohedge.com/contributed/2013-12-04/%E2%80%9Cimplicit%E2%80%9D-government-guarantees-bail-out-bank-creditors-tighten-their-grip-u

29. http://www.bundesbank.de/Redaktion/EN/Downloads/Publications/Discussion_Paper_1/1999/1999_06_01_dkp_06.pdf?__blob=publicationFile

30. Bris, Goetzmann, and Zhu, 2005

31. http://www.reuters.com/article/2013/05/30/us-usa-volcker-easing-idUSBRE94S14620130530

32. http://www.jimrogers.com/content/stories/articles/For_Whom_the_Closing_Bell_Tolls.html

33. http://en.wikiquote.org/wiki/Jean_de_La_Fontaine

34. Securities Industry and Financial Markets Association 2008

35. http://www.oecd.org/finance/financial-markets/48963986.pdf

36. https://www.google.co.jp/search?q=The+End+of+Market+Discipline%3F+Investor+Expectations+of+Implicit+State+Guarantees&ie=utf-8&oe=utf-8&aq=t&rls=org.mozilla:en-US:official&client=firefox-a&channel=sb&gfe_rd=cr&ei=NOiUU46TL

Kmg8wfgyYDABA

37. (Freixas 1999; Mishkin 1999)

38. http://www.telegraph.co.uk/finance/newsbysector/banksandfinance/7914890/BIS-its-the-implicit-taxpayer-guarantee-that-drives-banks-to-get-bigger.html

39. http://www.independent.co.uk/news/business/news/implicit-german-guarantee-helps-greece-raise-euro15bn-from-investors-1943990.html

40. http://www.oecd.org/finance/financial-markets/48963986.pdf

第十一章　潮水如何退去

1. http://economy.jschina.com.cn/system/2015/01/17/023375528.shtml

2. http://news.163.com/14/0512/09/9S1JTGG000014JB6.html

3. http://news.hexun.com/2014-05-06/164530212.html?from=rss

4. http://finance.sina.com.cn/china/20141022/234420613149.shtml

5. http://finance.people.com.cn/n/2014/0825/c1004-25529553.html

6. https://books.google.com/books?hl=en&lr=&id=erOVlDIY1jEC&oi=fnd&pg=PA1&dq=%E2%80%98Money+and+Capital+in+Economic+Development%E2%80%99&ots=LZ6hvj13Dg&sig=iSDjUSiLj8TOTCvp_P9uX1uOckQ#v=onepage&q=%E2%80%98Money%20and%20Capital%20in%20Economic%20Development%E2%80%99&f=false

7. http://www.worldscientific.com/doi/pdf/10.1142/9789812812520_fmatter

8. http://news.xinhuanet.com/ziliao/2009-06/09/content_11512684.htm

9. http://gold.jrj.com.cn/2014/08/01162817725976.shtml

10. http://news.163.com/13/0411/13/8S6CKBD200014JB5.html

11. http://www.sciencemag.org/content/185/4157/1124.short

12. http://www.jstor.org/stable/2109855

13. http://www.nber.org/papers/w14813

14. Acemoglu, Daron, Victor Chernozhukov, and Muhamet Yildiz (2009), Fragility of asymptotic agreement under Bayesian learning, Working paper, MIT.

15. http://business.sohu.com/20140423/n398703530.shtml

16. http://house.ifeng.com/column/news/2011tiaokong/index.shtml